生产系统建模与仿真

邱国斌 编著

北京邮电大学出版社
www.buptpress.com

内 容 简 介

本教材从系统、模型与仿真的基本概念出发，对生产系统的知识模块、方法工具和实际应用进行全面系统的介绍。全书分为基础理论篇、建模方法篇和仿真实践篇三个部分，共计 8 章。首先，从内容编排上全面反映了生产系统建模与仿真的基本理论知识与基本管理过程、方法、技术和实践等内容。其次，在具体操作中包括若干生产系统建模与仿真的案例，帮助读者建立生产系统建模与仿真的应用背景。最后，结合了生产系统的最新进展，给读者介绍生产系统建模与仿真的应用软件 Anylogic，并运用该软件解决生产系统的实际问题，优化决策过程，进一步提高生产系统的效率。

本书既可作为高等院校工业工程、系统工程和机械工程等专业本科生与硕士研究生相关课程的教材，也可作为从事生产制造工作的科研和工程技术管理人员的参考书。

图书在版编目(CIP)数据

生产系统建模与仿真 / 邱国斌编著. -- 北京：北京邮电大学出版社，2021.1
ISBN 978-7-5635-6324-1

Ⅰ. ①生… Ⅱ. ①邱… Ⅲ. ①生产管理—系统建模②生产管理—系统仿真 Ⅳ. ①F273-39

中国版本图书馆 CIP 数据核字(2021)第 014114 号

策划编辑：刘蒙蒙　　责任编辑：刘　颖　　封面设计：七星博纳

出版发行	北京邮电大学出版社
社　　址	北京市海淀区西土城路 10 号
邮政编码	100876
发 行 部	电话：010-62282185　传真：010-62283578
E-mail	publish@bupt.edu.cn
经　　销	各地新华书店
印　　刷	保定市中画美凯印刷有限公司
开　　本	787 mm×1 092 mm　1/16
印　　张	14.75
字　　数	383 千字
版　　次	2021 年 1 月第 1 版
印　　次	2021 年 1 月第 1 次印刷

ISBN 978-7-5635-6324-1　　　　　　　　　　　　　　　定价：49.00 元

· 如有印装质量问题，请与北京邮电大学出版社发行部联系 ·

前 言

"生产系统建模与仿真"是一门理论性和实用性非常强的专业课程,作为理工科专业的一门重要课程,它已经成为现代制造企业的重要管理工具,在国内外得到越来越多的专家、学者和企业家的高度重视。

本教材是"生产系统建模与仿真"课程的配套教材。本教材的最大特点是基于生产系统的视角分析其建模与仿真问题,具体表现在以下几个方面:

(1) 保持完整性,内容涉及生产系统建模与仿真的整个过程

本教材着眼于当前生产系统的前沿发展趋势,以系统建模与仿真为基础,从生产系统的视角,阐述国内外生产系统建模与仿真的基本理论和主要方法,内容涉及生产系统建模与仿真的整个过程。

(2) 注重模块化,深入阐述生产系统建模与仿真的不同模块

本教材力求符合中国生产系统管理现实和国际惯例,吸收国际上先进的生产系统管理思想与模式,将生产系统的管理理念、体系、流程、方法和实践加以有效集成,深入阐述生产系统建模与仿真的不同模块。

(3) 突出实践性,重点解决生产系统建模与仿真的实际问题

本教材在生产系统管理理论研究和多学科领域技术工作实践基础上,进行总结和提高,通过案例分析和仿真实验,向读者展示实践训练和操作,并运用 Anylogic 软件进行仿真优化,重点解决生产系统建模与仿真的实际问题。

本教材得到国家自然科学基金项目(项目号:71561019)和南昌航空大学的资助,在此表示衷心的谢意。另外,特别感谢 Anylogic 软件提供强大的仿真支持。此外,本教材在写作过程中参考了大量文献,难免存在遗漏,特向被漏列作者表示歉意,并向所有参考文献作者表示诚挚谢意。

由于编写时间仓促,作者水平有限,本教材难免存在不足和错误,敬请广大专家和读者批评指正。

南昌航空大学:邱国斌

2021 年 1 月 1 日

目 录

基础理论篇

第1章 绪论 ·· 1

  1.1 系统、模型与仿真 ·· 1
    1.1.1 系统 ··· 1
    1.1.2 模型 ··· 2
    1.1.3 仿真 ··· 3
  1.2 生产系统的基础理论 ·· 4
    1.2.1 生产系统的基本概念 ··· 4
    1.2.2 生产系统的特性分析 ··· 5
    1.2.3 生产系统的主要问题 ··· 5
    1.2.4 生产系统的主要内容 ··· 6
  复习思考题 ··· 7

第2章 系统建模与仿真的基础理论 ·· 8

  2.1 系统建模的主要类型 ·· 8
  2.2 系统建模的基本元素 ·· 9
  2.3 系统仿真的基本结构 ·· 12
  复习思考题 ··· 13

第3章 随机变量和随机分布 ·· 14

  3.1 随机变量和随机分布概述 ·· 14
    3.1.1 离散型随机变量 ·· 14
    3.1.2 连续型随机变量 ·· 16
    3.1.3 随机变量的数字特征 ··· 17
    3.1.4 常用随机分布类型及其特性 ····································· 20
    3.1.5 随机变量的经验分布 ··· 35
    3.1.6 随机分布的参数估计 ··· 37
    3.1.7 随机分布的假设检验 ··· 43
  3.2 随机数的生成方法 ·· 43
    3.2.1 随机数的特性 ·· 44

目录

  3.2.2 随机数发生器的设计 ……………………………………………… 45
 3.3 随机数发生器的性能检验 ………………………………………………… 49
  3.3.1 检验方法概述 ………………………………………………………… 49
  3.3.2 参数检验 ……………………………………………………………… 49
  3.3.3 均匀性检验 …………………………………………………………… 50
  3.3.4 独立性检验 …………………………………………………………… 50
 3.4 随机变量的生成 ……………………………………………………………… 51
  3.4.1 反变换法 ……………………………………………………………… 51
  3.4.2 卷积法 ………………………………………………………………… 54
  3.4.3 组合法 ………………………………………………………………… 54
  3.4.4 舍选法 ………………………………………………………………… 55
 复习思考题 ……………………………………………………………………… 57

建模方法篇

第4章 生产系统建模的基本方法 …………………………………………… 58

 4.1 分析与综合 …………………………………………………………………… 58
 4.2 抽象与概括 …………………………………………………………………… 59
 4.3 归纳与总结 …………………………………………………………………… 61
 4.4 对比与类比 …………………………………………………………………… 62
 4.5 演绎推理 ……………………………………………………………………… 63
 4.6 层次分析法 …………………………………………………………………… 64
 4.7 模糊综合评价法 ……………………………………………………………… 70
 复习思考题 ……………………………………………………………………… 77

第5章 生产系统建模的主要方法 …………………………………………… 78

 5.1 概述 …………………………………………………………………………… 78
 5.2 实体流图法 …………………………………………………………………… 78
  5.2.1 实体流图法的原理与过程 …………………………………………… 78
  5.2.2 实体流图模型的人工运行 …………………………………………… 80
 5.3 活动循环图法 ………………………………………………………………… 80
  5.3.1 活动循环图法的原理与过程 ………………………………………… 80
  5.3.2 活动循环图法与实体流图法的比较 ………………………………… 82
 5.4 Petri 网模型 …………………………………………………………………… 82
  5.4.1 Petri 网模型的基本概念 ……………………………………………… 82
  5.4.2 Petri 网模型的变迁规则 ……………………………………………… 84
  5.4.3 Petri 网模型的分析技术 ……………………………………………… 85

5.5 系统动力学模型 … 87
5.5.1 系统动力学模型的基本概念 … 87
5.5.2 系统动力学模型的应用步骤 … 87
5.6 库存系统模型 … 89
5.6.1 库存及库存系统的定义与功能 … 89
5.6.2 库存系统模型的基本概念 … 90
5.7 排队系统模型 … 95
5.7.1 排队系统模型的基本概念 … 95
5.7.2 排队系统模型的分类符号 … 99
5.7.3 排队系统模型的性能指标 … 100
5.7.4 顾客到达时间间隔和服务时间分布 … 103
5.8 智能体模型 … 106
5.8.1 智能体模型的基本概念 … 106
5.8.2 多智能体模型的主要优势 … 107
5.8.3 多智能体建模的分析设计 … 108
复习思考题 … 110

仿真实践篇

第6章 生产系统仿真数据分析 … 111
6.1 生产系统仿真输入数据采集与分析 … 111
6.1.1 仿真输入数据的采集和预处理 … 111
6.1.2 样本数据的独立性判别 … 112
6.1.3 分布形式假定 … 114
6.1.4 分布参数估计 … 119
6.1.5 拟合优度检验 … 119
6.2 生产系统仿真输出分析 … 120
6.2.1 系统的性能测度及其估计 … 120
6.2.2 终态仿真与稳态仿真 … 121
6.2.3 终态仿真的输出分析 … 122
6.2.4 稳态仿真的输出分析 … 123
复习思考题 … 125

第7章 生产系统设计方案的比较与仿真实验设计 … 126
7.1 生产系统设计方案的比较 … 126
7.1.1 两种系统设计方案的比较 … 126
7.1.2 多种系统设计方案的比较 … 127

目 录

7.2 生产系统减小方差方法 ································· 129
    7.2.1 减小方差方法概述 ································· 129
    7.2.2 对偶变量法 ·· 129
    7.2.3 公共随机数法 ···································· 130
7.3 生产系统仿真实验设计 ································· 131
    7.3.1 仿真实验设计概述 ································· 131
    7.3.2 仿真实验设计方法 ································· 132
复习思考题 ··· 136

第 8 章 生产系统建模与 AnyLogic 仿真 ·················· 137

8.1 AnyLogic 仿真软件介绍 ································· 137
8.2 雷达防空系统模型仿真 ································· 145
8.3 工作间模型仿真 ··· 188
复习思考题 ··· 223

参考文献 ·· 224

基础理论篇

第1章 绪 论

系统、模型与仿真的主要概念是什么？它们三者之间存在怎样的逻辑关系？生产系统的基本概念是什么？生产系统具有什么特性？对生产系统开展建模与仿真研究的原因是什么？生产系统建模与仿真涉及哪些内容？通过本章的学习，读者能够对系统、模型与仿真有一个基本认识。

1.1 系统、模型与仿真

1.1.1 系统

"系统"来源于英文"system"的音译，古希腊哲学家德谟克利特（Democritus，约公元前460—公元前370年）在其著作《世界大系统》中对系统进行了阐述："任何事物都是在联系中显现出来的，都存在于系统中，系统联系规定了每一个事物，且每一个联系又能反映系统联系的总貌。"

国内外学者从不同的视角对"系统"进行了相关研究。例如，中国学者钱学森认为："系统是由相互作用、相互依赖的若干组成部分结合而成的具有特定功能的有机整体，而且这个有机整体又是它从属的更大系统的组成部分。"美国学者 R. L. Ackoff 认为："系统是由两个或两个以上相互关联的任何种类的要素构成的集合。"本书认为，**系统是一组对象的集合或总和，为了达成某种特定目标，它们按照某些规律组合起来，彼此之间相辅相成**。例如，在民用飞机的生产系统中（图1-1），为了生产出高质量的飞机产品，人员、设备、软件、硬件、工具和零件等共同组建成装配生产线。

图 1-1 民用飞机生产系统

通常情形下，**系统可以分为两类：一类是连续系统；另一类是离散系统。连续系统是指状态变量随时间连续变化的系统**。例如，生命的孕育与成长、供电网络的负荷需求、产品的化学反应等。**离散系统是指状态变量只是在某个离散的时间点集合上发生变化的系统**。即系统状态的变化只发生在离散的时间点上，而且通常情况下该状态将保持一段时间。例如，在生产系统中，零部件的到达、加工开始、设备故障等事件的发生都会导致系统状态的改变；在银行、超市等服务系统中，顾客到达、选择服务和顾客离开等事件的发生使得系统状态发生变化。现实的生产系统环境下，很少存在完全连续的系统或者完全离散的系统，对于绝大多数系统而言，由于某一类型的变化占据主导地位,所以有可能将系统划分为连续系统或者离散系统。【课堂互动:连续系统与离散系统的共同点和不同点是什么?】

如何对系统进行客观阐述,人们提出了**系统的三个要素:一是实体;二是属性;三是活动。实体是指构成该系统的具体对象。属性是指这些实体所具备的有效特征。活动是指由于各种原因,系统内部随着时间的变化而发生改变的过程。**举例来说,针对某个企业生产系统的生产车间,主要由管理区域、储存区域、加工区域、维修区域、检验区域和物流通道组成,如图1-2所示。该系统涉及的实体包括人员、物料、工具和设备等;属性包括人员的属性(性别、年龄和职务)、物料的属性(生产日期、价格和颜色等);活动包括产品加工数量的变化、物流运输的变化和人员结构的改变等。

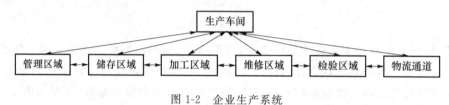

图1-2 企业生产系统

世界上的各种事物都是相互关联的,如果对某一个对象开展相关研究时,总是需要将该研究对象与其周边环境区分开来。所以,定义系统之前,必须明确系统的边界。确定边界后,也就确定了系统的输入与输出。**系统的输入是指边界之外对系统的作用。系统的输出是指系统对边界之外环境的作用。**

选取系统边界的方式比较多,多数情况下,选取方式取决于我们的研究视角。例如,对于企业生产系统而言,企业订单是处于企业生产系统之外的环境因素,属于系统的输入。但是,如果考虑到供需之间的关系,那么企业生产供应的产品与订单需求之间将会存在某种特定关系,而这种特定关系可以称为系统的活动。

1.1.2 模型

模型是指用于研究目的的系统的表示,它是对真实世界的一种抽象。它阐述了对现实环境中实际系统的某些特征和属性。模型具有以下几个方面特征:一是对现实环境中实际系统的模拟;二是由系统的相关因素组成;三是相关因素之间存在某种特定关系。

通常情况下,模型可以分为**数学模型(Mathematical Model)、物理模型(Physical Model)和数学-物理模型(Mathematical-physical Model)**。

数学模型是指运用符号标记和数学方程对系统进行描述的模型。如图1-3所示,数学模型是将现实问题归结为相应的数学问题,并在此基础上利用数学的概念、方法和理论进行深入的分析和研究,从而基于定量的视角来阐述实际问题,并为解决现实问题提供精确的数据支撑和科学的指导。例如,企业生产产量预测模型、设备可靠性评估模型、企业产品定价决策模型等。

$$y''+py'+q=0 \Rightarrow \lambda^2+p\lambda+q=0$$
$$\Rightarrow \begin{cases} \lambda_1 \neq \lambda_2 \rightarrow y_1=c_1 e^{\lambda_1 x}+c_2 e^{\lambda_2 x} \\ \lambda_1=\lambda_1 \rightarrow y_1=(c_1+c_2)e^{\lambda x} \\ \lambda=\alpha \pm i\beta \rightarrow y_1=e^{\alpha x}(c_1 \cos \beta x+c_2 \sin \beta x) \end{cases}$$

图1-3 数学模型

物理模型是指依靠物质的基本形态所做的模仿。如图1-4所示,物理模型通常是以零件实物或样件的形式存在。生产企业往往借鉴产品的实物对象对其进行创新改造,从而获得先进的、满足特定需求的新产品设计。例如,在研发新型战机的过程中,一般会先制作飞机模型用于风洞试验,检验飞机的空气动力学性能;在企业生产车间选址时,通常会建立缩小比例的车间模型,以便于对多个选址方案进行评估和决策。

数学-物理模型是指将数学模型与物理模型有机结合的混合模型。如图1-5所示,数学-物理模型在复杂系统中应用较广泛,如航空航天仿真训练器等。【课堂互动:数学模型、物理模型与数学-物理模型各自的优缺点是什么?】

图1-4　物理模型

图1-5　数学-物理模型

1.1.3　仿真

1961年,摩根扎特(G. W. Morgenthater)认为"仿真"是指在实际系统不存在的情形下,对系统或活动本质的实现。1978年,科恩(G. A. Korn)在《连续系统仿真》一书中将"仿真"定义为"用能代表所研究的系统的模型做实验"。1982年,斯普瑞特(J. Spriet)认为"仿真"是指所有支持模型建立和模型分析的活动。1984年,奥伦(Oren)在"建模—实验—分析"的概念框架基础上,认为"仿真"是一种基于模型的活动。

本书认为,**仿真(Simulation)是指通过对系统模型进行充分试验,研究存在的或者设计中的系统性能是否科学有效的技术和方法**。也就是说,仿真是一种基于模型的活动。仿真可以对系统的状态、动态行为和性能指标进行展示,并对系统的设计是否合理进行判断,对系统可能存在的问题进行评估,为系统的最终方案提供决策支持和科学依据。根据不同的表示形式,仿真模型可以分为**数学仿真、物理仿真和数学-物理仿真**。

数学仿真是指运用系统的数学模型替代实际系统开展针对性的试验,以便获得现实系统的基本规律和主要特征。例如,通过有限元分析方法和虚拟现实技术(Virtual Reality)对飞机开展静力试验、动力试验、疲劳试验和热强度试验等(如图1-6所示)。数学仿真的优势在于其可以显著减少模型试验的时间和成本。

物理仿真是指通过对实际存在的模型进行相关试验,以便研究系统的主要性能和关键指标。例如,对飞机模型开展风洞试验(如图1-7所示)、对建筑模型进行抗震试验等。

数学-物理仿真是指将数学仿真与物理仿真进行有机结合,以便对单个数学仿真或单个物理仿真无法完成试验目标的系统进行相关功能和指标的综合研究。例如,在宇宙飞船内部模拟人体太空试验(如图1-8所示)。

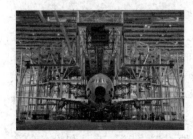
图1-6　飞机静力试验平台

图1-7　飞机风洞试验平台

图1-8　人体太空试验平台

综上所述，系统、模型和仿真三者之间存在紧密的关联。可以看出，系统是需要研究的对象；模型是系统在一定程度和层次上的抽象表达；仿真是基于模型的试验，根据试验结果对系统进行分析、评估、判断和优化的一种技术手段。通常情况下，**系统、模型和仿真**三者之间存在如图1-9所示关系。

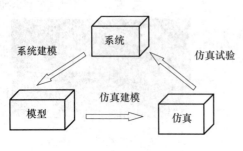

图1-9 系统、模型和仿真之间的关系

从应用的视角来看，仿真是一个设计和建立实际系统或者构思系统的计算机模拟的过程，通过数值实验结果深入了解系统在一定条件下的特征和规律。目前，仿真主要是在计算机支持下开展相关研究，通过专门的计算机软件来模拟实际系统的主要特征，从而研究不同类型系统模型的变化规律。所以，系统仿真也可以称为**计算机仿真**（Computer Simulation）。

1.2 生产系统的基础理论

1.2.1 生产系统的基本概念

国际生产工程科学院（CIRP）对生产系统的定义是"生产产品的制造企业的一种组织体，它具有设计、加工、销售和交货等各项功能，以及提供服务的研究开发功能"。在此基础上，可以进一步将生产系统延伸到供应商和客户等相关主体。

本书认为，**生产系统（Production System）是指由生产数据、生产数据处理系统和生产网络等构成的日常业务运作信息系统**。通常情况下，生产系统一般都具有创新、柔性、质量、继承性、自我完善和环境保护等功能。生产系统在一段时间的运转之后，需要持续对产品质量、加工方法和操作方法等进行改进和完善。

作为企业的一个子系统，**生产系统的表现形式是一个将各种不同生产要素的输入转换为最终产品的输出过程**。具体而言，它包含以下三个部分：

（1）**输入**。它是指生产加工对象及其他各类生产要素，如原材料、能源和资料等。

（2）**转换过程**。它是指生产系统的输入和输出的中间环节。它可以是实体的转换，如产品制造；可以是位置的转换，如货物运输；可以是服务的转换，如售后服务。

（3）**输出**。它是指生产系统通过转换过程形成并产出的最终产品或服务。例如，C919国产大飞机和该飞机的售后服务。

一般情况下，生产系统受到内外部环境的影响。它可以由物料流、信息流和能量流串联起来，物料流是指从原材料经过采购、加工、装配到成品的过程，主要包括检验、包装、存储和运输等环节；信息流是指决策、计划、调配、设计、工艺和市场等方面的信息；能量流是指动力能源系统。其生产过程主要分为以下几个阶段：（1）**管理决策阶段**。决策者依据市场订单、生产产能、技术储备和管理经验等，对即将生产的产品品种、产品规模和产品质量等进行决策。（2）**设计研发阶段**。专业技术人员依据顾客要求对产品进行设计研发，主要包括质量要求、外观要求、可靠性要求和个性化要求等。（3）**产品生产阶段**。通过对相关原材料、能源、工具和设备等资源进行整合，依靠人力资源或人工智能，以及优化的管理方式实现产品输出的转换。产品投放市场后,决策者需要及时掌握顾客对产品质量的评价、用户对产品的体验和同类型产品的竞争情况等市场反馈信息,以便对产品设计和生产进行及时调整和改进。生产系统的基本框架如图 1-10 所示。【课堂互动:根据生产系统的基本框架图,举一个真实的案例。】

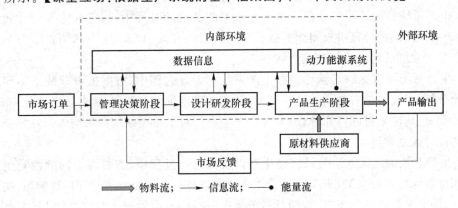

图 1-10　生产系统的基本框架

1.2.2　生产系统的特性分析

一般情形下,生产系统具有以下几个方面的特性。

(1) 集成性

生产系统是由多个可以相互区别且彼此紧密联系的要素构成。

(2) 关联性

生产系统的各个要素之间存在相互关联。各个要素通过这些关联形成生产系统的相对稳定结构。

(3) 目的性

生产系统的存在是为了实现特定的生产任务,以满足客户的需求。对于生产系统而言,其目的可能不止一个,如利润最大化、国防需求等。

(4) 适应性

生产系统应当具有对环境变化的适应能力。通过不断的调整去适应动态变化的环境。一般情形下,生产系统的适应性主要表现在:①生产系统的生产要素的输入和产品的输出是一个不断发生的动态过程;②生产系统的各个组成要素及其子系统也处于不断动态变化的过程中;③生产系统也总在不断发展和创新之中,以适应越来越激烈的竞争环境。

(5) 反馈性

生产系统的产品质量信息和资源利用效率等输出状态应当及时反馈到生产过程的各个环节中,在产品生命周期内实现对生产系统的不断调整、改良、优化和创新。

(6) 随机性

生产系统存在需求波动较大、供应短缺和产量不稳定等不确定性因素,这导致生产系统存在随机性特性,使得控制生产系统成为一项极具挑战性的任务。

1.2.3　生产系统的主要问题

随着全球经济一体化进程加速,科技水平不断进步,以及企业之间的相互竞争逐渐加剧,企业的生产系统也呈现出自动化、智能化、柔性化、集成化和市场化的发展趋势。很多生产系统,特别是大型制造企业的生产系统,在其产品设计、统筹规划和管理优化等方面正面临越来越多无法回避的问题。例如,系统内部各子系统无法实现协调、系统对于外部环境的适应能力较弱和产品复杂化带来的生产效率下降等。出现这些问题的主要原因包括以下几个方面:

(1) 生产系统的设计不够全面。在新生产系统的设计过程中,缺乏前瞻性设计和科学判断,各个子系统之间的协调没有得到有效论证,从设计、开发、物流、生产和销售等各个环节缺乏对整个生产系统的定量分析和定性描述。

(2) 生产系统的方案缺乏验证。在生产系统的设计过程中,方案的设计缺乏不同方案之间的对比分析,以及科学有效的验证。例如,如何准确度量生产周期、生产设备的使用效率、资源的有效配置、物流系统的可靠性,以及生产车间布局对于整个系统的影响等。这些都需要进行合理的设计规划和科学的系统验证。

(3) 生产系统的决策方法欠缺。在生产系统的运行过程中,需要在不同阶段对生产计划和生产调度等问题进行决策,不少决策者往往根据自身的实际经验进行分析和判断,决策方法比较单一,缺乏充分的科学依据,特别是对于生产一线的库存管理人员、物流规划人员和车间调度人员等,这个问题比较突出。

为了能够有效解决以上问题,人们在生产系统的管理过程中,不断探索运用运筹学、数学和计量经济学等方法对生产系统出现的各类问题进行总结和归纳,取得了很多代表性成果,如库存模型、排队模型、马尔可夫模型、Petri网模型和供应链模型等。但是,这些模型也存在一些不足之处:一是这些方法往往局限于某个具体问题,缺乏对整个系统的全面分析,无法反映实际生产系统的多种特性;二是随着科学技术的迅速腾飞,现代生产系统的自动化水平越来越高,人工智能的应用使得生产系统的规模和复杂程度超出了人们的想象,如果运用抽象的数学模型进行指导,很多生产管理人员不能理解和应用,而且很多模型也无法完全反映真实的生产系统。针对这些不足之处,计算机仿真技术应运而生,它可以将资源、工艺、物流、库存、运输和管理等各类决策信息有机地整合起来,以可视化的场景再现数学模型的抽象描述,人们可以更好地理解生产系统的实际运营状态,为解决实际生产问题提供了理想的分析手段和决策工具。计算机仿真技术的推广和应用不仅可以将人们从纷繁复杂的模型中解脱出来,而且可以大幅度提高解决实际生产问题的效率和效果。【课堂互动:随着时代的发展,生产系统还可能存在哪些问题?】

1.2.4 生产系统的主要内容

一般情形下,生产系统的主要内容可以概括为以下几个方面。

(1) 生产系统的整体优化设计

当人们在组建一个生产系统之初,都需要对生产系统进行全方位的整体设计。生产系统是一个复杂的系统工程,它涉及多个模块,各个模块之间需要充分协调才能够实现整个生产系统的最优化设计。而且生产系统还应当与上下游供应链进行有效的衔接,避免出现生产规模和生产质量与外部环境的冲突。例如,在生产系统的设计过程中,应当考虑产品的市场需求情况,当进入消费旺季时,生产系统可以保障产品的及时供应。另外,对于生产系统中的容易引起产品质量问题的关键环节,特别是加工工艺流程、产品多样化生产等方面,也需要进行特殊设计。

(2) 生产系统的物料优化管理

生产系统在运营过程中,需要使用很多物料,如何对物料开展有效供给和存储是常见的管理问题。运用不同的管理策略,使得物料的使用效率和效果产生较大变化。决策者需要对物料进行科学的优化管理,好的策略可以保障物料的及时、适量的供给,维护正常的生产系统运作;反之,则可能导致物料无法在规定的时间节点进行供应,或者出现过多的库存积压,从而造成生产系统的运行效率下降,甚至生产系统无法正常工作。对物料管理策略进行建模和仿真分析,有助于管理者制定合理的生产系统物料优化管理方案。

(3) 生产系统的成本优化分析

生产系统涉及的环节较多,每个环节都会消耗一定的资源,从而产生相应的成本,如何将生产系统的成本控制在合理的区间成为管理者需要解决的现实问题。由于成本产生的过程较为复杂,决策者需要及时掌握生产系统的固定成本信息,还需要分析变动成本产生的来源、方式和途径,从中发现影响成本的主要因素,及时采取措施,充分协调各部门运营活动,有效管控成本的发生。可以通过生产系统的动态仿真过程进行系统分析,掌握相关参数信息和数据统计结果,这有利于管理者寻找到降低成本,提高效益的优化方案。【课堂互动:随着现代科学技术的飞速发展,生产系统还可能包括哪些内容?】

复习思考题

(1) 简述什么是系统、模型与仿真。
(2) 简述生产系统的主要问题。
(3) 简述生产系统的主要内容。

第 2 章 系统建模与仿真的基础理论

现代企业中的绝大多数的生产系统可归类于离散事件系统,为了更好地对生产系统进行建模和仿真,需要对离散事件系统的主要概念和离散事件系统仿真的核心理论进行阐述。本章将对这些概念和理论开展讨论,并详细介绍系统建模的主要类型、基本元素和系统仿真的基本结构,以及案例研究等内容。

2.1 系统建模的主要类型

如果在系统中出现的某个事件是在一个时间点上即刻完成的,且没有出现持续发生的情形,而且这个时间点也是一个不确定的点,即发生事件的时间点也是离散的,那么此类系统被称为**离散事件系统**。例如,民用客机生产线、零件加工系统、原料库存系统、网络订单系统等。当某个事件产生之后,这些系统在离散时间点上的状态就将产生变化。例如,物料到达生产车间后,生产线的各个工位即将运行。

离散事件系统具有随机性特征,此类系统的建模与优化研究相对比较复杂,概率论、数理统计和随机过程等理论是研究简单离散事件系统的基础理论。但是针对复杂的离散事件系统,如航空发动机、芯片制造、高速铁路等,需要运用计算机仿真技术解决实际生产中遇到的各类问题,从而提高生产效率,降低运营成本。

根据系统状态随时间推移是否连续变化,可以将系统分为**连续事件系统**和**离散事件系统**。对应的系统模型也可以分为**连续时间模型**和**离散时间模型**。一般情形下,**实数**表示连续时间模型的时间,即在所有时间点上可以得到系统的各个状态;**整数或实数**表示离散时间模型的时间,即在特定时间点上可以得到系统状态的变化情况。

根据变量特性在系统中的不同状态,可以将系统分为**确定性系统**和**随机性系统**。随机性系统是生产系统建模与仿真的主要研究对象。确定性系统的变量和参数之间往往具有确定的逻辑关系,通过函数、公式和图标等方法可以对确定性系统进行描述,其数学建模和模型求解相对比较简单,易于对系统进行精准研究。随机性系统的变量和参数之间往往具有不确定的因果关系,受到各种复杂随机因素的综合影响,随机性系统的状态变化存在较大的不确定性。与此同时,其系统状态和特性也在一定程度上具有统计特征,通过数理统计和概率论等方法可以对其进行分析。

针对确定性系统和随机性系统,系统模型也可以分为**确定性模型**和**随机性模型**。确定性模型是指系统在相同输入条件下,任意时刻的系统状态都不会产生变化,可以根据其特定规律准确地获得系统运行结果。随机性模型是指系统即使在相同输入条件下,任意时刻的系统状态也将随机发生改变,很难精准获得系统运行结果。

按照人们对系统了解程度的差异,系统模型可以分为**白箱模型**、**灰箱模型**和**黑箱模型**。**白箱模型是指对系统参数、结构和功能等情况完全掌握的情形下所构建的系统模型**。该模型可以非常真实地描绘实际系统,具有良好的模拟功能。**灰箱模型是指对系统参数、结构和功能等**

情况部分掌握的情形下所构建的**系统模型**。该模型只是在一定程度上反映实际系统的主要性能和关键特征。**黑箱模型是指对系统参数、结构和功能等情况完全没有掌握的情形下所构建的系统模型**。该模型主要通过设置一定的输入条件来检测系统的输出情况,再运用数学语言构建系统的数学模型,阐述系统内部与系统外部之间存在的某种关联,并且为系统的主要特性和突出行为预测可能的条件。一般情形下,我们所研究的系统是灰色系统。构建黑箱模型的根本目标是通过科学分析将"黑箱"转换为"白箱",从而进一步提高人们对未知世界的认知,更好地服务于人类生活,这也是生产系统建模与仿真的初心与使命。

此外,根据系统状态是否随着时间推移而发生改变,可以将系统分为**静态系统**和**动态系统**。静态系统主要针对简单的确定性系统。动态系统是系统建模仿真的主要研究对象。根据变量之间存在不同的逻辑关系,系统模型也可以分为**线性模型**和**非线性模型**。根据不同的研究目标,系统模型还可以分为**微观模型**和**宏观模型**,**定常模型**和**时变模型**,等等。【课堂互动:请举例说明各类模型在生产系统运用中的优缺点。】

2.2 系统建模的基本元素

通常情形下,离散事件系统只在离散的时间点上产生状态变化,发生离散事件的时间往往也是不确定的,这导致系统的状态变化存在随机性特点。例如,对飞机生产企业而言,外部市场的变化促使每个月的产品需求都可能是随机的,企业很难准确预测飞机产品数量。为了降低库存积压成本、减少企业承担的风险,很多企业优化管理模式,实施按照订单进行生产,这激励企业对生产计划进行动态调整,科学合理安排生产调度。

在现实生活中,大多数生产系统的需求订单、原料库存、生产成本、产品价格、故障发生间隔、维修时间和产品收益等指标均具备随机性特点。这给预测生产系统的主要功能带来一定的难度。基于概率理论、随机过程和数理统计等知识,运用建模仿真技术可以得到系统功能的动态统计值,这为生产系统的功能分析和优化设计提供了理论支撑。

一般情形下,系统建模的基本元素由以下内容构成。

1. 实体(Entity)

实体是指生产系统边界内的对象。实体是构成生产系统模型的关键元素。通常情况下,实体在离散事件系统中可以分为两种类型:**一是临时实体;二是永久实体**。临时实体是指在系统中仅存在一段时间的实体。临时实体出现在仿真的某一个时刻,并在完成仿真前从系统中消失,也就是说临时实体不会始终出现在全部仿真过程之中。例如,飞机零部件生产加工流水线中的一个待加工零件,它按照特定加工工艺路线进入加工流水线,加工过程完成后即离开加工流水线,所以它是临时实体。**永久实体是指在系统中从开始到结束一直存在的实体**。也就是说如果系统处于正常工作状态,那么永久实体将一直存在于系统中。例如,飞机生产加工车间中的机器设备和工作人员等。一般情形下,离散事件系统在运行过程中,临时实体将按照一定的规律在系统中产生,通过系统各类实体的相互作用发生状态变化,并以某种特定方式离开系统,从而导致系统的状态和功能等参数发生动态变化。临时实体和永久实体在系统建模仿真中扮演不同的角色定位。

2. 属性(Attribute)

属性是指实体具备的状态和特征。属性是构成生产系统模型的重要元素,它可以从不同的视角反映实体的基本特性。例如,生产加工车间中机器设备的中英文名称、工作范围、加工精度、重量和体积等属性;待加工零件的名称、颜色、材料、尺寸、到达规律、加工程序和加工时间等属性。

属性的表现形式呈现多样化特点,在实际建模仿真中,一般对研究对象的主要属性进行描述和分析,对建模仿真没有实际影响的属性可以忽略。

3. 状态(State)

状态是指在任意一个时间点,反映系统所有实体属性的集合。状态是构成生产系统模型的主要元素,它是时间的变量,可以从不同的时间段观察系统发生的变化,从而为研究各个指标参数对系统的影响提供理论依据。

4. 事件(Event)

事件是指导致系统状态发生改变的行为和原因。事件是构成生产系统模型的必要元素,它直接促使系统状态的变化。正是由于各类不同事件的触发,才导致离散事件系统的状态不断发生改变。例如,飞机生产装配车间中"机身组装件的到达"就是一个事件,这个事件促使系统状态发生改变,闲置状态的工作岗位将变成飞机组装状态;类似的,"飞机组装过程的结束"也是一个事件,该事件使得飞机生产系统的装配环节顺利完成,车间由运作状态转变为空闲状态。

在生产系统中可能存在各种类型的事件,这些事件的交替出现导致系统的状态不断产生变化。与此同时,事件可以分为真实事件和虚拟事件。系统中发生的事件往往是真实事件,仿真模型中可能出现虚拟事件,它主要包括程序事件和决策事件,即依据系统协调运作或者模型仿真运行的特别要求所设置的事件。例如,为了在设计者需要的时间段完成仿真,可以在仿真模型中设置一个触发事件,以其作为模拟仿真结束运行的条件。

在生产系统中事件和事件之间、实体和事件之间可能存在某种联系。某个事件的产生可能导致其他事件的产生,或者是其他事件产生的先决条件,或者是相关实体状态发生变化的原因。

在生产系统建模仿真过程中,为了能够对生产系统中的事件开展及时定位、说明和协调,需要建立事件列表,事件列表是仿真调度和数据统计的理论基础。通过事件列表记录即将发生和已经发生的事件,以及事件发生和结束的时间等。同时,记录与发生事件有关的实体信息。

5. 活动(Activity)

活动是指系统中两个事件之间的持续过程。活动是构成生产系统模型的核心元素,它代表系统状态发生迁移。事件是导致活动开始和结束的原因。例如,无人机装配车间中一个组装件从开始装配到装配结束的过程称为活动,该活动使得车间处于运作状态;库存系统中"原料到达"是一个事件,该事件导致库存系统的货架由"闲置"状态转变为"忙碌"状态。从"原料到达"到"原料提取",原料一直都在库存系统中处于"储存"活动中。所以,原料的到达和提取代表"储存"活动的开始和结束。因此,事件与活动之间存在紧密的逻辑关系。

6. 进程(Process)

进程是指系统中与实体相关的多个有序事件及活动的有机组合。进程是构成生产系统模型的重要元素,它描述了事件与活动之间的内在逻辑和时间序列关系。例如,在无人机生产装配车间,一台发动机从到达生产装配车间、等待组装、开始组装、组装结束离开生产装配车间的过程称为一个进程。

综上所述,在生产系统建模与仿真过程中,可以将事件、活动和进程之间的关系进行如图

2-1 所示描述。

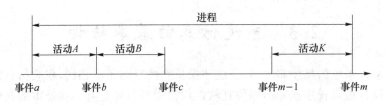

图 2-1 事件、活动和进程之间的关系

7. 仿真时钟(Simulation Clock)

仿真时钟是指系统中显示仿真时间变化的控制机构。仿真时钟是构成生产系统模型的重要元素,它描述了模型仿真运行时序的演变过程。在模型仿真过程中,通过仿真时钟对系统实际运行时间进行模拟,但它并不表示计算机执行程序所需要花费的时间。一般情形下,离散事件系统仿真中事件发生的时间往往具有随机性特点,但是在相邻的两个事件之间,系统的状态仍然保持稳定不变,可以设置仿真时钟跨过这段状态稳定的时间,将发生一个事件的时间点推进到发生下一个事件的时间点,这使得仿真时钟的变化展现出飞跃性特征,从而大幅度提高仿真的运行效率。

在仿真过程中,可以按照固定长度设置仿真时钟向前推进,也可以按照变化节拍设置仿真时钟向前推进。仿真时钟设置的原理称为仿真时钟推进机制。比较常见的仿真时钟推进机制包括"固定长度仿真时钟推进机制"(Fixed-increment Time Advance Mechanism)、"下一个事件仿真时钟推进机制"(Next Event Time Advance Mechanism)和"混合仿真时钟推进机制"(Mixed Time Advance Mechanism)等。

8. 规则(Rule)

规则是指系统中阐述实体与实体之间内在逻辑关系和运作机理的内容。通常情况下,事件的产生具有随机性特点,与此同时,事件的产生也可以按照人们设定的某种特定原则进行运作。例如,当飞机生产加工车间中的数控铣床闲置时,可以对其设置特定的规则去判断和选择需要加工的零部件,如后到先加工、后到后加工、最长加工时间的先加工、最高优先级的先加工等。类似的,如果有多台数控铣床闲置,也可以对需要加工的零部件设置特定的规则去判断和选择数控铣床,如选择直线距离最短的数控铣床、选择故障率最低的数控铣床、选择加工时间最少的数控铣床、选择加工精度最好的数控铣床等。

很明显,运用不同的规则将对系统功能和特性产生不同的影响。在建模仿真和设计程序时,可以根据实际生产系统的真实环境有针对性地制定一些规则,分析不同规则对系统功能优化产生的影响,进而判断哪种规则最有利于生产系统。

综上所述,以飞机生产系统为例,该系统中的永久实体包括机器设备、工夹具和技术人员等;临时实体包括原材料、零部件和能源等。这些实体都具有相应的属性,并对整个生产系统的正常运作产生重要影响。在该生产系统中,原材料的到达、零部件的加工效率、装配工作时间、设备故障和检修等都具有随机性特征。在实际生产协调中,管理人员和技术人员可以根据环境变化情况,有针对性地适当调整生产计划,以满足产品的正常生产和按时交付。如果在正式生产加工之前,运用系统建模仿真技术对生产车间进行模拟,测试在不同参数条件下的生产效率,制定多个备选方案以应对可能的风险和意外,确保整个生产车间能够实现协调优化,降低企业运营成本。

**【课堂互动:请列举一个真实的生产系统案例,并说明该生产系统建模过程中包含哪些具

体元素。】

2.3 系统仿真的基本结构

尽管离散事件系统的类型非常多,系统建模仿真的目的不尽相同,建模仿真的方法也多种多样。但是在设计仿真程序或者运用仿真软件构建模型时还是有一些基本的共性规律可以遵循。系统仿真的基本结构如图 2-2 所示,具体而言,主要包括以下几部分内容。

图 2-2 系统仿真的基本结构

1. 初始化子程序

在对模型正式仿真运行之前,需要对模型进行初始化,目的是生成仿真所需的初始参数。

2. 仿真时钟

仿真时钟的主要作用是对模型的仿真运行时间进行记录,它既可以为系统功能评估提供参考,也可以为是否完成仿真程序和仿真调度提供依据。

3. 事件列表

事件列表是将在仿真运行过程中发生的事件按照前后顺序构建的数据列表。它为推进仿真时钟和运行仿真模型提供了重要依据。需要强调的是,事件列表的产生主要来源于系统中实体的特性及其相互依赖关系,通常情况下,事件发生的时间服从某个分布函数。

4. 定时子程序

通过事件列表获得下一次即将发生的事件,并推进仿真时钟到下一次事件将要发生的时间。

5. 事件子程序

在真实系统中提炼主要的事件类型,例如,生产系统中常见的设备"故障"和"检修"等事件,库存系统中原材料的"入库"和"出库"等事件。事件类型与事件子程序应当一一对应,如果事件类型种类繁多,那么相应的事件子程序也会较多。

6. 数据处理与子程序分析

对相关数据进行统计分析,将仿真计算结果打印和分析,研究系统的整体功能和运行效率,为下一步的系统优化方案设计提供理论参考。

7. 参数变量、实体属性和系统性能

在不同时间段的参数变量、实体属性和系统性能可以反映整个系统的总体运行情况。通过观察其变化过程,可以寻找系统中各实体状态改变的主要原因,并为系统优化和生产决策提供理论依据。【课堂互动:请列举说明系统仿真的基本结构中哪个环节最重要,为什么。】

为了能够从仿真过程中获得更多直接和间接的实验结果,充分挖掘仿真结果带来的应用价值,几乎所有仿真软件都运用可视化和动态展示手段,将实体属性和状态变化的全过程通过图表和3D技术直观显示出来,从而大幅度提升仿真应用的效率和效果。

复习思考题

(1) 系统建模的主要类型有哪些?

(2) 系统建模的基本元素有哪些?

(3) 系统仿真的基本结构由哪几个部分组成?

第3章 随机变量和随机分布

3.1 随机变量和随机分布概述

生产系统的运行主要是通过一系列的活动构成的。活动的定义是指两个事件之间展现的连续过程,它表示系统的状态可能将要发生改变。通常情况下,活动可以分为两种类型:**一是确定性活动(Deterministic Activity);二是随机性活动(Stochastic Activity)**。

(1) **确定性活动**。确定性活动的演变规律是清楚的,可以对活动的结果精准估计。当满足一定条件时,确定性活动也可以重复出现。人们通过已经发生的活动往往能够预测未来活动可能出现的场景。例如,物体从高空坠落、太阳升起与日落等现象都能够通过数理模型获得其运动规律。【课堂互动:请举例说明哪些活动是确定性活动。】

(2) **随机性活动**。随机性活动的演变规律是比较难掌握的,即使在相同的内外部环境下开展的重复性测试,每一次的测试结果也不一定完全相同。人们通过已经发生的活动往往也无法准确预测同等条件下该活动的未来发展趋势。例如,地铁在每天上下班时间的人流量;生产装配过程中,每次生产的产品次品率和合格率;机器设备发生故障的时间以及维修成本等。【课堂互动:请举例说明哪些活动是随机性活动。】

确定性活动是最初系统建模的主要研究对象,通过微积分、代数和几何等数学方法开展相关研究。在生产、库存、服务、经济和社会等复杂系统中,确定性活动是比较少的,随机性活动是生产系统建模与仿真的主要研究对象,通过数理统计和概率等理论对其进行分析研究,从中寻求系统的最优解决方案。

针对随机性活动,普遍运用**随机变量(Random Variable)**对其进行描述,通过数理统计分析获得随机变量的分布类型和主要参数值,随机变量的数值变化表示活动所处的状态发生改变。在生产系统建模仿真过程中,常见的随机变量需要获取,如零部件到达加工处的时间间隔、组装件的装配时间、国内外市场需求量、工夹具的使用寿命等。如果随机变量的数值存在偏差,那么可能导致相关参数出现错误,进而造成管理者无法做出正确的决策。

3.1.1 离散型随机变量

离散型随机变量(Discrete Random Variable) 是指取值为有限个数值的随机变量,或者是能够逐一枚举的无穷多个数值的随机变量。

假设离散随机变量 X 的取值为 $x_1, x_2, \cdots, x_n$,这些取值的概率分别是 $p_1, p_2, \cdots, p_n$,则将集合 $\{x_i, p_i\}$ $(i=1,2,\cdots,n)$ 和 $P=\{p_1, p_2, \cdots, p_n\}$ 分别称为随机变量 X 的**概率分布 (Probability Distribution)** 和概率质量函数(Probability Mass Function,PMF)。且概率质量函

数满足两个条件：

$$p_i > 0 \quad (i=1,2,\cdots,n) \tag{3-1}$$

$$\sum_{i=1}^{n} p_i = 1 \tag{3-2}$$

例如，隐身战斗机研发项目，研发项目结果存在两种可能性：一是失败；二是成功。如果以随机变量 X 代表研发项目结果，X 取值为"1"时表示失败、取值为"2"时表示成功。所以，X 所有取值为 $X=\{x_1,x_2\}=\{1,2\}$。当研发项目次数趋于无穷大时，失败和成功的概率均为 50%，即 $P=\{p_1,p_2\}=\{0.5,0.5\}$。因此，得到研发项目结果的概率分布如图 3-1 所示。

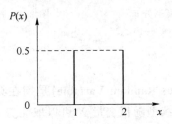

图 3-1　研发项目结果的概率分布

在生产系统中，几乎每天都要统计生产车间当天的零件加工数量，假设随机变量 X 为

$$X = 当天的零件加工数量$$

X 的取值为 $X=\{x_1,x_2,\cdots,x_n\}=\{0,1,2,3,4,5,6\cdots\}$。对于离散型随机变量 X 中每个取值 x_i，其发生的概率为 $p(x_i)=P(X=x_i)$。

将离散型随机变量 X 小于或等于某个给定值 $x_i(i=1,2,\cdots,n)$ 的概率函数称为**累积分布函数 $F(x)$**（Cumulative Distribution Function，CDF），可以得到

$$F(x_i) = \sum_{i=1}^{n} p_i(X \leqslant x_i) \tag{3-3}$$

式中，p_i 表示 X 取值为 x_i 的概率。且容易得到以下结论：

(1) $0 \leqslant F(x) \leqslant 1$；

(2) 若 $x_i < x_j$，则 $F(x_i) \leqslant F(x_j)$，即 $F(x)$ 为单调递增函数。

依据采集的样本数据，并对其进行统计分析，能够获得离散型随机变量 X 的取值以及相应的概率分布，在此基础上，对生产系统的相关实体特征进行分析研究。

例如，检验某一批次 80 个产品的质量（X），按照不合格（E）、合格（D）、中等（C）、良好（B）和优秀（A）五个级别进行统计，其中 E 为 4 件、D 为 10 件、C 为 24 件、B 为 32 件、A 为 10 件，发生 E、D、C、B、A 的概率分别为 5%、12.5%、30%、40%、12.5%。根据上述信息，分别得到该批次产品的质量分布图、质量概率分布图和质量累积分布函数图，如图 3-2、图 3-3、图 3-4 所示。

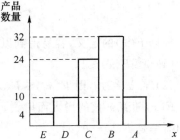

图 3-2　产品的质量分布

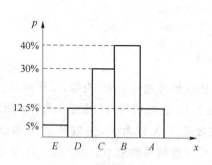
图 3-3　产品的质量概率分布

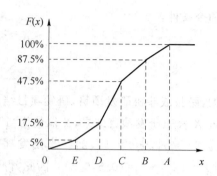
图 3-4　产品的质量累积分布函数

3.1.2　连续型随机变量

连续型随机变量(Continuous Random Variable)是指在某个数值范围内可以连续取任何数值的随机变量。根据定义,连续型随机变量 X 可以取无穷多个值。因此,很难得到 X 在某一个数值点的概率,但是可以分析 X 在某段区间的概率。

假设某个函数 $f(x)$(非负数)使得 X 在 $[a,b]$ 区间内取值的概率为

$$P(a \leqslant X \leqslant b) = P(a,b) = \int_a^b f(x)\mathrm{d}x \tag{3-4}$$

则 X 称为**连续型随机变量**,$f(x)$ 称为**概率密度函数**(Probability Density Function,PDF)。

容易得到 $f(x)$ 满足以下两个条件:

$$f(x) > 0 \tag{3-5}$$

$$\int_{-\infty}^{+\infty} f(x)\mathrm{d}x = 1 \tag{3-6}$$

在此,特别强调的是,$f(x)$ 是可以大于 1 的,但是由 $f(x)$ 曲线在 $[a,b]$ 区间内围成的面积一定是小于或等于 1 的。另外,对于取值范围内的任一数值点 x_0,其发生的概率是 0,即

$$\int_{x_0}^{x_0} f(x)\mathrm{d}x = 0 \tag{3-7}$$

令连续型随机变量 X 取值小于或等于 x 的概率为 $F(x)$,则 $F(x)$ 称为 X 的**累积分布函数**(Cumulative Distribution Function,CDF)。即 $F(x)$ 为

$$F(x) = P(X \leqslant x) = \int_{-\infty}^{x} f(x)\mathrm{d}x \tag{3-8}$$

根据 $F(x)$ 的定义,容易得到以下两个结论:

(1) $0 \leqslant F(x) \leqslant 1$;

(2) 若 $x_1 < x_2$,则 $F(x_1) \leqslant F(x_2)$。

$F(x)$ 随着 x 值的增大而增大,并逐渐达到极限值 1。连续型随机变量 X 落在 $[a,b]$ 区间内的概率是 $F(b) - F(a)$。

例如,均匀分布 $U(A,B)$ 的概率密度函数为

$$f(x) = \begin{cases} \dfrac{1}{B-A}, & A \leqslant x \leqslant B \\ 0, & \text{其他} \end{cases} \tag{3-9}$$

由式(3-9)容易得到均匀分布 $U(A,B)$ 的概率密度函数 $f(x)$ 图形和累积分布函数 $F(x)$

图形分别如图 3-5、图 3-6 所示。

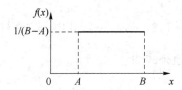

图 3-5　$U(A,B)$ 的概率密度函数

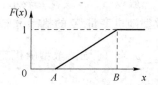

图 3-6　$U(A,B)$ 的累积分布函数

例如,生产加工车间某个工具的使用寿命为 X(年),根据统计数据可以获得 X 的概率密度函数 $f(x)$ 服从指数分布,其平均值是 2 年($1/\lambda=2$),即

$$f(x)=\begin{cases}\dfrac{1}{2}\mathrm{e}^{-\frac{x}{2}}, & x\geqslant 0\\ 0, & \text{其他}\end{cases}$$

求该工具的使用寿命在 2~5 年的概率。

解:$P(2\leqslant X\leqslant 5)=\int_{2}^{5}\dfrac{1}{2}\mathrm{e}^{-x/2}\mathrm{d}x=-\mathrm{e}^{-5/2}+\mathrm{e}^{-1}=-0.082+0.368=0.286$

也就是说该工具的使用寿命在 2~5 年的概率是 28.6%。

3.1.3　随机变量的数字特征

如前所述,$f(x)$ 和 $F(x)$ 等函数能够在一定程度上显示随机变量 X 的某些特征。但是,在生产系统建模仿真过程中,经常遇到以下情形:一是需要准确获得随机变量 X 的概率参数,以便分析研究对象的真实状态;二是需要获得随机变量 X 的代表性数值,以便对不同研究对象进行比较分析。因此,需要充分挖掘更多的参数以进一步反映随机变量 X 的关键特性。

【**例 3-1**】　某生产车间有 A、B 两种同类型的机器,它们每年出现故障的次数以及发生的概率如表 3-1 所示,根据此表评价 A、B 两种机器的优劣。

表 3-1　A、B 两种机器的统计数据

故障次数/年		0	1	2	3	4
发生的概率	A	0.4	0.1	0.2	0.1	0.2
	B	0.3	0.3	0.1	0.2	0.1

解:由表 3-1 的数据可知,两种机器故障次数发生的概率非常接近,很难判断哪种机器更优或者更劣。因此,需要通过其他参数指标对其进行比较。下面分别计算两种机器的平均每年出现故障的次数

$$\mu_A=0\times 0.4+1\times 0.1+2\times 0.2+3\times 0.1+4\times 0.2=1.6$$
$$\mu_B=0\times 0.3+1\times 0.3+2\times 0.1+3\times 0.2+4\times 0.1=1.5$$

即 A 机器和 B 机器平均每年出现故障的次数分别为 1.6 次和 1.5 次。次数越少,则性能越好。所以,B 机器性能优于 A 机器。

除运用平均值来分析随机变量的概率特性外,还可以通过方差、标准差、变异系数、模数和中间值等数字特征来描述随机变量。

1. 平均值

平均值(Mean Value)是指随机变量取值的平均数。它反映了随机变量取值的集中程度。

平均值也称为均值或者**数学期望值**（Expected Value）或者**随机变量的一阶矩**（the First Moment）。一般以 $E(X)$ 或者 μ 表示。

设离散型随机变量 X 的概率分布为 $\{x_i,p_i\}(i=1,2,\cdots,n,\cdots)$，其中，$p_i>0(i=1,2,\cdots,n,\cdots)$，且 $\sum_{i=1}^{+\infty}p_i=1$。则离散型随机变量 X 的平均值公式为

$$E(X)=\sum_{i=1}^{+\infty}x_ip_i \tag{3-10}$$

同理，连续型随机变量 X 的平均值公式为

$$E(X)=\int_{-\infty}^{+\infty}xf(x)\mathrm{d}x \tag{3-11}$$

2. 方差和标准差

方差（Variance）是指随机变量相对于平均值的分散程度。如果某个随机变量的方差是 0，那么该随机变量不存在偏差，也就是说该随机变量是一个确定值。因此，确定性变量其实是方差为 0 的随机变量，它是随机变量的一种特殊类型。方差的公式为

$$D(X)=E(x_i-E(X))^2 \tag{3-12}$$

离散型随机变量 X 的方差公式为

$$D(X)=E(X-E(X))^2=\sum_{i=1}^{+\infty}[x_i-E(X)]^2p_i$$

$$=\sum_{i=1}^{+\infty}x_i^2p_i-[E(X)]^2=E(X^2)-[E(X)]^2 \tag{3-13}$$

连续型随机变量 X 的方差公式为

$$D(X)=E(X-E(X))^2=\int_{-\infty}^{+\infty}[x-E(X)]^2f(x)\mathrm{d}x$$

$$=\int_{-\infty}^{+\infty}x^2f(x)\mathrm{d}x-[E(X)]^2=E(X^2)-[E(X)]^2 \tag{3-14}$$

由于方差的单位是随机变量单位的平方，为了能够与随机变量单位保持一致，在很多情况下，用方差的平方根来判断随机变量的分散程度。一般情形下，将方差的平方根称为**标准差**（Standard Deviation），以 σ 表示，其公式为

$$\sigma=\sqrt{D(X)} \tag{3-15}$$

平均值和标准差具有与随机变量相同的量纲。针对同一个随机变量的两组不同数据样本，平均值的差异代表两组样本的中心位置是不同的，如果平均值是相同的，但方差（或者标准差）可能并不相同，那么方差（或者标准差）越小，就表明该数据样本的离散程度越小。

【**例 3-2**】 生产系统中，经常需要对加工零件进行检测，以张师傅和刘师傅两位技术人员加工的零件作为样本进行对比分析，在相同的工作环境下，分别对 800 个零件进行检测，随机变量 X_1 和 X_2 分别代表张师傅和刘师傅加工的零件样本，尺寸公差等级的概率分布如表 3-2 所示，请分析和判断哪位技术人员的加工技术水平和稳定性更好。

表 3-2 尺寸公差等级的概率分布

尺寸公差等级	10	9	8	7	6	5
张师傅 $P(X_1)$	0.50	0.15	0.10	0.10	0.10	0.05
刘师傅 $P(X_2)$	0.45	0.10	0.15	0.05	0.15	0.10

解:通过数据观察,直观判断两位技术人员的水平高低比较困难,下面运用概率的数字特征进行计算和分析。由公式(3-10)可以得到两位技术人员零件加工尺寸偏差的平均值分别为

$$E(X_1)=10\times0.50+9\times0.15+8\times0.10+7\times0.10+6\times0.10+5\times0.05=8.70$$

$$E(X_2)=10\times0.45+9\times0.10+8\times0.15+7\times0.05+6\times0.15+5\times0.10=8.35$$

由平均值可以得到,两位技术人员的加工技术水平相当,刘师傅(8.35)的加工技术水平略好于张师傅(8.70)。但是,哪位师傅的加工技术具有更好的稳定性呢?需要判断两位师傅零件加工偏差的离散程度,由公式(3-13)和公式(3-15)分别计算其方差和标准差得到

$$D(X_1)=(10-8.7)^2\times0.50+(9-8.7)^2\times0.15+(8-8.7)^2\times0.10+$$
$$(7-8.7)^2\times0.10+(6-8.7)^2\times0.10+(5-8.7)^2\times0.05=2.61$$

$$D(X_2)=(10-8.35)^2\times0.45+(9-8.35)^2\times0.10+(8-8.35)^2\times0.15+$$
$$(7-8.35)^2\times0.05+(6-8.35)^2\times0.15+(5-8.35)^2\times0.10=3.3275$$

$$\sigma(X_1)=\sqrt{D(X_1)}=1.6155$$

$$\sigma(X_2)=\sqrt{D(X_2)}=1.824$$

由标准差可以得到,张师傅(1.6155)加工零件偏差的离散程度比刘师傅(1.824)的离散程度要小,也就是说张师傅的稳定性会更好一些。

3. 变异系数

变异系数(Coefficient of Variation)是指随机变量的标准差与平均值的比值。变异系数 C_x 的公式为

$$C_x=\sqrt{D(X)}/E(X)=\sigma/\mu \tag{3-16}$$

引入变异系数的目的是对随机变量的离散程度更好地描述。根据公式可知,变异系数是随机变量的标准差相对于平均值的百分比,也是度量随机变量取值分散性程度的一种方法。因为标准差和平均值具有相同的量纲,所以变异系数是一个无量纲的数值,因而它不会受到数据量纲的影响。基于此,变异系数在数理统计分析中广泛应用。如果变异系数的数值越大,那么随机变量的离散程度也越大。

以例 3-2 的数据为例,由公式(3-16)分别计算两位技术人员加工零件偏差的变异系数为

$$C_x(X_1)=\sigma(X_1)/E(X_1)=1.6155/8.70=0.1857$$

$$C_x(X_2)=\sigma(X_2)/E(X_2)=1.824/8.35=0.2184$$

所以,根据上述变异系数的结果,也可以得到相同的结论:张师傅加工零件偏差的离散程度较小,张师傅加工零件的稳定性要好于刘师傅。

4. 模数

模数(Mode Number)是指随机变量的频率位于某个峰值时随机变量的值。模数也称为**众数**,如果随机变量的概率密度函数存在多个峰值,通常情况下,将最大峰值作为随机变量的模数。

针对离散型随机变量,模数是指观测值出现最多的数。针对连续型随机变量,模数是指概率密度函数为极大值所对应的 x 值。

5. 中间值

如果存在一个点 x_m,它使得随机变量 X 的一半数值落入该点以内,那么点 x_m 称为**随机**

变量 X 的中间值(Medium Value)。也就是 $F(x)=0.5$ 所对应的点。中间值也称为**中位数**。通过累积分布函数曲线可以获得随机变量 X 的中间值。

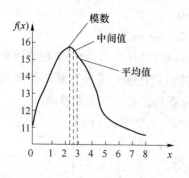

图 3-7 模数、中间值和平均值的关系

假设存在某个随机变量 X 的概率密度函数 $f(x)$，如图 3-7 所示。对于该随机变量 X 而言，模数为其密度函数 $f(x)$ 在最大值时所对应随机变量 X 的数值，且平均值大于中间值，中间值大于模数。

需要强调的是，对于不同分布类型的随机变量 X，其模数、中间值和平均值的数值也将发生变化，三者的大小关系排序也将有所不同。另外，如果随机变量 X 的密度函数 $f(x)$ 是一个对称的曲线，那么它的中间值和平均值是相等的。例如，若某随机变量 X 服从高斯分布，其中间值与平均值重合。

3.1.4 常用随机分布类型及其特性

一般情形下，随机变量的分布可以分为两种类型：一是**离散型分布**(Discrete Distribution)；二是**连续型分布**(Continuous Distribution)。对于随机变量而言，在得到其概率质量函数 $p(x=k)$ 或者概率密度函数 $f(x)$ 的基础上，若对其分布参数进行修改，则可以获得更多的变化曲线，以便进一步分析随机变量的更多特性。所以，在对随机变量开展研究的过程中，不仅需要知道其分布类型，而且还需要获取分布类型的各种参数。例如，指数分布的参数 λ、均匀分布的参数 a 与 b 等。

1. 随机分布的参数类型

依据参数的几何特征和物理含义，分布参数可以分为三种类型：一是**位置参数**(Location Parameter)；二是**比例参数**(Scale Parameter)；三是**形状参数**(Shape Parameter)。

（1）位置参数(γ)。位置参数可以决定分布函数在 x 轴横坐标的取值区间。位置参数也称为**位移参数**。如果改变位置参数的数值大小，那么该分布函数将沿着横坐标向左或者向右移动。

假设存在两个相同类型的随机变量 X 和随机变量 Y，如果 X 和 Y 只是在位置上有所差异，那么存在一个实数 γ 使得 $(\gamma+X)$ 和 Y 的分布完全相同。通常情况下，位置参数 γ 是分布函数取值范围的两端点或者中间点。例如，均匀分布的位置参数在端点、正态分布的位置参数在中间点。

例如，假设均匀分布 $U(a,b)$ 的概率密度函数 $f(x)$ 为

$$f(x)=\begin{cases}\dfrac{1}{b-a}, & a\leqslant x\leqslant b\\ 0, & 其他\end{cases} \quad (3-17)$$

式中，a,b 是均匀分布的取值范围。

如图 3-8 所示，当参数 a 改变为 a' 时，且 $b-a=b'-a'$，则 $f(x)$ 将向右（也可以向左）发生移动。所以，a 是均匀分布的位置参数。

例如，假设正态分布 $N(\mu,\sigma^2)$ 的概率密度函数 $f(x)$ 为

$$f(x) = \frac{1}{\sqrt{2\pi\sigma^2}} e^{-(x-\mu)^2/2\sigma^2} \qquad (3\text{-}18)$$

式中，μ 和 σ^2 分别代表正态分布的平均值和方差。

如图 3-9 所示，当参数 σ^2 不发生改变时，通过改变其平均值 μ，即 $\mu_1<\mu_2<\mu_3<\mu_4$，正态分布的图形形状不会发生变化，但是，正态分布的曲线将沿着横坐标水平移动。所以，μ 是正态分布的位置参数。

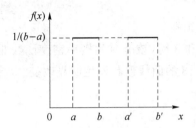

图 3-8　均匀分布的位置参数

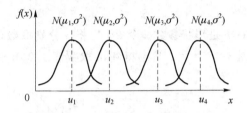

图 3-9　正态分布的位置参数

（2）**比例参数**（β）。比例参数可以决定分布函数在区间范围内取值的比例大小。当改变比例参数 β 的数值时，能够对分布函数进行扩大或者缩小，改变其分布范围，但是它的整体形状不会发生根本性变化。整体形状不会发生根本性变化是指从直观上和规律上来看，分布函数的曲线没有大的变化。需要强调的是，无论分布函数的曲线如何变化，对概率密度函数在 $(-\infty,+\infty)$ 区间进行积分的结果都是 1。若比例参数 β 的数值发生改变，则分布函数在各点的数值往往并不会按照相同的比例扩大或者缩小。所以，分布函数的形状一定会发生改变，只不过这种改变并不会影响分布函数的整体形状。例如，指数分布的 λ 参数和正态分布的 σ 参数就是比例参数。

例如，假设指数分布 $\mathrm{Exp}(\lambda)$ 的概率密度函数为

$$f(x) = \begin{cases} \lambda e^{-\lambda x}, & x \geq 0 \\ 0, & \text{其他} \end{cases} \qquad (3\text{-}19)$$

当 λ 分别取 0.005 和 0.01 时，该指数分布的概率密度函数曲线如图 3-10 所示。不难发现，λ 的不同导致曲线的比例发生改变，但是曲线的整体形状没有发生根本性变化。

类似的，以正态分布 $N(\mu,\sigma^2)$ 为例，如图 3-11 所示。当平均值 μ 不变，标准差 σ 的数值发生变化时，曲线的比例发生改变，但整体形状不变。随着 σ 的增大，曲线逐渐变得扁平化，随着 σ 的减小，曲线逐渐变得耸立。

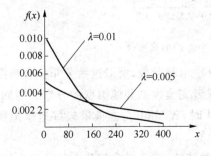

图 3-10　指数分布的比例参数

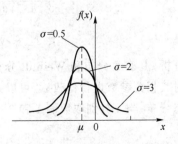

图 3-11　正态分布的比例参数

(3) **形状参数(α)**。形状参数不仅可以改变分布函数的基本形状,而且也可以导致分布函数的性质发生变化。位置参数、比例参数和形状参数三者之间是相互独立的。三者各具特色,形状参数的最大特色在于其能够将分布函数的形状发生翻天覆地的改变。例如,威布尔分布的参数 k 是形状参数。

例如,假设 Γ 分布的概率密度函数 $f(x)$ 为

$$f(x) = \begin{cases} \dfrac{\beta^{-\alpha} x^{\alpha-1} e^{-x/\beta}}{\Gamma(\alpha)}, & x > 0 \\ 0, & \text{其他} \end{cases} \tag{3-20}$$

式中,α 是形状参数。令 $\beta=1$,将 α 分别取数值 1/2、1、2 和 3 时,该分布的概率密度函数曲线如图 3-12 所示。容易得到,α 取数值 1/2、1 与 α 取数值 2、3 的曲线形状发生明显改变。

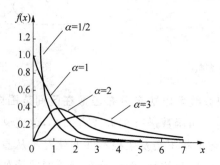

图 3-12 Γ 分布的形状参数

例如,假设 Weibull 分布的概率密度函数 $f(x)$ 为

$$f(x) = \begin{cases} \alpha \beta^{-\alpha} x^{\alpha-1} e^{-(x/\beta)^{\alpha}}, & x > 0 \\ 0, & \text{其他} \end{cases} \tag{3-21}$$

式中,α 是形状参数。令 $\beta=2/3$,将 α 分别取数值 3、2、1 和 1/2 时,该分布的概率密度函数曲线如图 3-13 所示。容易得到,α 取数值 3、2 与 α 取数值 1、1/2 的曲线形状发生明显改变。

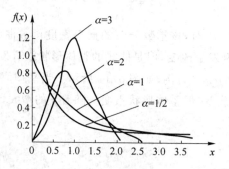

图 3-13 Weibull 分布的形状参数

综上分析,由于 Γ 分布和 Weibull 分布均存在形状参数,所以这些分布拟合数据的能力非常强。当对其相关参数进行修改后,可以近似或者完全模拟其他类型的分布。例如,Γ 分布能够模拟正态分布;当 α 分别取数值 1 和 3.43954 时,Weibull 分布能够较好地模拟指数分布和正态分布。

为了更好地对比分析随机变量的不同分布的特性,将常见类型分布的位置参数、比例参数和形状参数进行了统计,如表 3-3 所示。

表 3-3　常见类型分布的位置参数、比例参数和形状参数

常见类型分布	位置参数	比例参数	形状参数
正态分布 $N(\mu,\sigma^2)$	μ	σ	
均匀分布 $U(a,b)$	a	$b-a$	
威布尔分布 Weibull(α,β)		β	α
对数正态分布 $LN(\mu,\sigma^2)$		μ	σ
Γ 分布 gamma(α,β)		β	α
指数分布 Exp(λ)		λ	
β 分布 beta(α_1,α_2)			α_1,α_2

2. 离散型随机分布

常见的离散型随机分布类型包括**离散均匀分布、伯努利分布、二项分布、泊松分布、几何分布和负二项分布**等。【课堂互动:请举例说明还有哪些离散型随机分布。】

(1) **离散均匀分布 DU(i,j)**。离散均匀分布 DU(i,j) 是在位于最小整数 i 和最大整数 j 区间生成离散和均匀的随机数。它可以描述具有一定特点的随机变量,即这些随机变量存在几种可能的抽样结果,且出现每种抽样结果的可能性是均等的。离散均匀分布的概率质量函数为

$$p(x)=\begin{cases}\dfrac{1}{j-i+1}, & x\in\{i,i+1,\cdots,j\}\\ 0, & \text{其他}\end{cases} \tag{3-22}$$

式中,i 和 $j(j>i)$ 都是整数,位置参数是 i,比例参数是 $j-i+1$。

根据离散均匀分布的概率质量函数公式,可以绘制该分布如图 3-14 所示。

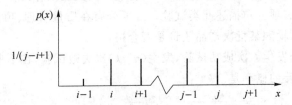

图 3-14　离散均匀分布的概率分布

容易得到离散均匀分布的累积分布函数为

$$F(x)=\begin{cases}0, & x<i\\ \dfrac{|x|-i+1}{j-i+1}, & i\leqslant x\leqslant j\\ 1, & x>j\end{cases} \tag{3-23}$$

式中,$|x|$ 代表小于或等于 x 的最大整数。

通过分析,可以得到离散均匀分布的取值范围是 $(i,i+1,\cdots,j)$,其平均值是 $(i+j)/2$,其方差是 $(j-i+1)^2+1/12$,其模数并不唯一。

(2) **伯努利分布 Bernoulli(p)**。伯努利分布主要统计只有两种可能结果的随机变量。现实生活中,经常遇到需要通过"成功"或者"失败""合格"或者"不合格""接收"或者"拒绝"等结果进行描述的事情。例如,项目研发是成功还是失败;验收货物是合格还是不合格等。

假定对某个测试开展了 n 次,每一次测试之间均是相互独立的,每一次测试均会出现两个

结果:即失败或者成功。假设 $x_j=0$ 代表第 j 次测试是失败的,$x_j=1$ 代表第 j 次测试是成功的,成功的概率是 p,失败的概率则是 $q=1-p$。由于相邻测试之间是相互独立的,因此可以得到

$$p(x_1,x_2,\cdots,x_n)=p(x_1)\times p(x_2)\times\cdots\times p(x_n) \tag{3-24}$$

伯努利分布的概率质量函数为

$$P(x_j)=\begin{cases}p, & x_j=1,j=1,2,\cdots,n\\1-p, & x_j=0,j=1,2,\cdots,n\\0, & 其他\end{cases} \tag{3-25}$$

伯努利分布的平均值以及方差分别为

$$E(X)=1\times p+0\times(1-p)=p \tag{3-26}$$

$$D(X)=[(1^2\times p)+(0^2\times(1-p))]-p^2=p(1-p) \tag{3-27}$$

伯努利分布的概率分布如图 3-15 所示。

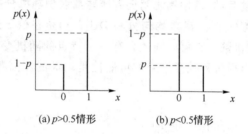

图 3-15 伯努利分布的概率分布

(3) 二项分布 $B(n,p)$。二项分布是指当每次试验成功的概率为 p 时,n 次独立伯努利试验中成功总次数为 k 的概率。假设存在这样一类试验,其试验仅有两种可能的结果(如合格或不合格),那么可以用二项分布描述此类试验。二项分布在质量管理、项目管理和生产管理等领域广泛应用。例如,检测某批次产品质量是否合格。

在 n 次试验中,若发生 k 次成功试验,发生 $(n-k)$ 次失败试验,在不考虑顺序的情形下,则恰好取得 k 次成功试验的概率是

$$P(\overbrace{SSS\cdots SS}^{k次成功}\overbrace{FFF\cdots FF}^{n-k次失败})=p^k(1-p)^{n-k}$$

在考虑顺序的情形下,依据排列组合原理,在 n 次试验中,恰好发生 k 次成功的可能性共有

$$\binom{n}{k}=\frac{n!}{k!(n-k)!}$$

因此,在 n 次试验中恰好发生 k 次成功的概率,即二项分布的概率质量函数为

$$P(x=k)=\binom{n}{k}p^k(1-p)^{n-k} \tag{3-28}$$

式中,$\binom{n}{k}$ 是二项系数。

二项分布的累积分布函数为

$$F(x) = P(X \leqslant x) = \begin{cases} 0, & x < 0 \\ \sum_{i=0}^{\lfloor x \rfloor} \binom{n}{i} p^i (1-p)^{n-i}, & 0 \leqslant x \leqslant n \\ 1, & x > n \end{cases} \quad (3-29)$$

二项分布的均值和方差分别为

$$E(X) = p + p + \cdots + p = np \quad (3-30)$$

$$D(X) = p(1-p) + p(1-p) + \cdots + p(1-p) = np(1-p) \quad (3-31)$$

当试验次数 n 和成功概率 p 设置不同的数值时,可以得到不同的二项分布概率分布图,如图 3-16 所示。

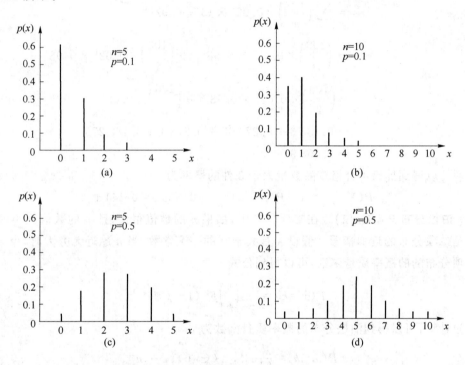

图 3-16 二项分布的概率分布

【例 3-3】 某车间大规模生产芯片产品,芯片产品合格率为 95%,不合格率为 5%,对 100 件芯片产品进行抽检,求抽得不合格产品数量 x 分别为 0,1,2,3 和 100 的概率。

解:根据题意可知,试验总次数 $n = 100$,每次抽出不合格产品的概率 $p = 0.05$。由公式(3-28)可以得到抽出不同数量不合格产品的概率分别为

$$P(x=0) = \binom{100}{0} p^0 (1-p)^{100} = 0.95^{100} = 0.0059$$

$$P(x=1) = \binom{100}{1} p^1 (1-p)^{99} = 100 \times 0.05 \times 0.95^{99} = 0.03116$$

$$P(x=2) = \binom{100}{2} p^2 (1-p)^{98} = \frac{100!}{2! \times (100-2)!} \times 0.05^2 \times 0.95^{98} = 0.08118$$

$$P(x=3) = \binom{100}{3} p^3 (1-p)^{97} = \frac{100!}{3! \times (100-3)!} \times 0.05^3 \times 0.95^{97} = 0.13958$$

$$P(x=100) = \binom{100}{100} p^{100}(1-p)^0 = 0.05^{100} = 7.8886 \times 10^{-131}$$

【例 3-4】 某车间大规模生产齿轮产品,产品不合格率为 2%,质检部门随机抽检 100 件产品,求抽检不合格产品数量小于等于 3 件的概率。

解: 根据题意可知,$n=100$,$p=0.02$。由公式(3-29)可以得到不合格产品数量小于或等于 3 件的概率为

$$P(X \leqslant 3) = F(3) = \sum_{x=0}^{3} \binom{n}{x} p^x (1-p)^{n-x}$$

$$= \sum_{x=0}^{3} \binom{100}{x} \times 0.02^x \times (1-0.02)^{100-x}$$

$$= \binom{100}{0} \times 0.02^0 \times 0.98^{100} + \binom{100}{1} \times 0.02^1 \times 0.98^{99} +$$

$$\binom{100}{2} \times 0.02^2 \times 0.98^{98} + \binom{100}{3} \times 0.02^3 \times 0.98^{97}$$

$$= 0.1326 + 0.27065 + 0.2734 + 0.182276$$

$$= 0.8589$$

进而可以得到抽检不合格产品数量大于 3 件的概率为

$$P(X>3) = 1 - P(X \leqslant 3) = 1 - 0.8589 = 0.1411$$

(4) **泊松分布 Possion(λ)**。在二项分布中,如果 n 的数值很大,且 p 的数值很小,那么泊松分布是二项分布的近似情形。假设 λ 是大于 0 的一个常数,当 n 趋近无穷大时,令 $np \to \lambda$,根据二项分布的的概率质量函数,可以得到公式

$$P(x=k) = \lim_{n \to \infty} \binom{n}{k} p^k (1-p)^{n-k} \tag{3-32}$$

通过计算,可以得到泊松分布的概率质量函数为

$$P(x=k) = \frac{\lambda^k}{k!} e^{-\lambda}, \quad k \in \{0,1,\cdots,n\} \tag{3-33}$$

如果随机变量 X 满足公式(3-33),则该随机变量 X 服从泊松分布,记作 $X \sim p(\lambda)$。$\lambda > 0$ 是泊松分布的参数。因此,泊松分布是二项分布中的一种特殊情形。

现实生活中,往往存在这样一些事件,即在某个固定时间区间,以稳定的速率发生了很多事件,且事件与事件之间是相互独立的,这些随机事件被称为泊松流。

通常情况下,若满足条件 $n \geqslant 50$,$p < 0.1$ 且 $np < 10$,则可以将泊松分布替代二项分布,这不仅使得后续的计算更加简单,且计算精度更高。泊松分布在很多领域得到广泛运用,例如,制造车间定制化生产的零部件中出现次品的次数等。

泊松分布的累积分布函数为

$$F(x) = P(X \leqslant x) = \sum_{i=0}^{\lfloor x \rfloor} \frac{\lambda^i}{i!} e^{-\lambda} \tag{3-34}$$

其均值、方差分别为

$$E(X) = \lambda \tag{3-35}$$

$$D(X) = \lambda \tag{3-36}$$

对 λ 设置不同的数值，可以得到泊松分布的概率分布图，如图 3-17 所示。

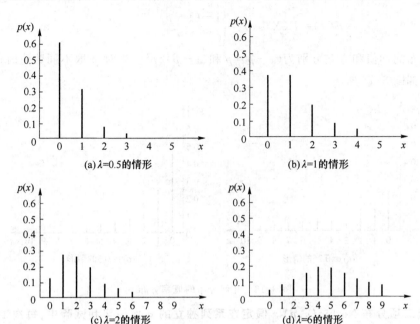

图 3-17　泊松分布的概率分布

【例 3-5】 生产车间大规模生产某螺钉产品，产品不合格率为 5%，随机抽查 200 件产品，求抽查出不合格产品数量小于或等于 2 件的概率。

解：根据题意可得，$n=200$，$p=0.05$。由二项分布公式计算得到不合格产品数量小于或等于 2 件的概率为

$$P(X \leqslant 2) = F(2) = \sum_{x=0}^{2} \binom{n}{x} p^x (1-p)^{n-x} = \sum_{x=0}^{2} \binom{200}{x} \times 0.05^x \times 0.95^{200-x}$$

$$= \binom{200}{0} \times 0.05^0 \times 0.95^{200-0} + \binom{200}{1} \times 0.05^1 \times 0.95^{200-1} +$$

$$\binom{200}{2} \times 0.05^2 \times 0.95^{200-2}$$

$$= 0.000\ 035\ 05 + 0.000\ 368\ 975 + 0.001\ 932\ 266$$

$$= 0.002\ 336\ 291$$

根据题意可得，$\lambda = np = 200 \times 0.05 = 10$，由泊松分布公式计算得到不合格产品数量小于或等于 2 件的概率为

$$P(X \leqslant 2) = F(2) = \sum_{i=0}^{2} \frac{\lambda^i}{i!} e^{-\lambda} = \left(\frac{10^0}{0!} + \frac{10^1}{1!} + \frac{10^2}{2!} \right) e^{-10}$$

$$= (1 + 10 + 50) \times 0.000\ 045\ 399\ 9$$

$$= 0.002\ 769\ 393\ 9$$

通过对比可以发现，泊松分布与二项分布的运算结果是比较接近的。

(5) 几何分布 Geom(p)。假定在系列独立的 n 次伯努利试验中，每次试验成功的概率为 p，试验首次成功之前失败的次数服从几何分布。几何分布的概率质量函数为

$$P(x=k) = p(1-p)^k, \quad k \in \{0, 1, \cdots, n\} \tag{3-37}$$

几何分布的累积分布函数为

$$F(x)=P(X\leqslant x)=\begin{cases} 1-(1-p)^{\lfloor x \rfloor+1}, & x>0 \\ 0, & \text{其他} \end{cases} \quad (3\text{-}38)$$

几何分布的均值和方差分别为$(1-p)/p$和$(1-p)/p^2$。当对p取不同数值时，几何分布的概率分布如图 3-18 所示。

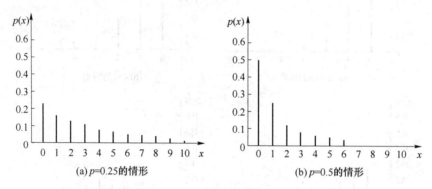

图 3-18　几何分布的概率分布

（6）负二项分布 Negbin(s,p)。假定在系列独立的n次伯努利试验中，每次试验成功的概率是p，第s次试验成功之前失败的次数服从负二项分布。负二项分布的概率质量函数为

$$P(x=k)=\binom{s+k-1}{k}p^s(1-p)^k, \quad k\in\{0,1,\cdots,n\} \quad (3\text{-}39)$$

负二项分布的累积分布函数为

$$F(x)=\begin{cases} \sum_{i=0}^{\lfloor x \rfloor}\binom{s+k-1}{i}p^s(1-p)^i, & x>0 \\ 0, & \text{其他} \end{cases} \quad (3\text{-}40)$$

其均值、方差分别为

$$E(X)=\frac{s(1-p)}{p} \quad (3\text{-}41)$$

$$D(X)=\frac{s(1-p)}{p^2} \quad (3\text{-}42)$$

对s和p取不同数值时，负二项分布的概率分布如图 3-19 所示。

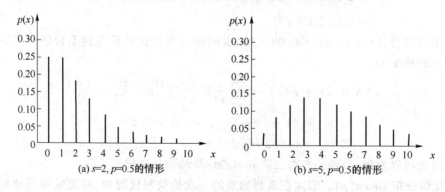

图 3-19　负二项分布的概率分布

3. 连续型随机分布

常见的连续型随机分布类型主要包括**均匀分布**、**指数分布**、**正态分布**、**对数正态分布**、**Γ 分布**、**β 分布**、**威布尔分布**和**三角分布**等。

(1) **均匀分布 $U(a,b)$**。均匀分布的数值是在最小值 a 与最大值 b 之间连续和随机抽取的。均匀分布在相同长度区间的分布概率是等可能的,它在生产系统建模与仿真中具有特别重要的理论意义,需要强调的是,生成各种形式多样随机数的基础是 $[0,1]$ 均匀分布生成的随机数。

均匀分布 $U(a,b)$ 的概率密度函数 $f(x)$ 为

$$f(x) = \begin{cases} \dfrac{1}{b-a}, & a \leqslant x \leqslant b \\ 0, & \text{其他} \end{cases} \tag{3-43}$$

均匀分布的累积分布函数为

$$F(x) = \begin{cases} 0, & (x<a) \\ \dfrac{x-a}{b-a}, & a \leqslant x < b \\ 1, & x \geqslant b \end{cases} \tag{3-44}$$

其均值与方差分别为

$$E(X) = (a+b)/2 \tag{3-45}$$
$$D(X) = (b-a)^2/12 \tag{3-46}$$

(2) **指数分布 $\mathrm{Exp}(\lambda)$**。指数分布可以对很多相互独立且发生间隔为常数的事件进行描述,即事件是独立的且以恒定的速率连续发生。例如,零部件到达加工位置的时间间隔、加工时间、电器产品的使用寿命等。

指数分布是威布尔分布的特殊情形。例如,若满足条件 $\alpha=1$,则威布尔分布就转变为指数分布。指数分布在电器产品可靠性工程等领域得到广泛应用,其参数 λ 通常表示零件的失效率。另外,指数分布还具有一个重要特性——"无记忆性"。也就是说产品在使用一段时间之后的寿命分布与产品没有使用时的寿命分布是相同的。

指数分布 $\mathrm{Exp}(\lambda)$ 的概率密度函数为

$$f(x) = \begin{cases} \lambda \mathrm{e}^{-\lambda x}, & x>0 \\ 0, & x \leqslant 0 \end{cases} \tag{3-47}$$

若 $\lambda=1$,可以得到该指数分布的概率密度函数如图 3-20 所示。

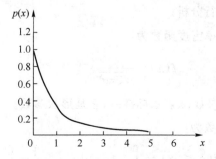

图 3-20 $\lambda=1$ 情形下的指数分布概率密度函数

指数分布的累积分布函数为

$$F(x) = \begin{cases} 1-e^{-\lambda x}, & x>0 \\ 0, & x \leqslant 0 \end{cases} \tag{3-48}$$

其均值与方差分别为

$$E(X) = \frac{1}{\lambda} \tag{3-49}$$

$$D(X) = \frac{1}{\lambda^2} \tag{3-50}$$

【例 3-6】 假设某一元器件的使用寿命服从指数分布,该元器件的平均使用寿命为 $\mu=8\,000$ 小时,求该元器件使用时间 T 分别为 80、800、8 000 和 9 000 小时的可靠度。

解:元器件的平均使用寿命为 $\mu=8\,000$ 小时,所以其故障率为 $\lambda=1/\mu=1/8\,000$。根据公式(3-48)可以得到其使用时间在 80、800、8 000 和 9 000 小时的失效率分别为

$$F(80) = 1 - e^{-\frac{80}{8\,000}} = 0.009\,95$$

$$F(800) = 1 - e^{-\frac{800}{8\,000}} = 0.095\,16$$

$$F(8\,000) = 1 - e^{-\frac{8\,000}{8\,000}} = 0.632$$

$$F(9\,000) = 1 - e^{-\frac{9\,000}{8\,000}} = 0.999$$

而可靠度和失效率之间的关系是 $R(T)=1-F(T)$。因此,可以得到元器件在 80、800、8 000 和 9 000 小时的可靠度分别为

$$R(80) = 1 - F(80) = 1 - 0.009\,95 = 0.990\,05$$

$$R(800) = 1 - F(800) = 1 - 0.095\,16 = 0.904\,84$$

$$R(8\,000) = 1 - F(8\,000) = 1 - 0.632 = 0.368$$

$$R(9\,000) = 1 - F(9\,000) = 1 - 0.999 = 0.001$$

根据上述计算结果可以得到,若元器件的使用寿命服从指数分布,随着其使用时间的增加,其可靠度逐渐下降。当使用时间恰好为平均使用寿命时,则仅有 36.8% 的元器件能够可靠使用,其他 63.2% 的元器件可能无法再使用。

(3) **正态分布** $N(\mu,\sigma^2)$。正态分布是生产系统建模仿真中运用特别广泛的分布之一。它也称为高斯分布。通常情况下,由很多相互独立和偶然发生的因素综合影响下的变量可以用正态分布进行描述,如生产车间中各种零部件的尺寸大小、强度指标、质量等级、载荷情况等,这些均可以运用正态分布进行分析。

正态分布 $N(\mu,\sigma^2)$ 的概率密度函数为

$$f(x) = \frac{1}{\sqrt{2\pi\sigma^2}} e^{-(x-\mu)^2/2\sigma^2} \tag{3-51}$$

式中:μ 表示均值,它是位置参数;σ 表示标准差,它是形状参数。

正态分布的累积分布函数为

$$F(x) = P(X \leqslant x) = \int_{-\infty}^{x} f(x) \mathrm{d}x = \frac{1}{\sqrt{2\pi}\sigma} \int_{-\infty}^{x} e^{-\frac{(x-\mu)^2}{2\sigma^2}} \mathrm{d}x \tag{3-52}$$

当 $\mu=0, \sigma=1$ 时，$N(0,1^2)$ 称为标准正态分布，其概率密度函数如图 3-21 所示。

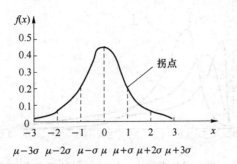

图 3-21 标准正态分布的概率密度函数

由图 3-21 可知，正态分布具有对称性，即以 μ 为对称轴，横坐标 x 轴与 μ 两侧的概率密度函数曲线所围成的面积是完全相等的。另外，曲线在 $\mu \pm \sigma$ 处存在拐点，在 $x=\mu$ 处存在最大值 $1/\sqrt{2\pi}\sigma$。当 $x \to \pm\infty$ 时，$f(x) \to 0$。曲线的平均值、中间值和模数是相同的。需要特别指出的是，如果随机数服从正态分布，其在 $\mu \pm \sigma$ 区间里的可能性是 68.26%，在 $\mu \pm 2\sigma$ 区间里的可能性是 95.44%，在 $\mu \pm 3\sigma$ 区间里的可能性是 99.73%，在 $\mu \pm 6\sigma$ 区间里的可能性是 99.99966%。这意味着，随机数在 $\mu \pm 6\sigma$ 区间外的可能性仅为 0.00034%。由此产生了著名的 6σ 管理，6σ 管理的核心是追求生产"零缺陷"，防范质量风险，降低生产成本，提高生产效率和客户忠诚度，它是质量控制领域的重要方法。如果某企业实现了 6σ 管理，那么该企业生产的每百万个产品中出现质量缺陷的概率将不会大于 3.4 个。导致质量缺陷的原因可能来自研发、设计、采购、生产、库存、运输和服务等各个环节，为了能够消除各个环节中可能出现的质量缺陷，6σ 管理已经得到越来越多国内外企业的普遍重视和广泛应用。

(4) **对数正态分布 $LN(\mu, \sigma^2)$**。对数正态分布是指随机变量 X 的对数 $\ln X$ 服从正态分布，也就是 $\ln X \sim N(\mu, \sigma^2)$。

对数正态分布的概率密度函数为

$$f(x) = \begin{cases} \dfrac{1}{\sqrt{2\pi}\sigma x} e^{-\frac{(\ln x - \mu)^2}{2\sigma^2}}, & x > 0 \\ 0, & \text{其他} \end{cases} \tag{3-53}$$

对比正态分布 $N(\mu, \sigma^2)$ 的定义域 $(-\infty, +\infty)$，对数正态分布 $LN(\mu, \sigma^2)$ 的定义域是 $(0, +\infty)$，这更有利于研究很多现实生产系统，成为广泛运用的分布函数之一。例如，对数正态分布可以更好地描述测量多批次零件的误差、加工材料的使用寿命等。在很多实际应用中，尤其在可靠性方面和维修领域，随机变量可能与正态分布并不相符。但是，随机变量的对数可能与正态分布的特征一致。

与正态分布相同，对数正态分布也存在一个最大值。但是，正态分布是对称分布的，而对数正态分布是一个偏态分布。如果满足条件 $\mu \gg \sigma$，对数正态分布与正态分布非常近似。对数正态分布的概率密度函数如图 3-22 所示。

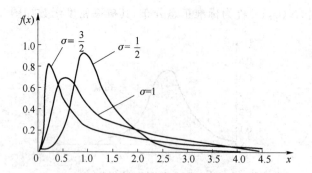

图 3-22 对数正态分布 $LN(0,\sigma^2)$ 的概率密度函数

对数正态分布的累积分布函数为

$$F(x) = \frac{1}{\sigma\sqrt{2\pi}} \int_0^x \frac{1}{x} e^{-\frac{(\ln x - \mu)^2}{2\sigma^2}} dx \tag{3-54}$$

其均值、方差分别为

$$E(x) = e^{(\mu + \sigma^2/2)} \tag{3-55}$$

$$D(x) = e^{(2\mu + \sigma^2)}(e^{\sigma^2} - 1) \tag{3-56}$$

式中:μ 为 $\ln X$ 的平均值,也称为对数平均值,该平均值大于中位数;σ 为 $\ln X$ 的标准差,也称为对数标准差。

(5) **Γ 分布 Γ(α,β)**。Γ 分布可以对完成一些特定工作所花费的时间进行描述,例如,制造系统中待加工零部件的等待时间、生产车间的零件加工时间,以及早期、偶发和损耗等失效分布。由于 Γ 分布中的形状参数具有较强的数值拟合特性,所以,其在生产系统建模与仿真中得到广泛应用。

$\Gamma(\alpha,\beta)$ 分布的概率密度函数为

$$f(x) = \frac{\beta^{-\alpha} x^{\alpha-1} e^{-\frac{x}{\beta}}}{\Gamma(\alpha)}, \quad x > 0 \tag{3-57}$$

式中:$\alpha(\alpha>0)$ 为形状参数,它是指发生一次失效的事件数;$\beta(\beta>0)$ 为比例参数,它是指产生事件的平均间隔;$\Gamma(\alpha)$ 为 Γ 函数,$\Gamma(\alpha) = \int_0^\infty t^{\alpha-1} e^{-t} dt$。

$\Gamma(\alpha,\beta)$ 分布的累积分布函数为

$$F(x) = \begin{cases} 1 - e^{-x/\beta} \sum_{j=0}^{\alpha-1} \frac{(x/\beta)^j}{j!}, & x > 0 \\ 0, & \text{其他} \end{cases} \tag{3-58}$$

其均值、方差分别为

$$E(X) = \alpha\beta \tag{3-59}$$

$$D(X) = \alpha\beta^2 \tag{3-60}$$

(6) **β 分布**。β 分布通常应用在缺乏数据时的大概估计,如生产车间的次品比例、产品质量管理与可靠性控制等。β 分布的主要价值在于为某个实验的成功概率构建模型。

β 分布的概率密度函数为

$$f(x) = \frac{x^{\alpha_1 - 1}(1-x)^{\alpha_2 - 1}}{\beta(\alpha_1, \alpha_2)}, \quad 0 < x < 1, \quad \alpha_1 > 0, \quad \alpha_2 > 0 \tag{3-61}$$

式中，$\beta(\alpha_1,\alpha_2)$ 称为 β 函数，$\beta(\alpha_1,\alpha_2)=\int_0^1 t^{\alpha_1-1}(1-t)^{\alpha_2-1}\mathrm{d}t$。

β 分布的概率密度函数如图 3-23 所示。

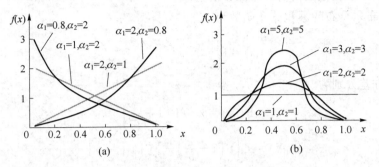

图 3-23 β 分布的概率密度函数

由图 3-23 可知，当改变参数 α_1，α_2 的数值时，β 分布的形状存在多种形式，由于随机变量在 $(0,1)$ 范围内，所以，β 分布能够描述 $(0,1)$ 区间内的各类随机事件。当 $\alpha_1=1$，$\alpha_2=1$ 时，β 分布转变成为均匀分布。

β 分布的均值、方差分别为

$$E(X)=\frac{\alpha_1}{\alpha_1+\alpha_2} \tag{3-62}$$

$$D(X)=\frac{\alpha_1\alpha_2}{(\alpha_1+\alpha_2)^2(\alpha_1+\alpha_2+1)} \tag{3-63}$$

(7) **威布尔分布 Weibull(α,β,γ)**。由于根据概率值可以很容易得到威布尔分布的分布参数，所以威布尔分布在各种寿命测试和可靠性研究的数据处理中被广泛应用。例如，生产加工车间的机器失效时间，机电类产品磨损累计失效的分布形式，生产过程与运输时间的关系等。

【课堂互动：请举例说明哪些生产活动服从威布尔分布。】

两参数威布尔分布的概率密度函数为

$$f(x)=\begin{cases}\dfrac{\alpha}{\beta}\left(\dfrac{x}{\beta}\right)^{\alpha-1}\mathrm{e}^{-(x/\beta)^\alpha}, & x\geqslant 0 \\ 0, & \text{其他}\end{cases} \tag{3-64}$$

两参数威布尔分布的累积分布函数为

$$F(x)=\begin{cases}1-\mathrm{e}^{-(x/\beta)^\alpha}, & x\geqslant 0 \\ 0, & \text{其他}\end{cases} \tag{3-65}$$

其均值、方差分别为

$$E(X)=\beta\Gamma\left(1+\frac{1}{\alpha}\right) \tag{3-66}$$

$$D(X)=\beta^2\left\{\Gamma\left(1+\frac{2}{\alpha}\right)-\left[\Gamma\left(1+\frac{1}{\alpha}\right)\right]^2\right\} \tag{3-67}$$

由于通过双对数变换就能够实现线性化，方便相关数据的拟合处理。所以，三参数威布尔分布在数据拟合能力方面更具有优势。

三参数威布尔分布的概率密度函数为

$$f(x)=\begin{cases}\dfrac{\alpha}{\beta}\left(\dfrac{x-\gamma}{\beta}\right)^{\alpha-1}\mathrm{e}^{-(\frac{x-\gamma}{\beta})^\alpha}, & x>\gamma \\ 0, & \text{其他}\end{cases} \tag{3-68}$$

式中:$\alpha(\alpha>0)$为形状参数,它可以确定分布函数的形状,且使得分布函数的性质发生变化;$\beta(\beta>0)$为比例参数,它可以扩大或缩小分布函数,但其基本形状不会改变;$\gamma(\gamma>0)$为位置参数,它可以确定在取值范围内的分布函数横坐标。

三参数威布尔分布的累积分布函数为

$$F(x)=\begin{cases}1-e^{-(\frac{x-\gamma}{\beta})^{\alpha}}, & x>\gamma \\ 0, & \text{其他}\end{cases} \quad (3-69)$$

其均值、方差分别为

$$E(X)=\gamma+\beta\Gamma\left(1+\frac{1}{\alpha}\right) \quad (3-70)$$

$$D(X)=\beta^2\left\{\Gamma\left(1+\frac{2}{\alpha}\right)-\left[\Gamma\left(1+\frac{1}{\alpha}\right)\right]^2\right\} \quad (3-71)$$

(8) **三角分布**。三角分布是指下限是 a、上限是 b、众数是 c 的连续概率分布。三角分布意味着可以从中判断最小值、最大值和最可能的值,某个数值接近最可能值的概率要大于接近最小值和最大值的概率,由于其应用非常方便,所以三角分布是在随机数据处理中广泛应用的分布形式之一。【**课堂互动:请在现实生活中举例说明三角分布是如何应用的。**】

三角分布的概率密度函数为

$$f(x)=\begin{cases}2(x-a)/(b-a)(c-a), & a\leqslant x\leqslant c \\ 2(b-x)/(b-a)(b-c), & c<x\leqslant b \\ 0, & \text{其他}\end{cases} \quad (3-72)$$

三角分布的概率密度函数如图 3-24 所示。

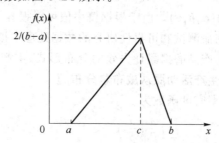

图 3-24 三角分布的概率密度函数

三角分布的累积分布函数为

$$F(x)=\begin{cases}0, & x<a \\ (x-a)^2/(b-a)(c-a), & a\leqslant x\leqslant c \\ 1-(b-x)^2/(b-a)(b-c), & c<x\leqslant b \\ 1, & b<x\end{cases} \quad (3-73)$$

三角分布的累积分布函数如图 3-25 所示。

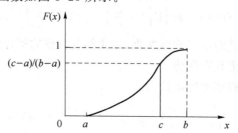

图 3-25 三角分布的累积分布函数

3.1.5 随机变量的经验分布

关于随机变量的研究，人们需要通过做大量实验获取数据，并在此基础上进行统计分析，从而确定其概率分布类型、相关参数和数字特征。通常情况下，可以将随机变量分为**总体**和**个体**。**总体**是指随机变量的所有对象。**个体**是指组成总体的每一个对象。一般来说，所有个体共同反映了总体的特性，个体特性在一定程度上体现了总体的特性，但是有时也会存在一些差异。

在现实的系统中，需要对总体的分布和属性进行分析判断，从而准确掌握随机变量的变化规律。从理论上来说，为了得到可靠真实的总体分布情况，需要对随机变量的总体中所有完整个体进行数据分析。但是，这在现实生活中很难操作，且需要花费较长的时间和高昂的成本。与此同时，若个体的规模庞大，甚至是无限的，对总体中的所有个体都进行统计分析，其工作量是无法想象的，也是不切实际的。鉴于多种客观和主观条件的约束，一般无法获得总体的准确分布，而是计算总体的理论分布。

在生产系统建模与仿真中，往往用部分个体的特性研究总体的特性。也就是需要**抽样**，所谓**抽样**是指从总体中提取部分个体构成样本。被提取的个体称为**样品**。样品的数量 n 称为**样本容量**。样本容量可以分为**小样本**与**大样本**，一般情形下，若 $n \leqslant 20$，则称为小样本。根据样本观测值所得到的分布称为**经验分布**(也称为**实验分布**)，并将经验分布视为总体分布的**近似估计**。【课堂互动：请在生产系统中举例说明产品抽样的全过程。】

经验分布不会根据已知的理论分布形式得出结论，完全依据观测的数据来判断离散分布或者连续分布。它的优点在于样本数据仅仅通过观察而获得；缺点在于样本数据有限，无法囊括总体中的所有数值，容易出现较大偏差。因为抽样是为了通过样品对总体的特性进行预测，所以，样品必须是有代表性的，不能对样品进行针对性选择。

对生产车间的某待加工零部件到达加工工位的时间间隔进行数据收集，通过统计分析可以得到其概率分布如图 3-26 所示。

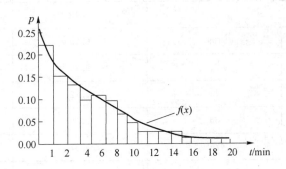

图 3-26 零部件到达加工工位的时间间隔的概率分布

图 3-26 为该随机变量概率密度对应的经验分布，可以得到其经验分布函数，$f(x)$ 是拟合随机变量概率密度函数的理论分布。

假设 n 为样本容量，$x_i(i=0,1,2,\cdots,n)$ 为样本观测数值，将 n 个样本观测数值按照大小顺序进行排列，可以得到

$$x_1 \leqslant x_2 \leqslant x_3 \leqslant \cdots \leqslant x_n$$

根据累积分布函数的定义可得 $F_n(x_i)=P(X \leqslant x_i)$。可以认为 $F_n(x_i)$ 是 $F(x)$ 的近似估计。样本数量 n 越少,经验分布 $F_n(x_i)$ 和 $F(x)$ 之间的偏差可能会越大;如果样本数量 n 趋近于无穷大,同时,统计数据的间隔非常小,那么通过样本获得的经验分布将收敛于总体分布。通常情况下,针对小样本($n<20$)数据,普遍采用中位秩和平均秩近似取代 $F_n(x_i)$。

中位秩的数学公式为

$$F_n(x_i)=\frac{i-0.3}{n+0.4}, \quad i=0,1,2,\cdots,n \tag{3-74}$$

平均秩的数学公式为

$$F_n(x_i)=\frac{i}{n+1}, \quad i=0,1,2,\cdots,n \tag{3-75}$$

由上式可知,相对于中位秩而言,平均秩的计算更加简便。如果样本数量 n 很小,那么中位秩可以得到更高的计算精度;如果样本数量 n 很大,那么它们的计算精度比较接近。

根据样本观测数值也能够计算得到样本的其他数字特征。假定 n 为样本容量,$x_i(i=0, 1,2,\cdots,n)$ 为观测数值,其均值 $\bar{x}$ 和标准差 s 的数学公式分别为

$$\bar{x}=\frac{1}{n}\sum_{i=1}^{n}x_i \tag{3-76}$$

$$s=\sqrt{\frac{1}{n-1}\sum_{i=1}^{n}(x_i-\bar{x})^2} \tag{3-77}$$

【例 3-7】 某生产车间为了能够掌握生产系统中加工零件的到达规律,对加工零件的批量和次数进行数据采集。将批量到达的零件数量按照 1~8 件进行分组,总计获取 380 个样本数据,具体的统计数据如表 3-4 所示。

表 3-4 加工零件到达的统计数据

件数	发生次数	发生概率	累积概率
1	73	0.19	0.19
2	109	0.29	0.48
3	61	0.16	0.64
4	45	0.12	0.76
5	36	0.09	0.85
6	25	0.07	0.92
7	18	0.05	0.97
8	13	0.03	1.00

根据表 3-4 中的数据,可以绘制加工零件到达的概率分布图和累积分布函数图,如图 3-27 和图 3-28 所示,这就是该加工零件到达的经验分布,它可以为实际的生产系统提供优化依据。

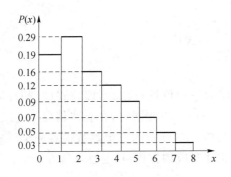

图 3-27 加工零件到达的概率分布

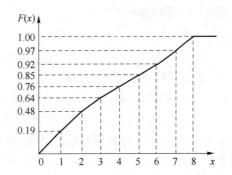

图 3-28 加工零件到达的累积分布函数

3.1.6 随机分布的参数估计

在对样本数据进行抽样采集之后,需要对其分布类型作进一步假设,并根据样本数据计算获得相关参数。关于随机变量认为存在以下几种情形:一是通过观测随机变量的数据几乎无法得到其理论分布;二是不知道随机变量的分布类型和参数,但通过观测随机变量的数据可以得到其分布类型和参数;三是知道随机变量的分布类型,但需要通过观测随机变量的数据得到其参数。

参数估计是指对随机变量的分布参数进行预测和确定。参数估计分为两种类型:一是点估计。点估计是指通过对样本观测值的估计,得到未知参数可能的具体数值。二是区间估计。区间估计是指通过对样本观测值的估计,得到未知参数可能的数值区间。

1. 点估计

假设 $Y_j(j=1,2,\cdots,m)$ 是需要估计的 m 个未知参数,$x_i(i=1,2,\cdots,n)$ 是其中的一个样本,将估计未知参数的统计量 $\hat{Y}_j = \hat{Y}_j(x_1, x_2, \cdots, x_n)(j=1,2,\cdots,n)$ 称为 Y_j 的点估计。

点估计主要包括以下几种方法:**矩法**、**极大似然法**、**最小二乘法**等。

(1) **矩法**。矩法的总体思路是:通过样本的各阶矩对总体的各阶矩进行估计。从某种意义上来说,样本的各阶矩蕴涵了总体各阶矩的信息,因此,总体数字特征的估计量可以通过样本的数字特征来反映。

假设总体 X 的一个样本为 $x_i(i=1,2,\cdots,n)$,可以得到

$$\hat{\mu}_k = \frac{1}{n}\sum_{i=1}^{n} x_i^k, \quad k=1,2,\cdots,n \tag{3-78}$$

式中,$\hat{\mu}_k$ 表示 k 阶原点矩。

若 $k=1$,可以得到

$$\hat{\mu} = \frac{1}{n}\sum_{i=1}^{n} x_i = \overline{X} \tag{3-79}$$

式中,$\hat{\mu}$ 表示一阶原点矩,也就是平均值。

同时,也可以得到

$$\hat{v}_k = \frac{1}{n}\sum_{i=1}^{n}(x_i - \overline{X})^k \tag{3-80}$$

式中,$\hat{v}_k$ 表示 k 阶中心矩。

若 $k=2$,可以得到

$$\hat{\sigma}^2 = \frac{1}{n}\sum_{i=1}^{n}(x_i - \overline{X})^2 \tag{3-81}$$

式中,$\hat{\sigma}^2$ 表示二阶中心矩,也就是方差。

矩法估计主要运用样本的一阶原点矩对总体的平均值进行估计,即公式(3-79),运用样本的二阶中心矩对总体的方差进行估计,即公式(3-81)。与此同时,在有些情况下,往往不存在与总体参数完全符合的样本矩。例如,样本矩与威布尔分布的三个参数很难完全对应。若遇到类似情形,则应当将总体各阶矩的待估参数构建对应的方程组,通过求解方程组获得待估参数的估计值。

【例3-8】 某生产车间每周加工的零件产量服从正态分布,对该生产车间进行数据采集,获得8周零件产量的数据分别为:120、105、150、110、135、115、125 和 140。运用矩法对总体分布的平均值 μ、方差 σ^2 进行估计。

解: 根据一阶原点矩公式可以得到总体分布的平均值 μ 的点估计为

$$\hat{\mu} = \frac{1}{n}\sum_{i=1}^{n}x_i = \frac{1}{8}(120+105+150+110+135+115+125+140) = 125$$

根据二阶中心矩公式可以得到总体分布的方差 σ^2 的点估计为

$$\hat{\sigma}^2 = s^2 = \frac{1}{n}\sum_{i=1}^{n}(x_i - \overline{X})^2 = \frac{1}{8}[(120-125)^2 + (105-125)^2 + (150-125)^2 +$$

$$(110-125)^2 + (135-125)^2 + (115-125)^2 + (125-125)^2 + (140-125)^2]$$

$$= \frac{1}{8}[25 + 400 + 625 + 225 + 100 + 100 + 0 + 225]$$

$$= 212.5$$

(2) **极大似然法**。极大似然法是点估计的重要方法之一,它是指若知道总体的分布类型,但不知道分布参数 θ,θ 可能取很多数值,但是能够在 θ 的所有取值中获取一个使样本观测结果发生概率最大的 $\hat{\theta}$,则 $\hat{\theta}$ 就是 θ 的极大似然估计值。

假设离散型随机变量 X,总体中存在未知参数 θ,则总体的概率分布为

$$P(X=x_i;\theta) = p(x_i;\theta) = f(x_i;\theta) \tag{3-82}$$

式中,$p(x_i;\theta)$ 表示第 i 次抽得 x_i 的概率。就连续型随机变量 X 而言,$f(x_i;\theta)$ 表示概率密度函数。

若在总体中抽取样本 $x_1,x_2,\cdots,x_n$,则该样本观测值的概率为

$$L(\theta) = f(x_1;\theta)f(x_2;\theta)\cdots f(x_n;\theta) = \prod_{i=1}^{n}f(x_i;\theta) \tag{3-83}$$

式中,$L(\theta)$ 表示似然函数,将 $L(\theta)$ 对 θ 求一阶导数,并令其等于 0,可以得到似然方程为

$$\frac{\mathrm{d}L(\theta)}{\mathrm{d}\theta} = 0 \tag{3-84}$$

求解该似然方程,能够得到极大似然估计值 $\hat{\theta}$。

若在总体中存在 m 个未知数,则似然函数的表达式为

$$L(\theta) = \prod_{i=1}^{n}f(x_i;\theta_1,\theta_2,\cdots,\theta_m) \tag{3-85}$$

同理,可以得到似然方程组为

$$\frac{\partial L(\theta)}{\partial \theta_j}=0, \quad j=1,2,\cdots,m \tag{3-86}$$

因为 $L(\theta)$ 与 $\ln L(\theta)$ 可以同步实现最大值点，鉴于 $\ln L(\theta)$ 的运算比较简便，在很多情况下，运用以下似然方程组进行求解

$$\frac{\partial \ln L(\theta)}{\partial \theta_j}=0, \quad j=1,2,\cdots,m \tag{3-87}$$

通过求解，可以得到一系列极大似然估计值 $\hat{\theta}_1, \hat{\theta}_2, \cdots, \hat{\theta}_m$。

【例 3-9】 假设正态分布总体 $X \sim (\mu, \sigma^2)$ 的一个样本为 $x_1, x_1, \cdots, x_n$，求解平均值 μ 和方差 σ^2 的极大似然估计值。

解：根据公式(3-83)可以得到似然函数为

$$\begin{cases} L(\mu,\sigma^2) = \prod_{i=1}^{n} \frac{1}{\sigma\sqrt{2\pi}} e^{\left(-\frac{1}{2\sigma^2}(x_i-\mu)^2\right)} = \left(\frac{1}{2\pi\sigma^2}\right)^{\frac{n}{2}} e^{\left(-\frac{1}{2\sigma^2}\sum_{i=1}^{n}(x_i-\mu)^2\right)} \\ \ln L(\mu,\sigma^2) = -\frac{n}{2}\ln(2\pi) - \frac{n}{2}\ln(\sigma^2) - \frac{1}{2\sigma^2}\sum_{i=1}^{n}(x_i-\mu)^2 \end{cases}$$

根据公式(3-87)可以得到似然方程组为

$$\begin{cases} \frac{\partial \ln L(\mu,\sigma^2)}{\partial \mu} = \frac{1}{\sigma^2}\sum_{i=1}^{n}(x_i-\mu) = 0 \\ \frac{\partial \ln L(\mu,\sigma^2)}{\partial \sigma^2} = -\frac{n}{2\sigma^2} + \frac{1}{2\sigma^4}\sum_{i=1}^{n}(x_i-\mu)^2 = 0 \end{cases}$$

对该似然方程组求解，可以得到平均值 μ 和方差 σ^2 的极大似然估计值分别为

$$\hat{\mu} = \frac{1}{n}\sum_{i=1}^{n} x_i = \overline{X}$$

$$\hat{\sigma}^2 = \frac{1}{n}\sum_{i=1}^{n}(x_i - \overline{X})^2$$

与矩法的运算结果进行对比，得到平均值 μ 的估计值 $\hat{\mu}$ 为一阶原点矩，方差 σ^2 的估计值 $\hat{\sigma}^2$ 为二阶中心矩。

(3) **最小二乘法**。最小二乘法是通过最小化误差的平方和寻找数据的最佳函数匹配。利用最小二乘法可以简便地求得未知数据，并使得这些求得的数据与实际数据之间误差的平方和为最小。在对两个变量 (x,y) 之间关系进行研究的过程中，可以得到系列数据点 (x_1, y_1)，$(x_2, y_2), \cdots, (x_n, y_n)$。通过这些数据点可以在坐标系上画出散点图，若这些数据点在某一条直线的周围分布，则表明变量 (x,y) 相互之间可能是线性关系，假设此直线方程为

$$\hat{y} = a + bx \tag{3-88}$$

式中：a 表示截距；b 表示斜率。

下面需要对该直线的截距和斜率进行估计，使其能够准确体现数据之间的内在逻辑联系。

在绝大多数情况下，假设 $x = x_i$，则通过公式运算得到的 $\hat{y}_i$ 不会与实际观测值 y_i 相等，它们之间存在随机偏差。因此，可以得到方程

$$y_i = \hat{y}_i + e_i = a + bx_i + e_i \tag{3-89}$$

式中，e_i 表示随机偏差。

由公式(3-89)可以得到

$$e_i = y_i - (a + bx_i) \tag{3-90}$$

由公式(3-90)可知,随机偏差 e_i 的平方和与 a、b 相关,因此,可以得到如下方程

$$Q(a,b) = \sum_{i=1}^{n}(e_i)^2 = \sum_{i=1}^{n}(y_i - a - bx_i)^2 \tag{3-91}$$

最小二乘法的本质就是找到参数 $\hat{a}$、$\hat{b}$,以达到最小化随机偏差 e_i 平方和的目的。所以,将 $Q(a,b)$ 分别对 a、b 求一阶偏导数,并令其等于零,得到如下方程组

$$\begin{cases} \dfrac{\partial Q}{\partial a} = -2\sum_{i=1}^{n}(y_i - a - bx_i) = 0 \\ \dfrac{\partial Q}{\partial b} = -2\sum_{i=1}^{n}(y_i - a - bx_i)x_i = 0 \end{cases} \tag{3-92}$$

令 $\overline{x} = \dfrac{1}{n}\sum_{i=1}^{n}x_i, \overline{y} = \dfrac{1}{n}\sum_{i=1}^{n}y_i$,将公式(3-92)化简,求解方程组得到

$$\hat{a} = \overline{y} - \hat{b}\overline{x} \tag{3-93}$$

$$\hat{b} = \dfrac{\sum\limits_{i=1}^{n} y_i x_i - \dfrac{\left(\sum\limits_{i=1}^{n} y_i\right)\left(\sum\limits_{i=1}^{n} x_i\right)}{n}}{\sum\limits_{i=1}^{n} x_i^2 - \dfrac{\left(\sum\limits_{i=1}^{n} x_i\right)^2}{n}} = \dfrac{\sum\limits_{i=1}^{n}(x_i - \overline{x})(y_i - \overline{y})}{\sum\limits_{i=1}^{n}(x_i - \overline{x})^2} = \dfrac{S_{xy}}{S_{xx}} \tag{3-94}$$

式中,$\hat{a}$ 为常数项,$\hat{b}$ 为回归系数,$\hat{a}$ 和 $\hat{b}$ 分别表示参数 a 和 b 的最小二乘估计量。

将公式(3-93)和公式(3-94)代入公式(3-88),可以得到线性回归方程为

$$\hat{y} = \hat{a} + \hat{b}x \tag{3-95}$$

【例3-10】 由于喷漆生产车间对环境造成的污染,为了保障工作人员的身心健康,需要分析该生产车间里空气中有害物质的含量,对生产车间的空气进行采样,假设 x 代表空气体积(m^3),y 代表有害物质含量(g/m^3),得到30份样本的相关数据,如表3-5所示,运用最小二乘法进行拟合。

表3-5 喷漆生产车间环境污染抽样数据

样本	x	y	样本	x	y	样本	x	y
1	0.20	3.82	11	0.77	15.4	21	0.55	13.5
2	0.17	5.93	12	0.79	17.3	22	0.48	10.8
3	0.59	14.5	13	0.75	14.8	23	0.79	15.5
4	0.42	10.6	14	0.68	16.2	24	0.68	14.8
5	0.69	14.5	15	1.35	25.2	25	0.56	14.2
6	0.66	14.3	16	1.10	21.9	26	0.49	10.7
7	0.61	14.9	17	0.62	20.1	27	0.63	14.1
8	0.49	12.1	18	1.04	19.7	28	0.69	15.3
9	0.72	15.1	19	1.78	31.5	29	1.07	19.5
10	0.58	9.12	20	1.68	32.2	30	1.68	30.5

解:根据题意可以得到,$n=30$,$\sum_{i=1}^{30} x_i = 23.31$,$\sum_{i=1}^{30} y_i = 488.07$,$\bar{x}=0.777$,$\bar{y}=16.269$,

$\sum_{i=1}^{30} x_i^2 = 22.7167$,$\sum_{i=1}^{30} y_i^2 = 9238.1917$,$\sum_{i=1}^{30} x_i y_i = 453.9267$,$S_{xx} = \sum_{i=1}^{30} x_i^2 - \dfrac{\left(\sum_{i=1}^{30} x_i\right)^2}{30} =$

4.60483,$S_{xy} = \sum_{i=1}^{30} x_i y_i - \dfrac{\left(\sum_{i=1}^{30} x_i\right)\left(\sum_{i=1}^{30} y_i\right)}{30} = 74.69631$

根据公式(3-94)和公式(3-93),可得 b 和 a 的最小二乘估计量分别为

$$\hat{b} = \frac{S_{xy}}{S_{xx}} = \frac{74.69631}{4.60483} = 16.2213$$

$$\hat{a} = \bar{y} - \hat{b}\bar{x} = 16.269 - 16.2213 \times 0.777 = 3.665$$

根据公式(3-95),可得拟合的线性回归方程为

$$\hat{y} = \hat{a} + \hat{b}x = 3.665 + 16.2213x$$

接下来,需要对参数估计方法的优势和劣势进行分析。从前面的讨论可以发现,针对同一个参数,如果运用不同的方法去估计,那么得出来的估计值可能也会不同。如何判断哪种估计方法好或不好,需要通过一些准则进行判定。主要的判定准则如下:

(1) **无偏性**。需要估计的参数 θ 为随机变量,当每次试验抽取不同的样本或者运用不同的参数估计方法进行计算后,可能会得到不同的参数估计量 $\hat{\theta}$。尽管无法确定 $\hat{\theta}$ 与 θ 是否相等,但是期待 $\hat{\theta}$ 与真值 θ 之间非常接近,$\hat{\theta}$ 的数学期望最好等于 θ。一般情形下,若满足条件 $E(\hat{\theta}) = \theta$,则将 $\hat{\theta}$ 称作 θ 的**无偏估计量**。此时,抽取的样本不会导致 θ 的估计值 $\hat{\theta}$ 出现严重偏差。

(2) **有效性**。如果 $\hat{\theta}_1$ 与 $\hat{\theta}_2$ 是待估计参数 θ 的无偏估计量,且满足条件 $D(\hat{\theta}_1) < D(\hat{\theta}_2)$,那么与 $\hat{\theta}_2$ 相比较,$\hat{\theta}_1$ 更加有效,这是因为 $\hat{\theta}_1$ 的分散性相对较小。即在样本容量 n 范围内,当无偏估计量 $\hat{\theta}$ 的 $D(\hat{\theta})$ 为最小值时,将 $\hat{\theta}$ 称作 θ 的**有效无偏估计量**。

(3) **一致性**。随着样本容量 n 的逐渐增大,参数估计量 $\hat{\theta}$ 逐渐接近真值 θ,即参数估计量 $\hat{\theta}$ 的计算结果更加准确。令 $\varepsilon > 0$,若满足以下条件

$$\lim_{n \to \infty} p(|\hat{\theta} - \theta|) < \varepsilon = 1 \tag{3-96}$$

则将 $\hat{\theta}$ 称作 θ 的**一致估计量**。

综上所述,在参数估计的准确性方面,无偏性准则是最重要的判定准则,特别是在样本非常有限的情形下,但是,不是所有参数都一定存在无偏估计量。有效性准则在生产系统应用中比较广泛,这是因为其不仅计算比较简便,而且也相对容易理解。一致性准则应用范围有限,这是因为只有在样本非常多的情形下,一致性准则的运算结果才有意义。

在点估计的各种方法中,矩法相对比较简便,具有很好的适应性,它可以在任意总体中应用,且不需要知道随机变量的分布类型。但是,根据矩法得到的估计量不仅偏差可能比较大,

而且有效性也不够理想。极大似然法的优势比较明显,是在生产系统研究中经常使用的方法,但是,其缺点在于需要知道总体分布的类型,这限制了其使用范围。而且极大似然法更适合于样本容量较大的情形,以避免估计量出现较大的误差。

2. 区间估计

如前所述,点估计是通过样本获得的估计量$\hat{\theta}$来对总体的实际值θ进行估计。多数情形下,实际值与估计量之间很难实现完全一致,往往会出现一定的偏差,将偏差的绝对值记作$|\hat{\theta}-\theta|$。**区间估计**是指通过样本估计总体参数θ的分布区间和θ在该分布区间的可靠性程度。区间估计是在点估计的基础上,给出总体参数估计的一个区间范围,该区间范围一般由样本统计量加减估计误差得到。不同于点估计,区间估计根据样本统计量的抽样分布可以对样本统计量与总体参数的接近程度给出一个概率度量。

假设总体X的分布中存在某个未知参数θ,通过样本确定了两个统计量θ_l和θ_u,给定显著水平$\alpha(0<\alpha<1)$,若满足条件

$$P(\theta_l \leqslant \theta \leqslant \theta_u) = 1-\alpha \tag{3-97}$$

则(θ_l, θ_u)表示θ的$(1-\alpha)\%$的**置信区间**。θ_l和θ_u分别表示θ的$(1-\alpha)\%$的置信区间的**置信下限和置信上限**,$(1-\alpha)\%$表示置信区间(θ_l, θ_u)的**置信水平**。

通常情况下,人们将显著水平α的取值设置为0.01、0.05、0.1等。例如,如果满足一致性条件$\lim\limits_{n\to\infty} p(|\hat{\theta}-\theta|)<\varepsilon=1$,则当$\alpha=0.01$时,其含义是:$\theta$落在$(\theta_l, \theta_u)$区间的概率为0.99,即置信水平为0.99。也就是说,不同的样本产生的估计区间也会不同,有些区间包含θ,另一些区间不包含θ。例如,假设在样本容量n相同的情形下,总计抽取样本100次,若显著水平为$\alpha=0.1$,那么在100个估计区间中,约90个估计区间包含实际值θ,约10个估计区间不包含实际值θ。

另外,置信区间可以分为两种情形:一种情形是**双侧置信区间**,它既有置信下限θ_l,也有置信上限θ_u;另一种情形是**单侧置信区间**,它只有单侧置信下限θ_l,或者只有单侧置信上限θ_u。

双侧置信区间如图3-29所示。其中α_1与α_2的大小既可以相同,也可以不同,且$\alpha=\alpha_1+\alpha_2$。一般情形下,令$\alpha_1=\alpha_2=\alpha/2$,如果显著水平为$\alpha=0.05$,那么置信水平为$(1-\alpha)\times100\%=95\%$,$\alpha_1\times100\%=\alpha_2\times100\%=\alpha/2\times100\%=2.5\%$。

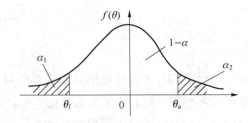

图3-29 双侧置信区间

单侧置信区间如图3-30所示。其中,单侧置信下限的含义是"存在某个点,使得该点数值小于总体参数的概率为$(1-\alpha)\%$";单侧置信上限的含义是"存在某个点,使得该点数值大于总

体参数的概率为$(1-\alpha)\%$"。

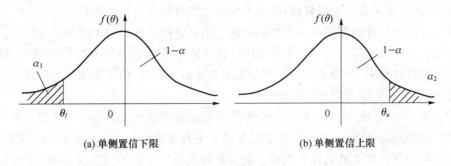

(a) 单侧置信下限　　　　　　(b) 单侧置信上限

图 3-30　单侧置信区间

3.1.7　随机分布的假设检验

在获取相关数据资料之后,需要对总体提出假设(也就是原假设,记为 H_0)。该假设包括两种情形:一是**参数假设**(即总体参数的假设);二是**统计假设**(即总体分布的假设)。

假设检验是指在样本数据的基础上,按照相应的程序和规则开展检验,以判断原假设是否成立,并提出接受原假设或者拒绝原假设。

小概率事件原理是假设检验的核心思想。小概率事件原理是指在一次预设的试验中,发生小概率事件的可能性趋近于零。但是,这并不等于小概率事件一定不会发生。所以,假设检验应当避免两类错误。第一类错误是**弃真错误**;第二类错误是**取伪错误**。

(1) **弃真错误**。如果 H_0 为真,但是通过分析判断反而拒绝 H_0。令弃真错误发生的概率为

$$P(拒绝\ H_0 | H_0\ 为真) = \alpha \tag{3-98}$$

式中,α 表示显著水平,也就是小事件发生的概率。

(2) **取伪错误**。如果 H_0 不真,但是通过分析判断反而接受 H_0。令取伪错误发生的概率为

$$P(接受\ H_0 | H_0\ 不真) = \beta \tag{3-99}$$

式中,β 表示显著水平,也就是小事件发生的概率。

在进行假设检验过程中,上述两类错误都有可能发生,但人们都期望出现错误的概率非常小。假设检验的主要步骤如下:

(1) 提出原假设为 H_0,备择假设为 H_1。
(2) 给定样本容量 n,显著水平 α。
(3) 确定拒绝域的形式和检验统计量。
(4) 按照 $P(当\ H_0\ 为真拒绝\ H_0) \leqslant \alpha$ 得到拒绝域。
(5) 根据样本判断接受 H_0 或者拒绝 H_0。

需要指出的是,当样本容量 n 很少时,出现错误的可能性比较大,反之,当样本容量 n 很大时,出现错误的几率才会减小。

3.2　随机数的生成方法

针对离散事件系统仿真,系统的状态、触发事件的时刻等均为随机变量,且服从相应的概

率分布。所以,在其模型仿真过程中,对于随机事件和活动的分析往往需要各种不同类型的概率分布,以随机抽样的方式生成数据,并对系统的运作过程进行模拟仿真。

离散事件系统仿真的建模基础就是**随机数**。随机数就是针对随机变量的取样值。所有离散事件系统的仿真模型都会有相应的子程序,通过该子程序能够生成特定分布的随机变量。在仿真程序运行过程中,当随机变量被赋予确定参数的分布时,仿真系统就会调用和产生一些随机变量,使得系统能够展现相应的随机特征。

需要强调的是,生成[0,1]区间均匀分布类型的随机数是系统仿真中的重要基础。其他类型分布(如指数分布、正态分布等)均是在此基础上变换而成的。通常将生成[0,1]区间均匀分布类型随机数的算法称为**随机数发生器**。通过对随机数发生器的变换和拓展,可以获得各种不同类型的随机变量。

下面对随机数的特性和随机数发生器的设计进行讨论。

3.2.1 随机数的特性

在编制仿真程序的过程中,一组随机数序列应当具备两个特性:

(1) **均匀性**。均匀性是指随机变量在其取值范围内任一区间发生的概率和该区间的大小与取值范围的比值呈现正比例关系。也就是说,假定随机数的分布区间可以划分成 n 个相同的子区间,则在每一个子区间出现的观测值数量为 N/n,其中 N 代表总的观测次数。

(2) **独立性**。即在一个区间范围内某个观测值发生的概率与之前已经发生的观测值结果没有关联。

均匀分布 $U[0,1]$ 的概率密度函数为

$$f(x)=\begin{cases}1, & 0\leqslant x\leqslant 1\\ 0, & 其他\end{cases} \quad (3\text{-}100)$$

均匀分布 $U[0,1]$ 的累积分布函数为

$$F(x)=\begin{cases}0, & x<0\\ x, & 0\leqslant x\leqslant 1\\ 1, & x>1\end{cases} \quad (3\text{-}101)$$

均匀分布 $U[0,1]$ 的概率密度函数如图 3-31 所示,累积分布函数如图 3-32 所示。

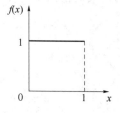
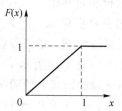

图 3-31 均匀分布 $U[0,1]$ 的概率密度函数　　图 3-32 均匀分布 $U[0,1]$ 的累积分布函数

均匀分布 $U[0,1]$ 的数学期望和方差分别为

$$E(X)=\int_0^1 x\,\mathrm{d}x=\frac{x^2}{2}\Big|_0^1=\frac{1}{2} \quad (3\text{-}102)$$

$$D(X)=\int_0^1 x^2\,\mathrm{d}x-[E(X)]^2=\frac{x^3}{3}\Big|_0^1-\left(\frac{1}{2}\right)^2=\frac{1}{3}-\frac{1}{4}=\frac{1}{12} \quad (3\text{-}103)$$

在实际仿真过程中,一般运用数学公式得到的递推公式近似地产生随机数,其优势主要表现在速度快、内存小和可重复等。但是,通常情况下,这些随机数严格意义上来说并不具备"均匀性"和"独立性",不能成为真正意义上的随机数。与此同时,这些随机数又可以在某些方面表现出随机性,能够较好地满足模型仿真对随机变量的统计要求。因此,这些随机数也被称为**伪随机数**。

目前,存在各种类型的随机数发生器,不同的随机数发生器具有各自的优缺点,如何对这些随机数发生器进行科学评价,这对于后续的仿真效果具有重要的现实意义,可以从以下几个指标进行评价:

(1) **随机性指标**。伪随机数序列能够反映随机性,应当具备良好的均匀性与独立性,具有与真实随机数相同或者相近的数字特征,如方差、平均值等。

(2) **长周期指标**。通常情况下,随机数发生器依据设定的数学公式产生随机数序列,该随机数序列最后可能会返回到初始点,并再次重复之前产生的序列。所谓随机数发生器周期是指没有重复产生的随机数序列的长度。为了防止随机数在较短的时间里重复产生,需要设计较长的随机数发生器周期。在生产系统的具体实践中,重复产生随机数的概率较低。

(3) **可再现指标**。一般情形下,在仿真过程中,要求每次产生的随机数序列与之前产生的随机数序列不同,以保证仿真的可持续性和有效性。与此同时,在一些特殊情形下,为了能够再次呈现系统的某个状态或者检验、测试某个具体参数,也要求能够产生多次相同的随机数序列。

(4) **高效率指标**。面对复杂的生产系统仿真,需要在较短的时间里生成更多的随机数序列,也需要随机数发生器占用的内存尽可能少,缩短计算所需的时间,以进一步提高随机数发生器的仿真效率。

3.2.2 随机数发生器的设计

为了能够获得随机数序列,Metropolis 和 Von Neumann 在 20 世纪 40 年代提出了**中值平方法**,这是随机数发生器的最早设计方案之一。**中值平方法**的主要思路是:令某个 4 位正整数 Z_0 作为初始点,将 Z_0 平方可得一个 8 位正整数(注明:在特殊情形下,平方后的数值左边可以增加几个 0 以满足 8 位正整数要求),将该 8 位正整数的中间 4 位作为下一个 4 位正整数 Z_1,运用类似方法得到 $Z_2, Z_3, \cdots$,然后在每个正整数 Z_i 的左边加上小数点,从而产生一个服从均匀分布 $U[0,1]$ 的伪随机数序列 $x_1, x_2, x_3, \cdots$。例如,令 $Z_0 = 5\,268$,运用中值平方法求出随机数结果,如表 3-6 所示。

表 3-6 运用中值平方法求出随机数结果

i	Z_i	x_i	Z_i^2	i	Z_i	x_i	Z_i^2
0	5 268		27 751 824	5	6 947	0.694 7	48 260 809
1	7 518	0.751 8	56 520 324	6	2 608	0.260 8	06 801 664
2	5 203	0.520 3	27 071 209	7	8 016	0.801 6	64 256 256
3	0 712	0.071 2	00 506 944	8	2 562	0.256 2	06 563 844
4	5 069	0.506 9	25 694 561	9	5 638	0.563 8	31 787 044

需要强调的是,中值平方法的不足之处在于:如果运算结果演变到 0,那么该随机数序列将一直显示为 0。且该方法得到的随机数具有明显的周期性。一般情形下,通过计算机程序

得到伪随机数序列,需要完成以下主要步骤:

(1) 建立数学公式或者运算规则;

(2) 生成初始值;

(3) 根据数学公式或者运算规则生成第一个随机数;

(4) 以上一个随机数作为新初始值,按照相同步骤生成下一个随机数;

(5) 重复第(4)个步骤,从而生成一组随机数序列。

生成均匀分布伪随机数的主要方法包括**线性同余法**、**取小数法**以及**组合法**等。

1. 线性同余法

线性同余法是生成随机数的一种常见方法。通过该方法生成随机数序列的公式为

$$Z_i = (\alpha Z_{i-1} + c)(\bmod m), \quad i = 1, 2, \cdots \quad (3\text{-}104)$$

式中,α、c、m 分别代表乘数、增量和模数。运用线性同余法得到的随机数发生器称为**线性同余发生器**。

线性同余法的主要思路是:将 $(\alpha Z_{i-1} + c)$ 除以 m,令其余数为 Z_i,依此类推,由 Z_i 得到 Z_{i+1},进而生成一组随机数序列。其中,Z_0 称为种子。Z_0、m、α、c 是非负整数,且 $m > \alpha$,$m > c$,$m > Z_0$。

因为 Z_i 是一个非负整数除以 m 的余数,所以 $0 \leq Z_i \leq (m-1)$。令 $x_i = Z_i / m$,生成 $[0,1]$ 范围内的伪随机数 $x_i (i=1,2,\cdots)$。假设 $m=27$、$\alpha=14$、$c=19$、$Z_0=7$,运用线性同余法生成的随机数序列结果,如表 3-7 所示。

表 3-7 运用线性同余法生成的随机数序列结果

i	Z_i	x_i	i	Z_i	x_i
0	7		10	13	0.481 5
1	9	0.333 3	11	12	0.444 4
2	10	0.370 4	12	25	0.925 9
3	24	0.888 9	13	18	0.666 7
4	4	0.148 1	14	1	0.037 0
5	21	0.777 8	15	6	0.222 2
6	16	0.592 6	16	22	0.814 8
7	0	0.000 0	17	3	0.111 1
8	19	0.703 7	18	7	0.259 3
9	15	0.555 6	19	9	0.333 3

综上所述,线性同余发生器具备以下几个特点:

(1) 如果已知 m、α、c 和 Z_0 的具体数值,那么就可以得到确定的随机数序列 Z_i。所以,线性同余法生成的随机数并不是完全随机的。

(2) 因为 Z_i 是在 $[0, m-1]$ 范围内的整数,所以随机数序列 x_i 的数量是有限的,它的数值在区间 $[0,1]$ 内,即 $0, 1/m, 2/m, \cdots, (m-1)/m$。这导致无论参数 m、α、c 和 Z_0 的取值是多少,随机数序列 $x_1, x_2, \cdots$ 中的元素将重复出现,也就是周期性特征。这使得线性同余发生器具备可再现性。当再次运行发生器时,将参数 m、α、c 和 Z_0 取相同的数值,就可以得到完全一样的随机序列。x_i 循环一次称为一个周期,记作 P。若满足条件 $P=m$,则称为满周期。在设计发生器时,不仅需要考虑周期性,还需要关注随机数的均匀性、独立性和运行效率等特性。

(3) 为了使 x_i 能够获得较高的均匀性,通常将模数 m 设置为一个很大的数值,如 10^{10} 等,这使得随机数序列 x_i 在[0,1]区间内的取值非常紧密,也为仿真系统提供了接近均匀分布的随机数。

(4) 有些情况下,可能并不要求随机数具有可再现性,希望每次生成的随机数序列与之前生成的随机数序列不同。为了达到这个目的,可以将参数 m、α、c 保持不变,但需要每次选取不同的种子 Z_0。选取种子 Z_0 的主要方法包括以下几种:

(1) **人工设置**。即每次通过人工的方式输入各类种子,这可以实现随机性,但人工设置的效率非常低。

(2) **时钟设置**。即每次通过时钟的方式产生各类种子。随着时间的推移,计算机的时钟是在持续发生变化的,通过计算机的时钟获取毫秒、秒、分、时、日、月和年等信息,随机抽取组合就可以得到不同种子。

(3) **事件设置**。即每次通过事件的方式产生各类种子。在仿真过程中,往往存在很多随机性事件,通过运行这些随机性事件产生不同种子。

因为线性同余法得到的随机数在相关统计特性方面并不理想,所以在线性同余发生器的基础上,人们研究出多种优化改进的发生器,如**混合同余发生器**、**乘同余发生器**等。

如上所知,应当对 m 取较大数值,使得 x_i 可以在[0,1]范围内获得密度高且周期长的数值。而且,该方法使得在取余运算方面的计算速度很慢。为了克服这些困难,一般取 $m=2^b$,b 表示计算机系统的位数,通常为 32 位,去掉一个符号位,令 $b=31$,则 $m=2^{31}>2.1\times 10^{10}$。这不仅满足 m 取较大数值,而且通过整型溢出避免直接的阶法计算。

需要指出的是,计算机系统的位数为 b 时,其能够获取最大的整型数据是 2^b-1。所以,如果保存位数大于 b 的一个整数,假定一个位数为 $h(h>b)$ 的整数是 I,真实保存的是该整数的低 b 位数值,高 $(h-b)$ 位数据丢失。即保存 b 位数据的是 $I(\mathrm{mod}\ 2^b)$ 值。

通常将运用计算机系统位数的限制,自动避免取余计算,进而缩小计算量的随机数发生器称为**混合同余发生器**。鉴于混合同余发生器随机数的统计性能较好,所以其应用比较广泛。需要强调的是,在混合同余发生器的设计过程中,需要知道计算机系统处理溢出的原理。

令参数 $c=0$,则线性同余法演变为**乘同余法**。乘同余法比混合同余法出现得更早,其应用也比较普及。因为 $c=0$,所以乘同余发生器可能无法得到满周期。但是,若调整参数 m 和 α,能够产生 $P=m-1$ 个循环周期。例如,**素数取模乘同余法**。

2. 取小数法

取小数法可以分为两种类型。一种类型是**平方取小数法**。平方取小数法是指对上一个随机数平方后得到某个数值,该数值小数点后的第一个非零数字后面的尾数即为下一个要求的随机数。另一种类型是**开方取小数法**。开方取小数法是指对上一个随机数开方后得到某个数值,该数值小数点后第一个非零数字后面的尾数即为下一个要求的随机数。图 3-33 是开方取小数法得到随机数的基本流程。

取小数法的优势比较明显,主要表现在:

(1) **运行周期长**。如果选择的种子非常恰当,那么就不会发生退化现象,取小数法可以获得较长的运行周期,线性同余法等发生器很难具备这种优势。

(2) **种子限制少**。在选择种子方面,取小数法没有过多的限制,这对于复杂的程序设计来说,提供了较好的便利条件。

与此同时,取小数法也存在一些不足之处,具体体现在:与加减乘除运算相比较,开方运算的工作量较大,需要占用很大的计算机内存,花费较长的运行时间。所以,与线性同余法等发生器相比较,开方取小数法在计算效率方面的表现不是很理想。

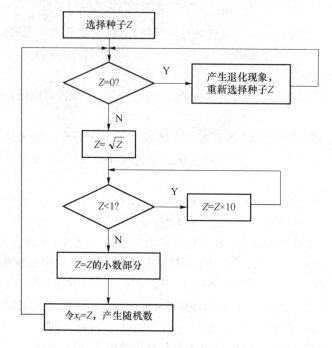

图 3-33 开方取小数法的基本流程

3. 组合法

为了能够提升线性同余发生器的主要性能,可以将两个独立的线性同余发生器按照特定方法进行组合,并利用其中一个发生器控制另一个发生器,最终生成所需要的随机数,该方法称为组合法。

组合发生器的控制方法较多,常见的控制方法有以下几种:

(1) 假设第1个和第2个线性同余发生器生成的整型随机数分别是 $Z_i^{(1)}$ 和 $Z_i^{(2)}$,将 $Z_i^{(2)}$ 的二进制数循环移位 $Z_i^{(1)}$ 次,可得 $0\sim(m-1)$ 范围内的一个新整数 $Z_i'^{(1)}$;再将 $Z_i^{(1)}$ 与 $Z_i'^{(1)}$ 相应二进制位的"异或"相加,可得 Z_i,则生成的随机数为 $x_i=Z_i/m$。

(2) 将第一个发生器生成前 k 个 x_i 数值,依次填入数组 $V=\{v_1,v_2,\cdots,v_k\}$,由第二个发生器生成一个均匀分布在 $[1,k]$ 范围内的随机整数 i,并将数组 V 中下标是 i 的元素 V_i 作为一个输出随机数;再将第一个发生器的下一个 x_i 数值置换数组 V 的第 i 个位置,由第二个发生器再生成下一个均匀分布在 $[1,k]$ 范围内的随机整数 i',再从数组 V 中选择下一个返回的随机数;按照此规则生成一组随机数序列。

组合法可以有效降低线性同余法所产生的自相关性问题,从而提升独立性。另外,组合法还能够增加随机数产生的密度,延长发生器的运行周期,进一步提升随机数的均匀分布特征。通常情况下,组合发生器产生随机数的统计特性比较理想,且对组成组合发生器的线性同余发生器的统计特性要求并不高。但是,因为组合发生器需要同时使用两个发生器,且需要完成一些辅助性的任务。所以,与单独使用一个发生器相比较,组合发生器将会占用更多资源,这导致计算速度相对缓慢。在上述随机数发生器中,应用范围最广的是线性同余法,但是,组合发生器的优势逐渐被人们所认识,其代替线性同余发生器的趋势也越来越明显。

3.3 随机数发生器的性能检验

3.3.1 检验方法概述

上一节介绍了生成[0,1]区间伪随机数的几种方法。在构建随机模型过程中,服从均匀分布$U[0,1]$的随机数是其他分布类型随机变量的基础,这使得人们十分关注生成伪随机数的质量,研究其与真正均匀分布$U[0,1]$的随机数统计性质是否存在偏差。若某伪随机数存在显著偏差,则基于该伪随机数的随机变量将无法正确体现相关统计性质,从而导致其随机模型偏离原系统的内在本质。所以,十分有必要检验伪随机数的统计性质。下面对**参数检验**、**均匀性检验**和**独立性检验**等方法进行阐述。

3.3.2 参数检验

参数检验是指检验随机数发生器的随机分布参数估计值与均匀分布$U[0,1]$理论值之间是否存在显著差异。

令$x_1,x_2,\cdots,x_n$为一组待检验的随机数序列,与之相对应的随机变量为X。假定X服从均匀分布$U[0,1]$,则X的一阶矩、二阶矩以及方差的估计量分别为

$$\begin{cases} \overline{X} = \dfrac{1}{n}\sum_{i=1}^{n} x_i \\ \overline{X^2} = \dfrac{1}{n}\sum_{i=1}^{n} x_i^2 \\ S^2 = \dfrac{1}{n}\sum_{i=1}^{n}\left(x_i - \dfrac{1}{2}\right)^2 = \overline{X^2} - \overline{X} + \dfrac{1}{4} \end{cases} \tag{3-105}$$

其期望和方差分别为

$$\begin{cases} E(\overline{X}) = \dfrac{1}{2}, \quad D(\overline{X}) = \dfrac{1}{12n} \\ E(\overline{X^2}) = \dfrac{1}{3}, \quad D(\overline{X^2}) = \dfrac{4}{45n} \\ E(S^2) = \dfrac{1}{12}, \quad D(S^2) = \dfrac{1}{180n} \end{cases} \tag{3-106}$$

根据极限定理可以得到

$$X_1 = \frac{\overline{X} - E(\overline{X})}{\sqrt{D(\overline{X})}} = \sqrt{12n}\left(\overline{X} - \frac{1}{2}\right) \tag{3-107}$$

$$X_2 = \frac{1}{2}\sqrt{45n}\left(\overline{X^2} - \frac{1}{3}\right) \tag{3-108}$$

$$X_3 = \sqrt{180n}\left(S^2 - \frac{1}{12}\right) \tag{3-109}$$

若存在一组随机数序列$x_1,x_2,\cdots,x_n$,则根据以上公式可以求出$x_i(i=1,2,\cdots)$的估计值,记为$x_i'(i=1,2,\cdots)$。令显著水平为$\alpha=0.05$,若满足条件$|x_i'|>1.96$,则表示存在显著差异,应当拒绝随机变量X服从均匀分布$U[0,1]$的随机数。

3.3.3 均匀性检验

均匀性检验是指检验随机数序列 $x_1, x_2, \cdots, x_n$ 的实际频率与理论频率之间是否存在显著差异。因此,均匀性检验也称为频率检验。

均匀性作为随机数发生器的评价指标之一,其要求通过随机数发生器生成的伪随机数应当在[0,1]范围内分布的比较"均匀"。均匀性检验的主要思路是:将[0,1]区间分成 k 个等长的相互不重叠的子区间,并通过随机数发生器生成 n 个随机数 $x_i (i=1,2,\cdots,n)$,根据均匀性的特点,随机数位于每个子区间的概率为 $P=1/k$。所以,每个子区间上随机数个数的理论值应当是 n/k,它也称作理论频率。

通常情况下,随机数发生器生成的 x_i 位于每个子区间上的个数等于 n/k 的可能性非常小,所以会存在一些偏差。这些偏差的大小就是均匀性检验的主要目标。

一般情形下,运用 χ^2 检验均匀性,其公式如下

$$\chi^2 = \sum_{j=0}^{k} \frac{(n_j - n)^2}{n} \tag{3-110}$$

χ^2 反映了随机数的均匀性程度,当满足条件 $n_j = n$ 时,$\chi^2 = 0$,这表明不存在任何偏差。

运用 χ^2 检验的主要过程包括:

(1) 令原假设 H_0,假设随机数发生器生成的随机数 X 服从独立同分布 $U[0,1]$。
(2) 将区间[0,1]划分为 k 个相同长度的子区间。
(3) 随机数发生器生成 n 个随机数 x_i。
(4) 统计位于每个子区间内的随机数数量 $n_j (j=0,1,2,\cdots,k)$。
(5) 按照公式 $\chi^2 = \sum_{j=0}^{k} (n_j - n/k)^2 / (n/k)$ 进行计算。
(6) 令显著水平为 α,χ^2 接近 $(k-1)$ 自由度的 χ^2 分布,当满足条件 $\chi^2 > \chi^2_{k-1, 1-\alpha}$ 时,拒绝 H_0;反之,不拒绝 H_0。

3.3.4 独立性检验

独立性检验是指对随机数序列 $x_1, x_2, \cdots, x_n$ 前后各项之间是否独立进行检验,通常以相关系数指标进行检验。

有些情形下,尽管随机数序列满足均匀分布,但是,可能并不符合独立性。因此,需要进行独立性检验。独立性检验的主要思路是:通过对相邻一定间隔的随机数彼此之间的相关系数进行计算,以此判断它们的相关程度。两个随机变量相互独立的必要条件是相关系数为零。

假设某个随机数发生器生成 n 个随机数 $x_i (i=0,1,2,\cdots,n)$,那么相隔 j 个数的前后两个随机数的相关系数平均值为

$$\bar{\rho}_j = \left[\frac{1}{n-j} \sum_{i=1}^{n-j} x_i x_{i+j} - \left(\frac{1}{2}\right)^2 \right] / S^2 \tag{3-111}$$

式中,S^2 表示方差。其公式为

$$S^2 = \frac{1}{n-1} \sum_{i=1}^{n} \left(x_i - \frac{1}{2}\right)^2 \tag{3-112}$$

针对随机数发生器开展独立性检验的主要过程是:

(1) 令原假设 H_0,假设随机数发生器生成的随机数 X 服从独立同分布 $U(0,1)$。

(2) 随机数发生器生成 n 个 x_i,按照公式计算 $\overline{\rho_j}$。

(3) 当 $n-j$ 较大时(通常大于 50),取统计量 $\mu = \overline{\rho_j}\sqrt{n-j}$,渐近服从 $N(0,1)$。

(4) 令显著水平为 α,将标准正态分布 $N(0,1)$ 的上 $1-\alpha$ 临界点记为 $Z_{1-\alpha}$,若满足条件 $|\mu| > Z_{1-\alpha}$,则拒绝 H_0;反之,则不拒绝 H_0。

除上述检验方法外,随机数发生器的检验方法还包括经验检验方法,也就是针对具体数据开展的检验,如组合规律性检验、子序列检验等,另外还有理论检验,它是指对数列的生成方法进行理论分析,从而实现在随机数发生器生成随机数列之前就知道测试结果。需要强调的是,所有检验方法都在一定程度上存在局限性。所以,即使某随机数序列通过了多个检验,仍然还可能存在一些没有被检验出来的不够理想的统计性质。

3.4 随机变量的生成

在生产系统建模与仿真过程中,随机现象的分布规律存在多样性,这使得人们在获得优良统计性质的均匀分布 $U(0,1)$ 随机数之后,还应当研究运用均匀随机数生成其他分布类型随机数的方法,也就是随机变量的生成方法。

在对随机变量的生成方法进行设计的过程中,以下因素指标需要重点关注:

(1) **效率**。加快运算速度,提升运行效率是人们所期待的,但这往往需要占用较多的存储空间,两者之间如何进行平衡与兼顾,需要不断地深入研究。

(2) **精确性**。通过算法得到的随机变量应当精确地体现所期待的分布类型,在一定程度上满足相关精度要求是十分必要的。

(3) **复杂性**。复杂性体现在算法的设计和实现等方面带来的困难程度,复杂性越强,生成随机变量的难度越大。

随机变量的生成方法比较多,不同的分布函数决定了不同的生成方法。本节重点介绍**反变换法**、**卷积法**、**组合法**、**舍选法**等几种常见的随机变量生成方法。

3.4.1 反变换法

反变换法是以概率积分变换定理为基础,通过对分布函数的反变换来实现。它是一种非常直观的随机变量生成方法,应用领域也比较广泛。

令 X 为某随机变量,其分布函数是 $F(x)$,显然 $F(x)$ 的取值区间是 $[0,1]$。为了能够获得随机变量的抽样值,首先在 $[0,1]$ 区间上生成分布均匀的独立的随机变量 U,由分布函数性质可知,分布函数的反函数 $F^{-1}(U)$ 满足条件

$$P\{F^{-1}(x) \leqslant x\} = F(x) \tag{3-113}$$

所以,$F^{-1}(U)$ 就是随机变量 X,也就是

$$X = F^{-1}(U) \tag{3-114}$$

反变换法的基本原理如图 3-34 所示。

反变换法是离散分布生成样本的主要方法,它也应用于从均匀分布、指数分布和离散均匀分布等分布中进行取样。下面举例说明该方法的具体步骤。

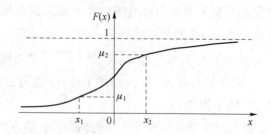

图 3-34 反变换法的基本原理

【例 3-11】 运用反变换法生成均匀分布的随机变量 X。

令随机变量 X 服从均匀分布 $U[a,b]$,则其概率密度函数 $f(x)$ 为

$$f(x)=\begin{cases}\dfrac{1}{b-a}, & a\leqslant x\leqslant b \\ 0, & 其他\end{cases} \tag{3-115}$$

容易得到其分布函数 $F(x)$ 为

$$F(x)=\begin{cases}0, & x<a \\ \dfrac{x-a}{b-a}, & a\leqslant x\leqslant b \\ 1, & x>b\end{cases} \tag{3-116}$$

令 $u=F(x)=\dfrac{x-a}{b-a}$,由反变换法可得

$$x=F^{-1}(x)=(b-a)u+a \tag{3-117}$$

所以,生成均匀分布 $U(a,b)$ 的随机变量 X 的主要过程是:

(1) 产生独立均匀分布 $U(0,1)$ 的一组随机数序列 $\{u_n\}$;

(2) 代入公式 $x_i=(b-a)u_i+a$ $(i=1,2,\cdots,n)$,可以生成均匀分布 $U(a,b)$ 的随机变量序列 $\{x_n\}$。

【例 3-12】 运用反变换法生成指数分布的随机变量 X。

令随机变量 X 服从指数分布,则其概率密度函数 $f(x)$ 为

$$f(x)=\begin{cases}\dfrac{1}{\beta}e^{-x/\beta}, & x>0 \\ 0, & x\leqslant 0\end{cases} \tag{3-118}$$

容易得到其分布函数 $F(x)$ 为

$$F(x)=\begin{cases}1-e^{-x/\beta}, & x>0 \\ 0, & x\leqslant 0\end{cases} \tag{3-119}$$

令 $u=F(x)=1-e^{-x/\beta}$,由反变换法可得

$$x=F^{-1}(x)=-\beta\ln(1-u) \tag{3-120}$$

因为 $u\sim U(0,1)$,所以 $1-u\sim U(0,1)$,也就是说随机变量 u 与 $1-u$ 的分布相同,因此,可以将公式(3-120)改写为

$$x=-\beta\ln u \tag{3-121}$$

所以,生成指数分布的随机变量 X 的主要过程是:

(1) 产生独立均匀分布 $U(0,1)$ 的一组随机数序列 $\{u_n\}$;

(2) 代入公式 $x_i=-\beta\ln u_i(i=1,2,\cdots,n)$,可以生成指数分布的随机变量序列 $\{x_n\}$。

若 X 是离散型随机变量,则其分布函数也是离散型。所以,与连续型随机变量相比较,运用反变换法的形式也会存在一些差异,通常无法直接运用反函数得到 X 的抽样值。

假设某离散型随机变量为 X,令其值为 $x_1, x_2, \cdots, x_n$,则其概率密度函数为

$$p(x_i) = P\{X = x_i\}, \quad \sum_{i=1}^{n} p(x_i) = 1 \tag{3-122}$$

容易得到其分布函数为

$$F(X) = P\{X \leqslant x\} = \sum_{x_i < x} p(x_i) \tag{3-123}$$

为了能够通过反变换法获得离散型随机变量 X,需要将 $[0,1]$ 区间按照 $p(x_1), p(x_2), \cdots, p(x_n)$ 的数值划分为 n 个子区间

$$(0, p(x_1)], (p(x_1), p(x_1) + p(x_2)], \cdots, \left(\sum_{j=1}^{n-1} p(x_j), \sum_{i=1}^{n} p(x_i)\right]$$

同时,对其按照顺序 $1, 2, \cdots, n$ 进行编号。令 U 为 $[0,1]$ 区间均匀分布的随机变量,若某一个 u_i 的数值位于一个子区间内,则该子区间对应的 x_i 就是所求的输出量。反变换法生成离散型随机变量的原理如图 3-35 所示。

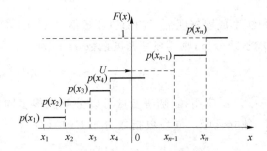

图 3-35　反变换法生成离散型随机变量的原理

【例 3-13】 运用反变换法生成离散均匀分布的随机变量 X。

令随机变量 X 服从 $\{1, 2, \cdots, n\}$ 的离散均匀分布,则其概率密度函数 $f(x)$ 为

$$p(x) = \frac{1}{n}, \quad x = 1, 2, \cdots, n \tag{3-124}$$

容易得到其分布函数为

$$F(x) = \begin{cases} 0, & x < 1 \\ \dfrac{1}{n}, & 1 \leqslant x < 2 \\ \dfrac{2}{n}, & 2 \leqslant x < 3 \\ \vdots & \\ \dfrac{n-1}{n}, & n-1 \leqslant x < n \\ 1, & n \leqslant x \end{cases} \tag{3-125}$$

令 $x_i = i$,则可以得到 $F(x_i) = p(1) + p(2) + \cdots + p(x_i) = i/n$,若服从均匀分布 $U(0,1)$ 的随机数 u_i 满足以下条件

$$\frac{i-1}{n} < u_i \leqslant \frac{i}{n} \tag{3-126}$$

那么,由 $X=i$ 可以生成随机变量 X。通过公式(3-126)可以求解得到 $i=\lceil u_i n \rceil$,也就是说,i 的取值为大于或者等于 $u_i n$ 的最小整数。

所以,生成离散型均匀分布的随机变量 X 的主要过程是:
(1) 产生独立均匀分布 $U(0,1)$ 的一组随机数序列 $\{u_n\}$;
(2) 代入公式 $x_i=i=\lceil u_i n \rceil (i=1,2,\cdots,n)$,可以生成离散型均匀分布的随机变量序列 $\{x_n\}$。

3.4.2 卷积法

假设某随机变量为 X,其能够由若干独立同分布随机变量 $Y_1,Y_2,\cdots,Y_m$ 之和表示,也就是满足公式

$$X=Y_1+Y_2+\cdots+Y_m \tag{3-127}$$

那么 X 和 $\sum_{i=1}^{m}Y_i$ 具有相同的分布函数,将 X 分布称为 Y_i 分布的 m 重卷积。卷积法的主要思路是:首先从相应分布函数中独立产生随机变量 $Y_1,Y_2,\cdots,Y_m$,然后将 $Y_1,Y_2,\cdots,Y_m$ 求和,从而得到随机变量 X。

【例 3-14】 运用卷积法生成埃尔朗分布的随机变量 X。

令随机变量 X 服从埃尔朗分布,则其概率密度函数 $f(x)$ 为

$$f(x)=\frac{\lambda(\lambda x)^{n-1}}{(n-1)!}e^{-\lambda x}, \quad x>0, \quad \lambda>0 \tag{3-128}$$

埃尔朗分布在排队论中广泛应用,其随机变量可以分解成很多同参数指数分布随机变量之和。假设 $Y_1,Y_2,\cdots,Y_m$ 独立且服从同参数指数分布 $E(\lambda)$,令 $X=Y_1+Y_2+\cdots+Y_m$,则 X 服从 n 阶埃尔朗分布。

所以,生成埃尔朗分布的随机变量 X 的主要过程是:
(1) 产生独立均匀分布 $U(0,1)$ 的随机数 $u_1,u_2,\cdots,u_m$;
(2) 令 $u=u_1 u_2 \cdots u_m$;
(3) 代入公式 $x=-(1/\lambda)\ln(u)$,则 x 为服从 n 阶埃尔朗分布的随机变量。

通过对比可知,卷积法比埃尔朗分布更加容易生成随机变量。

3.4.3 组合法

若某一个分布函数能够由多个其他分布函数的凸组合表示时,即公式为

$$F(x)=\sum_{j}p_j F_j(x), \quad p_j \geqslant 0, \quad \sum_{j}p_j=1 \tag{3-129}$$

或者某一个概率密度函数能够由多个其他概率密度函数的凸组合表示时,即公式为

$$f(x)=\sum_{j}p_j f_j(x) \tag{3-130}$$

式中,p_j 为概率,$f_j(x)$ 为概率密度函数,$F_j(x)$ 为分布函数,且 $F_j(x)$ 的随机变量都容易进行抽样,则可以通过 $F_j(x)$ 的随机变量进一步生成 $F(x)$ 的随机变量。这就是组合法。

运用组合法的主要过程是:
(1) 产生一个随机正整数 J,得到 $P\{J=j\}=p_j,j=1,2,\cdots$。
(2) 产生一个符合分布函数 $F_j(x)$ 的随机变量 x,那么 x 也是 $F(x)$ 的随机数。
(3) 重复上述过程,就能够得到分布函数 $F(x)$ 的随机数序列。

【例 3-15】 运用组合法生成双指数分布的随机变量 X。

令某个随机变量 X 服从双指数分布,其概率密度函数 $f(x)$ 为

$$f(x) = 0.5\mathrm{e}^{-|x|}, \quad -\infty < x < +\infty \tag{3-131}$$

双指数分布概率密度函数的示意图,如图 3-36 所示。

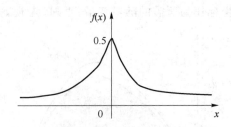

图 3-36 双指数分布概率密度函数的示意图

可以将该双指数分布的概率密度函数 $f(x)$ 分成二个部分:一是正指数函数;二是负指数函数。也就是满足如下公式

$$f(x) = 0.5\mathrm{e}^{x} I_{(-\infty, 0)}(x) + 0.5\mathrm{e}^{-x} I_{(0, +\infty)}(x) = 0.5 f_1(x) + 0.5 f_2(x) \tag{3-132}$$

其中,

$$I_A(x) = \begin{cases} 1, & x \in A \\ 0, & 其他 \end{cases} \tag{3-133}$$

所以,可以运用 $f_1(x)$ 和 $f_2(x)$ 的组合生成服从概率密度函数 $f(x)$ 的随机变量 X。主要过程如下:

(1) 生成随机数 u_1 和 u_2,它们均符合均匀分布 $U(0,1)$;

(2) 若 $u_1 < 0.5$,则产生服从概率密度函数 $f_1(x)$ 对应分布函数的随机变量,通过反变换法得到 $X = \ln u_1$;

(3) 若 $u_1 \geqslant 0.5$,则产生服从概率密度函数 $f_2(x)$ 对应分布函数的随机变量,同理得到 $X = \ln u_2$。

综上所述,必须获得两个以上符合均匀分布 $U(0,1)$ 的随机数,才可以运用组合法得到分布函数 $F(x)$ 的随机变量。鉴于在该组合法中运用了反变换法,所以需要根据分布函数的具体性质去判断使用哪种方法。

3.4.4 舍选法

如前所述,以上三种方法也可以称为直接法。这是因为它们均存在一个共同特点,也就是通过反变换法直接处理分布函数。但是,在有些情形下(例如,分布函数不是封闭形式等),运用反变换法很难进行计算,或者计算效率太低,那么就需要运用非直接方法去处理这些问题。在众多的非直接方法中,舍选法是其中常见的方法。该方法的特点是:使用简洁,计算效率高,可灵活抽样。

假设某随机变量 X 的概率密度函数为 $f(x)$,舍选法需要选择一个覆盖函数 $t(x)$,以满足下列公式

$$f(x) \leqslant t(x), \quad C = \int_{-\infty}^{+\infty} t(x) \mathrm{d}x < +\infty \tag{3-134}$$

令 $r(x) = t(x)/C$,则满足 $\int_{-\infty}^{+\infty} r(x) \mathrm{d}x = 1$,其中 $r(x)$ 为概率密度函数。

若 $X \sim r(x)$，$U \sim U(0,1)$，X 和 U 彼此独立，且 $u \leqslant f(x)/t(x)$，令 $X^* = X$，则 X^* 就是所需的随机变量：$X^* \sim F(x)$。

舍选法的基本原理是：如图 3-37 所示，分别构建以概率密度函数 $f(x)$ 和覆盖函数 $t(x)$ 为顶的曲边形，随机选择一个点 $P(x_0, Ut(x_0))$，如果 P 点位于以概率密度函数 $f(x)$ 为顶的曲边形内，那么选择该点的横坐标作为所需的随机变量；否则，就重新选择新的点。

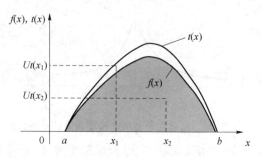

图 3-37 舍选法的基本原理

综上分析可知，被选择到的点的概率为

$$p = \frac{\int_a^b f(x)\mathrm{d}x}{\int_a^b t(x)\mathrm{d}x} = \frac{1}{C} \tag{3-135}$$

因此，将 p 称为**抽样概率**。为了提升算法的有效性，就需要尽可能提高抽样概率 p 的数值大小。所以，应当对覆盖函数 $t(x)$ 适当甄别和选取，尽可能减小 C 值大小。另外，概率密度函数 $r(x) = t(x)/C$ 对应分布的随机变量 X 也应当容易生成。通常情况下，针对有限区间 $[a, b]$ 上的 $f(x)$，采用以下公式

$$t(x) = M = \sup_{a \leqslant x \leqslant b} f(x) \tag{3-136}$$

式中，sup 表示最大值，此时，概率密度函数 $r(x)$ 在 $[a, b]$ 区间上均匀分布。

综上分析，运用舍选法产生分布函数 $F(x)$ 的随机变量 X 的主要过程是：

(1) 产生概率密度函数 $r(x)$ 相应分布的随机变量 x。
(2) 产生均匀分布 $U(0,1)$ 的随机数 u，且 x 和 u 相互独立。
(3) 如果满足条件 $u \leqslant f(x)/t(x)$，那么令 $x^* = x$；否则返回到步骤(1)重新抽样。
(4) 最后得到分布函数 $F(x)$ 的随机变量为 X^*。

【**例 3-16**】 运用舍选法生成正态分布的随机变量 X。

关于服从正态分布 $N(0,1)$ 的随机变量 X，通常的做法是将其 $f(x)$ 转换到极坐标后，再运用反变换法产生服从正态分布的随机变量 X_1 与 X_2。该方法的优点是简单易懂，但是也存在运算效率低的缺点，这是因为需要对三角函数和对数函数进行运算。

然而，舍选法可以得到高效率的计算结果，主要过程是：

(1) 产生均匀分布 $U(0,1)$ 且相互独立的随机数 u_1 和 u_2。
(2) 令 $Y_1 = 2u_1 - 1$，$Y_2 = 2u_2 - 1$，$Y_3 = Y_1 + Y_2$。
(3) 如果 $Y_3 > 1$，那么返回步骤(1)重新抽样；反之，则令

$$\begin{cases} x_1 = Y_1 \sqrt{(-2\ln Y_3)/Y_3} \\ x_2 = Y_2 \sqrt{(-2\ln Y_3)/Y_3} \end{cases}$$

x_1 与 x_2 是服从正态分布 $N(0,1)$ 的两个随机变量。

【**例 3-17**】 运用舍选法生成贝塔分布的随机变量 X。

假设某随机变量 X 的概率密度函数 $f(x)$ 为

$$f(x)=\frac{1}{\mathrm{B}(a,b)}x^{a-1}(1-x)^{b-1} \quad (0<x<1;a>0,b<0) \tag{3-137}$$

式中,$\mathrm{B}(a,b)$ 表示贝塔函数,即

$$\mathrm{B}(a,b)=\int_0^1 x^{a-1}(1-x)^{b-1}\mathrm{d}x \tag{3-138}$$

通过运算可得,当满足条件 $x=(a-1)/(a+b-2)$ 时,概率密度函数 $f(x)$ 为最大值,即

$$M=\frac{1}{\mathrm{B}(a,b)}\left(\frac{a-1}{a+b-2}\right)^{a-1}\left(\frac{b-1}{a+b-2}\right)^{b-1}$$

令 $t(x)=M$,可以得到 $r(x)$ 是均匀分布 $U(0,1)$ 的概率密度函数。所以,通过舍选法进行抽样的主要过程为:

(1) 产生均匀分布 $U(0,1)$ 且相互独立的随机数 u_1 和 u_2。

(2) 若 $u_2 \leqslant f(x)/M$,令 $x=u_1$,则 x 为服从贝塔分布 $\mathrm{B}(a,b)$ 的随机变量;反之则回到步骤(1)重新抽样。

复习思考题

(1) 什么是离散型随机变量和连续型随机变量?

(2) 随机变量的数字特征有哪些?

(3) 简述常用随机分布类型及其特性。

(4) 随机数的生成方法有哪些?

(5) 随机数发生器的性能检验有哪些?

(6) 随机变量的生成有哪些方法?

建模方法篇

第4章 生产系统建模的基本方法

依据研究对象构建系统模型是一个复杂的思维过程,这需要建模者不仅具有坚实的专业背景、熟悉研究对象的构造、属性和本质特征,而且也需要知道系统建模的基本方法,掌握相关数学方法和工具。具体而言,系统建模者应当具备分析与综合能力、抽象与概括能力、归纳与总结能力、演绎推理能力,以及运用数学方法分析、解决问题的能力等。因为系统的类型很多,存在各种不同的元素、特性和功能,所以没有适用于所有系统的固定不变的系统建模方法。尽管如此,在系统建模过程中仍有一些规律和共性可以遵循,下面对系统建模的基本方法进行简要介绍,熟练掌握这些方法将有助于提升建模者的建模水平。

4.1 分析与综合

系统是由多个相互关联的要素构成的有机整体,各个要素之间既会彼此影响,也会形成制约。为了能够科学全面地了解系统,不仅需要对系统各要素之间的逻辑关系进行分析,而且也需要在分析的基础上能够综合。

(1) 分析。它是指将研究对象的各个结构、元素、层面和性能等部分进行拆分,从而分别开展研究的思维方式。也就是"化整为零"。分析是认识和了解事物必须经过的阶段,也是研究系统的前提。分析的主要任务是:①对系统的主要构造、功能和属性开展分析,明确系统各部分的本质特征;②对系统运行的全流程开展分析,明确系统各部分之间的逻辑关系。

(2) 综合。它是指将研究对象的各个结构、元素、层面和性能等部分的认知进行联结,从而形成整体的思维方式。也就是"积零为整"。综合并不是对系统各部分内容的简单叠加,而是在分析的基础上阐明主次关系、提取关键内容,从而在全局上掌握系统的核心特征和变化规律,深入挖掘隐藏在系统内部的秘密。【课堂互动:请举例说明如何进行分析与综合。】

恩格斯认为思维将彼此关联的要素组合成一个统一体,同时也将意识的对象拆分为它们的要素。分析与综合之间的关系主要表现在三个方面:①分析与综合互为前提。分析是将整体拆分为各个局部进行认识,从中揭示系统的内在联系和本质特征。分析的结果往往是片面的、抽象的。分析是综合的前提,没有分析,综合也就无从谈起。同时,综合也是分析的前提,没有综合,分析也就会出现盲目性。②分析与综合相互补充。分析与综合各自扮演了不同的角色,否定其中任何一个,那么就无法实现认识的全过程。如果只有综合,没有分析,那么认识就只能停留在表面和感性上,无法认识其本质。同时,如果只有分析,没有综合,那么认识就只能获得抽象的本质,无法阐明现象与本质之间的关联。③分析与综合相互转化。人们对于事物的认识是由现象到本质不断深入的过程,在此过程中,分析承担了主要任务。一旦实现了对于事物的本质认识,就需要通过本质去解释现象,即构建理论的过程,在此过程中,综合扮演了主要角色。

分析与综合都是研究系统变化规律的基本方法。分析的目标是为了综合,分析的结果是综合的起点。在生产系统建模过程中,应当先分析再综合,二者相互融合,是一个持续不断的"分析—综合—再分析—再综合……"的研究过程。

元素周期表就是分析与综合的具体案例。在19世纪60年代,科学界已经在大自然中发现了63种元素。当时,人们非常好奇两个问题:①这些元素是彼此孤立的,还是彼此关联的? ②是否还存在没有被发现的元素?因此,科学家开始探索不同元素之间的逻辑关系。例如,法国科学家提出按照原子量递增的方式,将各个元素排列在一条螺旋线上;德国科学家发现一些元素原子量之间存在某种简单关系,从而提出三元素组分类方法。但是,这些成果都无法全面揭示不同元素之间的逻辑联系,因此,很难具有说服力。

在前人研究的基础上,俄国化学家门捷列夫(1834年—1907年)深入研究了元素之间隐含的变化规律。他特别制作了63张纸牌,并将63种元素的性质(如名称、溶解度等)分别写在这63张纸牌上,门捷列夫反复研究这些纸牌上各个元素之间的关系。通过20多年的潜心探索,最后按照原子量逐渐递增的顺序将不同元素进行排列,再按照性质相似的规律进行上下排列,发明了元素周期表。

依据元素周期表人们不断纠正了一些元素的原子量。同时,按照元素周期表的布局,如果元素按照原子量的大小有规律地排列,那么可以得出两个原子量差距较大的元素之间肯定存在没有被发现的元素。因此,门捷列夫推测存在类铝、类硼、类锆、类硅4种新元素,该推测之后得到确认。后来,科学家们又发现了钪(Sc)、镓(Ga)等元素。与此同时,通过元素周期表还能够预测元素的原子结构等内容的演化规律。

元素周期表的发明加速推动了化学理论的发展。使得人们逐渐认识到一个重要的规律,即元素性质的改变实质上是量变到质变的演化过程。从此,人们研究的视角发生了深刻变化,即从整体、宏观和系统的视角对物质和元素进行研究,这为现代化学理论奠定了坚实的基础。

对于生产系统建模与仿真而言,分析与综合的基本方法为其提供了重要的研究途径。例如,为了获得某款无人机产品的整体评价,需要将无人机分为机头、机身、机尾、发动机、导航系统等主要部件,通过拆解各个零部件,分析和掌握主要部件的状况,从而实现对无人机产品的整体评价。无人机生产企业在推出新款无人机产品时,需要深入主要客户、相关企业开展调研工作,获取核心数据,研究工艺路线和生产方案,开展损益评价和风险评估等,在此基础上对无人机各个部件的技术参数进行设计,确定研发技术路线图,从多个备选方案中选取最优的产品方案。

4.2 抽象与概括

抽象是指基于某种视角提取研究系统本质属性的思维方式。在数学应用领域,抽象是指从研究问题中抽取数量关系并对其进行分析的方法。相关概念、符号、命题、定理、公式等均为抽象的产物。在生产系统建模与仿真过程中,需要针对生产系统的特点构建形式多样的数学模型。所以,抽象是数学建模的基础。

概括是指将若干事物抽象出的共同属性进行总结的思维方式。概括的基础是抽象,概括也是抽象的拓展。抽象的层次越高,概括的程度也越强,通过概括总结出的理论其实际应用范围越广。所以,概括使得人们对系统的理解更具一般性,其产生的理论也更具指导性。【课堂互动:请举例说明如何进行抽象与概括。】

抽象与概括之间存在紧密关系。通常情况下,抽象涉及一个对象,它可以从不同视角对同一个对象提取出不同的属性。概括涉及一类对象,它可以从多个不同对象寻求共同的性质。

抽象重点强调分析和提炼,概括重点强调归纳和综合。数学应用领域中相关概念的形成均与抽象和概括相关,它是对一类事物的多个对象进行分析,并对每个对象抽象出各种属性,再运用归纳,概括得到多个对象的共同属性。

哥尼斯堡"七桥问题"就是抽象与概括的经典案例。在18世纪,哥尼斯堡有一条河流贯穿城区。有两座小岛(B、D)在河流的中间,有七座桥将河流两岸(A、C)与两座小岛(B、D)相互连接,如图4-1(a)所示。

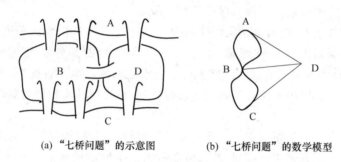

(a) "七桥问题"的示意图　　(b) "七桥问题"的数学模型

图4-1　哥尼斯堡"七桥问题"

有人提出一个疑问:一个人是否能够做到从任何一个地方出发,一次性走遍全部七座桥,且每座桥只能走一次,最后再次走回到起始点。这就是著名的哥尼斯堡"七桥问题"。该疑问被提出后,人们纷纷前往现场开展步行实验,但是没有一个人获得成功。后来,有人给数学家欧拉(1707年—1783年)写信求助解决该问题。

1736年,欧拉着手研究该问题,并将该问题抽象成"一笔画问题":小岛B和D是桥梁的连接点,两岸A和C也是桥梁的连接点,那么可以将这4个连接点抽象为4个点A、B、C、D,可以将这7座桥抽象为7条线段,这就是"七桥问题"的数学模型,如图4-1(b)所示。至此,将"七桥问题"抽象为"是否一笔且没有重复地画出图形"的"一笔画问题"。

欧拉根据"一笔画问题"的特点,将其中每一个点交会的曲线段数量按照奇数或偶数进行区分,得到:

(1) 至多两个点(起点和终点)可能通过奇数曲线段。

(2) 为了满足"不重复"的条件,针对其他任何一个中间点,每次总是通过一条曲线段到达该中间点,随后必须通过另一条曲线段离开该中间点。所以,这些中间点交会的曲线段数量一定是偶数。

(3) 当图形中的起点和终点重合时,一笔且不重复地画出图形的充要条件是:中间点的曲线段数量为偶数。

哥尼斯堡"七桥问题"数学模型中的4个交点A、B、C、D交会的曲线段数量分别为3个、5个、3个、3个,它们均为奇数。这与"一笔画问题"所具备的特征不相符。因此,哥尼斯堡"七桥问题"无法实现一次且不重复地走完7座桥。

在哥尼斯堡"七桥问题"案例中,欧拉将"七桥问题"抽象为对应的数学模型。该数学模型体现了对象的本质属性,排除了对象的非本质属性(如河岸、小岛),这使得构建的数学模型更具一般性,有助于揭示事物的变化规律。

4.3 归纳与总结

归纳是指以个别事物为起点,运用观察、推理或推导等方式,得到此类事物的普遍性结论的过程。归纳的重要意义体现在:可以将得到的结论运用在其他不同的事物中,或者可以避免重复发生类似错误。

归纳可以分为两种类型。一是完全归纳。完全归纳是指在对某个事物的所有个体开展研究的基础上得到的一般结论。完全归纳是解决实际问题的方法之一。但是,在多数情况下,往往会遇到运行周期长、分布地域广、个体数量多或者研究费用高等情形,对某类事物的所有个体开展研究显得力不从心。二是不完全归纳。不完全归纳是指依据某类事物的部分个体具备(或者不具备)某个属性,得出该类事物均具备(或者不具备)某个属性。这表明,不完全归纳是以相关条件和知识为前提的。若研究事物所需的知识超越了前提涉及的知识领域,则通过归纳得到的结论不存在必然性。所以,不完全归纳的推理过程具有猜测的特征。尽管如此,这并不代表不完全归纳没有应用价值。恰恰相反,若没有运用不完全归纳得到的普遍性结论,则不可能推动科学技术不断进步。

哥德巴赫猜想就是不完全归纳的经典案例。1742年,德国数学家哥德巴赫(1690年—1764年)发现:所有奇数均能够通过3个素数相加而得到。例如,$67=51+13+3$,$121=101+11+9$等。因此,哥德巴赫通过归纳得出一条规律,即大于5的所有奇数均能够拆分成3个素数之和。后来他向著名数学家欧拉提出了此猜想。欧拉对此进行了研究,充分认可了哥德巴赫的猜想,且进一步得出另一条规律,即4以后的所有偶数均能够拆分成两个素数之和。从此,这两条规律被合并称为哥德巴赫猜想。哥德巴赫猜想运用了不完全归纳,因此,该猜想是否正确引发了数学界的广泛关注。

总结是指对某一个时期的学习、工作或者生活中出现的情况开展分析与研究,从中得到具有一定规律性的结论。总结不仅是认识世界的主要方式,而且也是由感性认识升华到理性认识的必然过程。

开普勒三大定律就是归纳与总结的典型案例。德国天文学家开普勒(1571年—1630年)在前人研究的基础上发现,哥白尼太阳系学说的理论值与行星的实际运动轨迹存在一些差距。因此,1601年,开普勒对差距较大的火星开展研究,运用数学模型分析行星的运动规律,经过多年的潜心研究,1609年,开普勒归纳出开普勒第一定律、第二定律。为了深入探索行星运动周期与椭圆轨道尺寸之间可能存在的某种联系,开普勒通过大量的数据分析与计算,1618年,开普勒归纳出开普勒第三定律。开普勒三大定律的主要内容如下:

开普勒第一定律:"各个行星分别在不同大小的椭圆轨道上围绕太阳运行,太阳位于这些椭圆轨道的第一个焦点"。

开普勒第二定律:"针对同一颗行星,其与太阳之间连续在相等的时间内扫过相同的面积"。

开普勒第三定律:"行星围绕太阳运行周期 T 的平方与椭圆轨道长轴半径 a(行星到太阳

的平均距离)的立方存在正比例关系",如表 4-1 所示。

表 4-1　行星围绕太阳运行周期 T 与椭圆轨道长轴半径 a 之间的关系

行星名称	运行周期 T	长轴半径 a	T^2	a^3
土星	29.46	9.54	867.89	868.25
木星	11.86	5.20	140.66	140.61
火星	1.88	1.52	3.53	3.51
地球	1.00	1.00	1.00	1.00
金星	0.62	0.72	0.38	0.37
水星	0.24	0.39	0.06	0.06

1619 年,开普勒在书籍《宇宙的和谐》中对第三定律表达了感叹:"认识到该真理,超越了我最美好的愿望。"开普勒三大定律的提出不仅完善了哥白尼太阳系学说,而且为太阳系结构理论和牛顿万有引力定律奠定了扎实的基础,开创了全新的天文学历史。所以,归纳与总结的基本方法对于系统建模具有重要的现实意义。【课堂互动:请以国内外的具体案例说明如何进行归纳与总结。】

4.4　对比与类比

如果需要对一个系统性能的好坏进行评价,那么可以通过两种方法:一是绝对值的方法,即通过实验的方式进行测试,可以获得系统性能的绝对值;二是相对值的方法,即通过与类似的已知系统进行比较,从中获得系统性能的相对值。通过相对值的方法可以引申出对比与类比的概念。

对比是指将具有明显差异和对立的双方进行比较的表现手法。对比也称为对照。它的主要含义是:将两个相反的对象或者同一个对象相反的两个方面放在一起,通过比较的方式进行阐述与评价,从而更加突出地展示对象的主要特性。例如,将同一产品的两条不同的生产线进行对比,从中发现一条生产线的效率很高,而另一条生产线的效率却非常低。

类比是指由两个对象存在相似的性质,推测在其他性质上它们也可能相似的推理方法。类比作为一种推理方法,在很多领域得到具体应用。例如,光和声都是大自然的普遍现象,它们均具备折射和反射等特征,因为声呈现波动状态,所以推测光也呈现波动状态。类比其实是一种主观的似真推理,其得到的结论仍需要通过严谨的论证才能确认。

下面通过类比方法对机械系统和电路系统进行说明。

某个机械系统由一根刚度系数为 k 的弹簧、一个阻尼系数为 c 的阻尼器和一个质量为 m 的刚体共同组成,如图 4-2 所示。因为重力是常力,所以其对振动不会产生影响。当有外力 F 作用时,依据牛顿定律,可以得到刚体的振动微分方程为

$$kx + c\frac{\mathrm{d}x}{\mathrm{d}t} + m\frac{\mathrm{d}^2 x}{\mathrm{d}t^2} = F \tag{4-1}$$

式中:x 为刚体位移;kx 为弹簧力;$\mathrm{d}x/\mathrm{d}t$ 为刚体速度;$\mathrm{d}^2 x/\mathrm{d}t^2$ 为刚体加速度;$c\mathrm{d}x/\mathrm{d}t$ 为阻尼力;$m\mathrm{d}^2 x/\mathrm{d}t^2$ 为惯性力。

某个电路系统由一个电感 L、一个电容 C 和一个电阻 R 共同组成,如图 4-3 所示。令输入电压为 u_1,输出电压为 u_0,依据基尔霍夫定律,可以得到输入与输出电压的微分方程为

$$u_0 + RC\frac{du_0}{dt} + LC\frac{d^2u_0}{dt^2} = u_1 \tag{4-2}$$

将公式(4-1)和公式(4-2)进行比较,不难发现它们的相似性程度非常高。如果令 $LC=m$、$RC=c$、$k=1$,那么这两个微分方程完全相同。所以,可以得到该机械系统与电路系统在很大程度上具有类似特征。

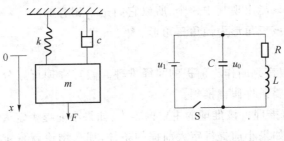

图 4-2　机械系统图　　　图 4-3　电路系统图

类比是生产系统建模中的常见方法。它可以指导人们根据假设获得重要发现,为构建模型提供有效途径。但是,类比的缺陷在于,它是一种不充分推理,其结论不一定是可靠的。如果要提升类比的可靠性,那么被比较对象的共同属性应当较多,且是最核心的。

4.5　演绎推理

演绎推理是指将一般性前提推理出特殊性结论的思维方式。它可以促使人们在思考问题的过程中能够保持科学严谨的态度。演绎推理的有效性取决于它的形式,多数情况下,它在数学推导和逻辑分析领域应用广泛。演绎推理需要满足大前提和小前提必须真实,且推理过程必须符合逻辑规则。演绎推理是否正确取决于大前提是否正确。若大前提不正确,得到的结论也不会正确。若推理的逻辑规则正确,则在正确的前提下通过演绎推理可以得到正确结论,不会发生前提正确但结论错误的情况。

一般情形下,演绎推理可以分为三段论、选言推理、假言推理等形式。

1. 三段论

三段论是指由两个判断为前提和一个判断为结论构成的演绎推理。它是应用最广泛的演绎推理。通常情况下,将第一个前提称为"大前提",将第二个前提称为"小前提"。例如,"生产系统中的所有流程都是可以优化的。产品组装是生产系统的流程。所以,产品组装是可以优化的。"这是比较典型的三段论。通过该演绎推理总结的结论,促使人们不断优化生产系统各个环节上的流程,引领工业工程等专业的快速发展。

采用三段论应当注意大小前提必须是真实的,且与实际情况一致,否则就无法得到正确结论。另外,三段论经常运用省略模式,可能省略大前提或者小前提,也可能省略显而易见的结论。

2. 选言推理

选言推理是指将选言判断作为前提的演绎推理。选言推理可以分为两种情形:一是相容选言推理;二是不相容选言推理。

(1) 相容选言推理。该推理的主要内容为:大前提是相容的选言判断,小前提否定其中一个选言,则结论肯定其他选言。例如,某三段论是错误的,或者前提是错误的,或者推理是不符合逻辑的(注:或者前提是错误的,同时推理也是不符合逻辑的,所以它们是相容的)。该三段论的前提是正确的。所以,该三段论的错误是推理不符合逻辑。

(2) 不相容选言推理。该推理的主要内容为:大前提是不相容的选言判断,小前提肯定其中一个选言,则结论否定其他选言;小前提否定除一个选言以外的其他选言,则结论肯定剩余的选言。例如,某个三角形,或者为锐角三角形,或者为直角三角形,或者为钝角三角形(注:锐角、直角和钝角三角形只能出现其中一个,所以它们是不相容的)。该三角形不是锐角三角形和直角三角形。所以,该三角形为钝角三角形。

3. 假言推理

假言推理是指将假言判断作为前提的演绎推理。假言推理可以分为两种情形:一是充分条件假言推理;二是必要条件假言推理。

(1) 充分条件假言推理。该推理的主要内容为:如果小前提否定大前提的条件,那么结论就否定大前提的条件;如果小前提肯定大前提的条件,那么结论就肯定大前提的条件。例如,如果某个生产系统的运行是高效率的,那么它的效率大于98%。该生产系统的效率为90%。所以,该生产系统的运行不是高效率的。

(2) 必要条件假言推理。该推理的主要内容为:如果小前提否定大前提的条件,那么结论就要否定大前提的条件;如果小前提肯定大前提的条件,那么结论就要肯定大前提的条件。例如,只有所有工作人员全部到位,生产线才能正常运行。不是所有工作人员全部到位。因此,生产线无法正常运行。

牛顿万有引力定律是演绎推理的经典案例。英国科学家牛顿(1642年—1727年)基于开普勒三大定律以及牛顿第二定律,运用数学微积分方法,通过演绎推理提出了著名的万有引力定律,该定律以定量的方式很好地诠释了很多自然规律。

演绎推理的基本方法为人们更好地研究提供了重要工具,当人们知道某个前提之后,如何从中思考并获得科学的结论,需要持续不断地深入探索。爱因斯坦说过:"理论研究可以分为两个阶段,第一阶段是得到公理,第二阶段是由公理推导出结论。同时,随着科学技术的不断进步,科学研究的方法正在由归纳逐渐向演绎转变"。【课堂互动:哪些成功的案例运用了演绎推理方法?】

4.6 层次分析法

生产系统受到众多因素的影响,这些因素之间彼此互相关联,错综复杂,对于模型构建和决策优化产生重要影响。通常情况下,对于一些复杂系统而言,数学模型可能无法对其准确描述,即使能够大致描述,可能需要花费不少人力和时间,也可能出现模型非常复杂而无法求解,或者求解结果与现实不相符等问题。所以,数学模型可能并不是分析和解决复杂系统的最佳方法。另外,管理者对于复杂系统的分析和判断有时也能够发挥关键作用,但是依据管理者的丰富经验和主观感觉进行决策也缺乏一定的规范性和严谨性。

为了能够寻求新的解决方法,1973年,美国运筹学家 T. L. Saaty 提出了层次分析法(Analytic Hierarchy Process,简称 AHP)。AHP 将一些复杂的研究对象拆分成多层次递阶结构,计算各层次元素对于评价目标的权重,并将各个方案按照权重大小进行排序。它是一种综合了定性分析和定量分析的系统分析方法。20世纪80年代,AHP 开始在我国得到广泛应用,并在系统评价、项目论证、方案优化等方面取得了良好效果。

AHP的基本思想：将系统的各个影响因素按照一定的逻辑关系进行分组，形成多层次递阶结构，通过两两比较的方式得到各个因素的相对重要性程度，运用逐层分析获得对于决策目标的权重。

AHP的主要优点：在对复杂系统进行深入剖析的基础上，将决策结果很难量化的信息转变为能够量化处理的数学信息，为多准则和多目标的决策问题提供高效的解决方法。

AHP的主要缺点：在对复杂系统的相关元素进行选择的过程中，若元素的含义模糊或者逻辑关系错误，这将给AHP的决策效果带来不利影响，可能造成重大决策失误。

AHP的基本原则：在对复杂系统进行拆分的过程中，需要注意元素之间的主次关系，不能遗漏关键元素，也不能重复出现元素；需要注意元素之间的强度关系，同一层次不能出现差异很大的元素。

AHP的基本步骤如下：

(1) 构建多层次递阶结构。通常情况下，面对复杂系统，需要将其拆分成多个简单的子系统，再对子系统继续拆分，直到无法拆分为止。同一个层次的元素是彼此独立的，某个元素对上下层次的全部或者部分元素产生影响，从而构建多层次递阶结构。

多层次递阶结构的层数往往受到研究对象复杂程度的影响，复杂程度越小，层次也就越少。鉴于人们有限的判断能力，每个元素影响其他元素的数量应当适度。多数情况下，层次数量可以分为三层。一是目标层。目标层只存在一个元素，它表示研究对象的最终目标。二是准则层。为了实现最终目标，需要评价最终目标的准则和子准则，准则层包括了这些准则。由于准则层位于中间位置，所以准则层也称为中间层。三是方案层。为了能够解决实现最终目标过程中遇到的各种问题，需要通过多个方案进行选择，方案层包括了这些方案。由于方案层位于最下方位置，所以方案层也称为最底层。

(2) 构造判断矩阵。通过构建多层次递阶结构可以明确各个元素之间存在的主要隶属关系。假设元素 C 是准则层，它支配的下一层元素分别是 $u_1, u_2, \cdots, u_n$。如果要得到 C 的数值大小，那么既要清楚 $u_1, u_2, \cdots, u_n$ 各自的数值大小，也要清楚 $u_1, u_2, \cdots, u_n$ 各自的权重大小。

如果研究对象的元素比较多，无法直接得到各个元素的权重大小，那么需要对同一个层次的多个元素进行两两比较，从而得到各个元素相互之间的重要性程度。因此，可以得到判断矩阵为

$$\boldsymbol{A} = (a_{ij})_{n \times n} \tag{4-3}$$

式中，a_{ij} 表示 u_i 与 u_j 相对于准则 C 的重要性程度。该值可以用 1~9 及其倒数作为标度，标度的定义与含义如表 4-2 所示。

表 4-2 标度的定义与含义

标 度	定 义	含 义
1	同等重要	对于某准则，一个元素比另一个元素同等重要
3	稍微重要	对于某准则，一个元素比另一个元素稍微重要
5	明显重要	对于某准则，一个元素比另一个元素明显重要
7	强烈重要	对于某准则，一个元素比另一个元素强烈重要
9	极端重要	对于某准则，一个元素比另一个元素极端重要
2,4,6,8	相邻标度折中值	表示两个相邻标度之间折中的标度
以上标度的倒数	相反比较	元素 i 对元素 j 的标度为 a_{ij}，反之为 $1/a_{ij}$

很明显,该判断矩阵具有如下几个性质:
① $a_{ij} > 0$,它表明元素之间的相对重要性程度是非负的。
② $a_{ij} \cdot a_{ji} = 1$,它表明两个不同元素之间相互比较得到的相对重要性程度互为倒数。
③ $a_{ii} = 1$,它表明一个元素与自身相比较,其重要性程度是相同的。

(3) 确定元素权重。确定元素权重是 AHP 方法的核心内容。假设有 n 个元素 $\{u_1, u_2, \cdots, u_n\}$,准则 C 和判断矩阵 A,为了得到各个元素相对于准则 C 的权重向量$(w_1, w_2, \cdots, w_n)$,可以运用特征根法、和法和根法等方法。具体计算公式如下:

① 特征根法。特征根法的基本思路是:将判断矩阵 A 求解权重向量的问题转变成求解特征根的问题,其数学公式为

$$A \cdot W = \lambda_{\max} W \tag{4-4}$$

式中,$\lambda_{\max}$ 为判断矩阵 A 的最大特征根;W 为对应的特征向量。

根据正矩阵的 Perron 定理,可以得到最大特征根 $\lambda_{\max}$ 存在且唯一,特征向量 W 的所有分量都是正分量。运用幂法求解判断矩阵 A 的最大特征根 $\lambda_{\max}$ 以及对应的特征向量 W,再进行归一化处理,可以得到权重向量。

② 和法。和法的基本思路是:将判断矩阵 A 的 n 个列向量的算术平均值作为权重向量,其数学公式为

$$w_i = \frac{1}{n} \sum_{j=1}^{n} \frac{a_{ij}}{\sum_{k=1}^{n} a_{kj}}, \quad i = 1, 2, \cdots, n \tag{4-5}$$

或者通过以下数学公式得到

$$w_i = \frac{\sum_{j=1}^{n} a_{ij}}{\sum_{k=1}^{n} \sum_{j=1}^{n} a_{kj}}, \quad i = 1, 2, \cdots, n \tag{4-6}$$

③ 根法。根法的基本思路是:将判断矩阵 A 的 n 个列向量进行几何平均运算,再通过归一化得到的列向量作为权重向量,其数学公式为

$$w_i = \frac{(\prod_{j=1}^{n} a_{ij})^{1/n}}{(\sum_{j=1}^{n} a_{ij})^{1/n}} \tag{4-7}$$

(4) 一致性检验。在对各元素之间相对重要性比较时,需要决策者依靠经验进行主观判断,这种主观判断可能会存在较大偏差。所以,需要对构建的判断矩阵 A 进行一致性检验。如果判断矩阵 A 具有一致性,那么 $\lambda_{\max} = n$;反之,则 $\lambda_{\max} \neq n$。所以,需要设置一个指标反映这种偏差。令 CI 表示一致性指标,其数学公式为

$$\text{CI} = \frac{\lambda_{\max} - n}{n - 1} \tag{4-8}$$

令 CR 表示一致性比率,其数学公式为

$$\text{CR} = \frac{\text{CI}}{\text{RI}} \tag{4-9}$$

式中,RI 表示平均随机一致性指标,其数值如表 4-3 所示。

若满足条件 CR<0.1,则表示通过了一致性检验;反之,则没有通过一致性检验,需要重

新构造判断矩阵。

表 4-3　平均随机一致性指标(RI)的数值

n	1	2	3	4	5	6	7	8	9	10	11
RI	0	0	0.52	0.89	1.12	1.26	1.36	1.41	1.46	1.49	1.52

(5)方案综合评价。在对研究对象进行决策的过程中,通常有多个备选方案可以选择,需要从这些方案中寻找最优方案。在上述构建多层次递阶结构、构造判断矩阵和确定元素权重的基础上,可以确定每一个备选方案对相应元素的隶属程度,完成单因素评价之后,需要进一步综合各种因素,从而得到所有备选方案的综合评价值。再依据综合评价值的大小对所有备选方案进行排序,从而确定最优方案。

下面通过一个具体的案例介绍 AHP 方法是如何应用的。

针对目前通用航空产业存在的突出问题,对影响通用航空产业发展的各种因素进行分析,运用 AHP 方法,构建通用航空产业发展水平评估模型,通过组织企业调研和相关专家咨询,定量分析影响通用航空产业发展的主要因素,并对提高通用航空产业发展水平提出政策建议。

1. 构建多层次递阶结构

关于通用航空产业发展水平的评估准则,可以从以下几个方面展开:

(1)创新性。为了能够实现通用航空产业的快速发展,必须突破固有发展理念,开拓通用航空产业发展的新道路。创立指导通用航空产业发展的新体制,树立人文特色的航空品牌,引入差异化销售理念。

(2)竞争力。通用航空产业的竞争力表现在资源和能力方面。资源体现在是否能够充分挖掘巨大的市场需求,是否能够吸引各类技术和管理人才及其团队。能力体现在是否能够进行有效协调,拓宽产业集群,充分激发通用航空产业各个环节的活力。

(3)产业链。通用航空产业的产业链非常广泛,主要涉及创新规划、需求调研、生产制造、商业运作和售后服务等多个环节,通过不同环节的相互配合,形成通用航空产业特有的产业链发展模式。

为了加快提升通用航空产业发展的整体实力,与通用航空产业紧密相关的企业、政府等部门应当突破重点环节,依靠长期规划的科学制定,满足不断上升的市场需求,提高企业业绩,激发行业活力,形成品牌效应,实现通用航空产业的整体水平跨越新的平台。具体提出以下方案:

(1)国家政策。国家政策对通用航空产业发展具有方向性的指导作用。政府对于通用航空产业基地、人才培养、税收优惠、行业监管、经营环境和投资规模等方面制定的政策对于通用航空产业发展产生全局性的深远影响。

(2)推广途径。推广途径对通用航空产业的发展发挥助推作用。不仅要运用传统的报刊、图书的传播渠道,更要运用手机 APP(如微信)、电视等多媒体的传播平台。通过举办通用航空主题活动深化国际合作、加强宣传力度。多样化推广途径能够推动通用航空产业的知名度和品牌效应。

(3)产品开发。飞行器产品、特色旅游、主题乐园、模型玩具等系列产品开发可以加快产业发展。通过相关产品的设计、制造、生产、运营、销售和服务形成各类产品,形成各个行业的命运共同体,共同迎接挑战和风险。更多的产品开发将为企业和社会创造新的价值。

(4)市场定位。通用航空具有众多的潜在消费群体,适合于各年龄段的普通大众。它迎合了青年人追求激情、奔放和个性的特点,但是,往往容易忽视中老年人对于通用航空的热爱。市场定位不清晰将会限制通用航空产业的发展空间。

(5) 航空人才。随着我国迈入航空航天世界强国行列,这激发了人们的爱国热情和对航空事业的追求,很多高校、研究机构开设了与航空专业相关的专业,这为通用航空人才培养提供了平台。但是通用航空的发展仍然受到多种因素影响,急需大量的管理和技术人才,从一定程度上来说,航空人才决定了通用航空产业的发展质量。

(6) 金融支持。金融支持是通用航空产业发展的根本保障。目前,通用航空产业的风险大和投资回报周期长等特点,限制了各方面的资金投入。政府应当出台相关金融扶持政策,企业应当放眼未来,加大资金投入,社会应当抓住发展机遇,多渠道筹措资金。从金融领域支持通用航空产业的发展。

综上所述,得到通用航空产业发展水平的多层次递阶结构。该结构的第一层为目标层:通用航空产业发展水平 A。第二层为准则层:创新性 B_1、竞争力 B_2、产业链 B_3。第三层为方案层:国家政策 C_1、推广途径 C_2、产品开发 C_3、市场定位 C_4、航空人才 C_5、金融支持 C_6,如图 4-4 所示。

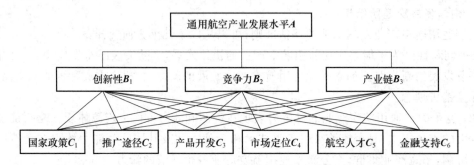

图 4-4 通用航空产业发展水平的多层次递阶结构

2. 构造判断矩阵

通过对相关通用航空企业和市场调研,以及对专家的专业咨询,得到:

准则层相对目标层的判断矩阵为: $A = \begin{pmatrix} 1 & 5 & 3 \\ 1/5 & 1 & 1/2 \\ 1/3 & 2 & 1 \end{pmatrix}$

方案层相对准则层的判断矩阵分别为:

$$B_1 = \begin{pmatrix} 1 & 2 & 3 & 4 & 1 & 1 \\ 1/2 & 1 & 2 & 3 & 1/2 & 1/2 \\ 1/3 & 1/2 & 1 & 2 & 1/3 & 1/3 \\ 1/4 & 1/3 & 1/2 & 1 & 1/4 & 1/4 \\ 1 & 2 & 3 & 4 & 1 & 1 \\ 1 & 2 & 3 & 4 & 1 & 1 \end{pmatrix} \quad B_2 = \begin{pmatrix} 1 & 1/2 & 3 & 2 & 1/3 & 4 \\ 2 & 1 & 4 & 3 & 1/2 & 6 \\ 1/3 & 1/4 & 1 & 1/2 & 1/9 & 2 \\ 1/2 & 1/3 & 2 & 1 & 1/6 & 2 \\ 3 & 2 & 9 & 6 & 1 & 9 \\ 1/4 & 1/6 & 1/2 & 1/2 & 1/9 & 1 \end{pmatrix}$$

$$B_3 = \begin{pmatrix} 1 & 1/2 & 1 & 3 & 1/4 & 2 \\ 2 & 1 & 2 & 6 & 1/2 & 4 \\ 1 & 1/2 & 1 & 3 & 1/4 & 2 \\ 1/3 & 1/6 & 1/3 & 1 & 1/9 & 1/2 \\ 4 & 2 & 4 & 9 & 1 & 8 \\ 1/2 & 1/4 & 1/2 & 2 & 1/8 & 1 \end{pmatrix}$$

3. 确定元素权重

运用根法计算元素权重。以准则层相对目标层的判断矩阵为例,计算 $A = \begin{pmatrix} 1 & 5 & 3 \\ 1/5 & 1 & 1/2 \\ 1/3 & 2 & 1 \end{pmatrix}$ 的每一行乘积分别为:$M_1 = 15, M_2 = 10, M_3 = 2/3$,计算 3 次方根分别为:$a_1 = 2.466, a_2 = 0.464, a_3 = 0.874$,将 $a = (a_1, a_2, a_3)^T$ 归一化,令 $w_i = a_i / \sum_{k=1}^{3} a_k (i = 1, 2, 3)$,得到权重为:$W = (0.6483, 0.1220, 0.2297)^T$。然后计算

$$AW = \begin{pmatrix} 1 & 5 & 3 \\ 1/5 & 1 & 1/2 \\ 1/3 & 2 & 1 \end{pmatrix} \begin{pmatrix} 0.6483 \\ 0.1220 \\ 0.2297 \end{pmatrix} = \begin{pmatrix} 1.948 \\ 0.3666 \\ 0.69 \end{pmatrix}$$

得到 $\lambda_{max} = \frac{1}{3} \sum_{i=1}^{3} \frac{(AW)_i}{w_i} = \frac{1.948}{3 \times 0.6483} + \frac{0.3666}{3 \times 0.1220} + \frac{0.69}{3 \times 0.2297} = 3.0037$,如表 4-4 所示。同理可得方案层相对准则层的权重及最大特征根,如表 4-5 所示。

表 4-4 准则层相对目标层的权重和最大特征根

A	B_1	B_2	B_3	W_i
B_1	1	5	3	0.6483
B_2	1/5	1	1/2	0.1220
B_3	1/3	2	1	0.2297
$\lambda_{max} = 3.0037$				

表 4-5 方案层相对准则层的权重和最大特征根

B_1	W_i	B_2	W_i	B_3	W_i
C_1	0.2427	C_1	0.1473	C_1	0.1153
C_2	0.1362	C_2	0.2384	C_2	0.2307
C_3	0.0825	C_3	0.0536	C_3	0.1153
C_4	0.0530	C_4	0.0810	C_4	0.0384
C_5	0.2427	C_5	0.4418	C_5	0.4397
C_6	0.2427	C_6	0.0379	C_6	0.0605
$\lambda_{max} = 6.0367$		$\lambda_{max} = 6.0619$		$\lambda_{max} = 6.0231$	

4. 一致性检验

以准则层相对目标层为例:$CI = \frac{\lambda_{max} - 3}{3 - 1} = 0.00185$,由于 $n = 3$,查表可得 $RI = 0.52$,所以,

$$CR = \frac{CI}{RI} = \frac{0.00185}{0.52} = 0.0036 < 0.1.$$ 同理,方案层相对准则层的 CR 分别为:$CR_1 = 0.0058 < 0.1$,$CR_2 = 0.0098 < 0.1$,$CR_3 = 0.0037 < 0.1$,这说明构建的判断矩阵都满足一致性检验。

5. 方案综合评价

通过上述权重可得方案层相对目标层的权重和排名,如表 4-6 所示。因为总一致性比率为 $CR = 0.0058 < 0.1$,所以满足一致性检验。

表 4-6 方案层相对目标层的权重和排名

方案	C_1	C_2	C_3	C_4	C_5	C_6
权重	0.2018	0.1704	0.0865	0.0531	0.3123	0.1759
排名	2	4	5	6	1	3

根据表 4-6 可知,影响目标层通用航空产业发展水平的方案权重排序为:航空人才 $C_5(0.3123)$、国家政策 $C_1(0.2018)$、金融支持 $C_6(0.1759)$、推广途径 $C_2(0.1704)$、产品开发 $C_3(0.0865)$、市场定位 $C_4(0.0531)$。也就是说,影响通用航空产业发展水平的最重要因素是航空人才,通用航空产业必须重视人才的核心作用,营造培养人才、吸引人才和留住人才的环境氛围,达到实现人才自我价值的目标。其次是国家政策,政府应当为通用航空产业的快速发展提供政策扶持,在税收政策、产业规模等方面引导企业实施战略规划和可持续发展。另外,金融支持也是通用航空产业发展的重要因素,通用航空产业的各个环节企业应当加大资金投入,充分激发民间投资热情,拓宽融资渠道,严防不良贷款,降低经营风险,提高资金使用效率。

4.7 模糊综合评价法

1. 综合评价的主要方法

对于系统而言,通常情况下,对其产生影响的因素是比较多的。为了更好地对研究对象进行分析,需要对其综合评价。综合评价是指结合各种可能的影响因素,对研究对象开展的总体评价。综合评价的主要方法涉及总分法和加权平均法等。

总分法是指给研究对象的所有影响因素评分,将各个分求和得到总分,并以该总分对研究对象进行评价的方法。针对某个研究对象,假设存在 n 个影响因素,每个影响因素的评分为 $s_i(i=1,2,\cdots,n)$,那么可以得到总分 S 的数学公式为

$$S = \sum_{i=1}^{n} s_i \tag{4-10}$$

根据总分法的定义可知,影响研究对象的各个因素具有相同的价值,也就是说它们对研究对象的影响程度是相同的。然而,在实际的系统中,各个影响因素往往是在不同程度上对系统产生影响,其重要性是不会完全相同的。所以,总分法得到的结论可能与现实存在一定的差距。

鉴于总分法的不足之处,加权平均法可以弥补此缺陷。加权平均法是指给研究对象的所有影响因素赋予一定的权重 $a_i(i=1,2,\cdots,n)$,并对各个影响因素评分为 $s_i(i=1,2,\cdots,n)$,再对其加权平均,并将该加权平均值 V 对研究对象进行评价的方法。可得加权平均值 V 的数学公式为

$$V = \sum_{i=1}^{n} a_i \cdot s_i \tag{4-11}$$

式中,$a_i(a_i > 0)$ 为第 i 个影响因素的权重,且满足条件 $\sum_{i=1}^{n} a_i = 1$。

对于系统而言,各个影响因素的的重要程度往往存在差异,所以加权平均法的结果更加符合现实,并在实际系统评价中得到广泛认可。若各个权重的数值相同,则加权平均法就退化为总分法。所以,总分法其实是加权平均法的一个特殊情况。

2. 模糊综合评价的基础理论

尽管总分法与加权平均法在现实生活中广泛使用,但是,不少系统中的一些因素往往具有模糊性,如可靠性、智能化和灵活性等。出现模糊性的主要原因在于描述研究对象的边界不够清楚。因此,通过主观判断对其打分就可能缺乏严谨性和规范性。针对这些具有模糊性特点的影响因素或评价指标,应该如何进行科学评价呢?

1965 年,美国科学家 Zadeh L. A. 建立了模糊集理论(Fuzzy Sets),该理论为解决由于模糊性产生的问题提供了研究思路。模糊集理论的主要内容是模糊数学,模糊数学是指运用数学方法研究存在"模糊性"问题的科学。

模糊综合评价是指运用模糊数学进行综合评价的一种方法。它根据模糊数学中的隶属度理论将模糊性因素由定性分析转化为定量分析,很好地解决了之前模糊性问题无法量化的问题,能够合理确定各个因素之间的关系,从而获得更加贴近现实的评价结论。该方法对各类不确定性问题提出了可行的解决方案。

在经典数学的理论中,给定集合 A 和元素 x,它们相互之间只存在两种情形,即 $x \in A$ 或 $x \notin A$。可以通过特征函数 $C_A(x)$ 进行描述,$C_A(x)$ 的数学公式为

$$C_A(x) = \begin{cases} 1, & x \in A \\ 0, & x \notin A \end{cases} \tag{4-12}$$

这就是经典数学中的二值逻辑$\{0,1\}$,很明显,该特征函数无法准确描述模糊性因素或指标。例如,某个生产系统的"智能化"程度很高或者很低,其实,"智能化"程度是相对而言的,简单地认为很高或者很低是没有实际意义的。

模糊数学则拓展到$[0,1]$内任意值的无穷多的连续值逻辑,适当修改特征函数,得到隶属函数。隶属函数记作 $\mu_A(x)$,它用来描述集合 A 和元素 x 的关系,且满足 $0 \leqslant \mu_A(x) \leqslant 1$。此时,$A$ 称为模糊集合,若 $\mu_A(x)$ 取数值 0 和 1 时,A 退化成普通集合,$\mu_A(x)$ 退化成 $C_A(x)$。所以,模糊集合、隶属函数分别是普通集合、特征函数的推广形式。需要强调的是,模糊数学将集合与元素之间的关系由"属于"或者"不属于"的清晰关系,拓展到"在多大程度上属于"或者"在多大程度上不属于"的模糊关系。

模糊数学的基础是隶属函数。隶属函数的形式是运用模糊数学解决模糊问题的前提。模糊问题的性质又决定了隶属函数的形式。若想获得隶属函数的准确形式,仍然需要通过大量的数据分析进行验证。目前,隶属函数的主要形式包括线性交叉型、梯形分布型和正态分布型等,如图 4-5 所示。

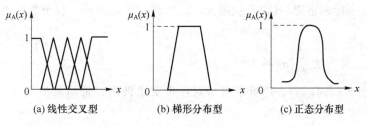

图 4-5 隶属函数的主要形式

关于隶属函数形式的确定方法,不少学者进行了研究,目前,主要方法包括:

(1) 模糊统计法。该方法是指将数理统计学的具体方法运用在模糊问题中,从而得到隶属函数形式的方法。

(2) 专家判断法。该方法是指通过专家给各个模糊因素进行打分,并通过相应的数学处理,从而得到隶属函数形式的方法。很明显,专家打分具有主观性,但这也是专家经验与知识的融合。

(3) 二元对比排序法。该方法是指将各个模糊因素进行相互对比,并确定先后顺序,从而得到隶属函数形式的的方法。

针对很难量化的评价指标,如"可靠性"等,确定其隶属函数的主要方法是模糊统计法。与此同时,也可以将"模糊统计法"与"专家判断法"相互结合形成"专家模糊统计法"。该方法的主要步骤如下:

(1) 基于评价标准给评价对象的评价结果划分为不同的评价等级;
(2) 专家给评价对象确定评价等级;
(3) 对评价等级的次数进行统计,通过相应的数学处理,从而得到隶属度。其公式为

$$\mu_{v_j}(u_i) = m_{ij}/n \tag{4-13}$$

式中:u_i 表示评价对象;v_j 表示评价等级;$\mu_{v_j}(u_i)$ 表示 u_i 属于 v_j 的隶属度;m_{ij} 表示 u_i 属于 v_j 的次数;n 表示专家数量。

随着 n 的逐渐增大,隶属度 $\mu_{v_j}(u_i)$ 将趋近于[0,1]范围内的某个数值,也就是统计意义上的隶属度。

3. 模糊综合评价的方法和步骤

依据评价对象的模糊程度,可以将模糊综合评价分为两种情形:一是一级模糊综合评价;二是多级模糊综合评价。

(1) 一级模糊综合评价。该方法可以分为两个部分:单因素(指标)评价和所有因素(指标)综合评价。其主要步骤如下:

① 构建评价指标集(因素集)。根据评价对象的主要特点,以及评价指标的选取原则,构建评价指标集(因素集)。评价指标集 U 表达式为

$$U = (u_1, u_2, u_3, \cdots, u_m) \tag{4-14}$$

其中,$u_i(i=1,2,3,\cdots,m)$ 为第 i 个评价指标,它可能是模糊性评价指标,也可能不是模糊性评价指标。尽管如此,评价指标集是普通集合。这是由于评价指标与评价指标集的关系是确定的。

② 构建权重集。多数情形下,评价指标集 U 中各个评价指标 u_i 的重要性程度也往往存在一定的差别。为了能够反映各个评价指标的重要性程度,需要对各个评价指标 u_i 赋予相应的权重 a_i。评价指标越重要,其权重也越大,反之,其权重就越小。权重集的表达式为

$$A = (a_1, a_2, a_3, \cdots, a_m) \tag{4-15}$$

式中,权重 $a_i > 0$,且满足 $\sum_{i=1}^{m} a_i = 1$。

③ 构建评价集(备择集)。评价集是指对评价对象做出评价结果的集合,如优、良、中、及格和差等。评价集 V 的表达式为

$$V = (v_1, v_2, v_3, \cdots, v_n) \tag{4-16}$$

式中,$v_i(i=1,2,3,\cdots,n)$ 为第 i 个评价结果。

为了能够通过量化数值对各个评价对象进行对比,可以设置 $V=(5,4,3,2,1)$。很明显,评价集的划分范围越细,评价结果越精确。

④ 单因素模糊评价。单因素模糊评价是指基于评价指标,确定评价对象对评价集中评价结果的隶属程度。

假设评价指标集 U 中第 i 个评价指标为 u_i,其对评价集 V 中第 j 个评价结果 v_j 的隶属度为 q_{ij}。同理,可得第 i 个评价指标 u_i 对评价集 V 中其他评价结果的隶属度。因此可得评价指标 u_i 的单因素模糊评价集 Q_i。其表达式为

$$Q_i = (q_{i1}, q_{i2}, \cdots, q_{in}) \tag{4-17}$$

分别对各个评价指标进行单因素评价,得到由各个单因素对评价集的隶属度构成的矩阵为

$$Q = \begin{bmatrix} Q_1 \\ Q_2 \\ \vdots \\ Q_m \end{bmatrix} = \begin{bmatrix} q_{11} & q_{12} & q_{13} & \cdots & q_{1n} \\ q_{21} & q_{22} & q_{23} & \cdots & q_{2n} \\ \vdots & \vdots & \vdots & & \vdots \\ q_{m1} & q_{m2} & q_{m3} & \cdots & q_{mn} \end{bmatrix}_{m \times n} \tag{4-18}$$

式中,Q 为单因素模糊评价矩阵,$Q_i = (q_{i1}, q_{i2}, \cdots, q_{in})$ 是 V 上的模糊子集,Q 是 $U \times V$ 上的模糊关系,(U, V, Q) 是评价空间。

⑤ 模糊综合评价。单因素模糊评价只是反映了单因素对评价对象产生的影响。在单因素模糊评价矩阵 Q 中,第 i 行表示第 i 个评价指标对评价对象评价集中各个评价结果的影响程度,第 j 列表示各个评价指标对评价对象取第 j 个评价结果的影响程度。Q 中每一列的元素之和为

$$Q_j = \sum q_{ij} (i = 1, 2, \cdots, m; j = 1, 2, \cdots, n) \tag{4-19}$$

式中,Q_j 体现了各个评价指标的综合影响。与此同时,考虑各个评价指标的权重 $a_i (i=1,2,3,\cdots,m)$,可以得到模糊综合评价集,其公式为

$$B = A \cdot Q = (a_1, a_2, \cdots, a_m) \cdot \begin{bmatrix} q_{11} & q_{12} & q_{13} & \cdots & q_{1n} \\ q_{21} & q_{22} & q_{23} & \cdots & q_{2n} \\ \vdots & \vdots & \vdots & & \vdots \\ q_{m1} & q_{m2} & q_{m3} & \cdots & q_{mn} \end{bmatrix}_{m \times n} = (b_1, b_2, \cdots, b_n) \tag{4-20}$$

式中:B 为模糊综合评价集;$b_j (j=1,2,3,\cdots,n)$ 为模糊综合评价指标,它表示评价对象的所有评价指标对评价集 V 中第 j 个评价结果的隶属度。

B 是 (A, Q) 空间的模糊变换,可以按照模糊矩阵乘法进行计算,其公式为

$$b_j = \bigvee_{i=1}^{m} (a_i \wedge q_{ij}), \quad j = 1, 2, \cdots, n \tag{4-21}$$

式中体现了最大最小原则($\vee, \wedge$),其优点在于考虑到核心评价指标对于评价集中评价结果的隶属程度,且计算简便。其缺点在于可能失去一些重要信息,从而导致结论与事实不符。所以,为了能够得到满意的结果,通常运用以下公式计算

$$b_j = \sum_{i=1}^{m} a_i \cdot q_{ij}, \quad j = 1, 2, \cdots, n \tag{4-22}$$

该公式综合考虑到各个评价指标对于评价结果产生的影响,将单个评价指标中的所有信息保留下来。因此,得到的结论更加全面,也更具有说服力。

⑥ 模糊综合评价结果。基于模糊综合评价集 B 和模糊综合评价指标 b_j,可以进一步得到

模糊综合评价结果。通常采取两种方法：一是最大隶属度法；二是综合评价值法。

- 最大隶属度法是指取与模糊综合评价集 B 中最大隶属度数值所对应的评价结果作为评价的依据。其公式为

$$v = \{v_l | v_l \to \max b_j\}, \quad j = 1, 2, \cdots, n \tag{4-23}$$

该方法的特点是只考虑一个评价指标的影响，而忽略其他评价指标的影响。很明显，若最大的评价指标大于一个，则该方法无法得到评价结论。

- 综合评价值法是指将 b_j 作为权数，以 b_j 和评价集中各个评价结果 v_j 的加权值 E 作为评价的依据。其公式为

$$E = \sum_{j=1}^{n} b_j \cdot v_j \tag{4-24}$$

该方法的特点是综合考虑所有评价指标对评价对象的影响。可以做出比较全面的整体性评价，有助于从多个角度对各种不同方案进行相互对比。

(2) 多级模糊综合评价。一级模糊综合评价是多级模糊综合评价的基础。当评价对象比较简单时，一级模糊综合评价可以较好地得到评价结论。但是，当评价对象非常复杂时，需要考虑的评价指标数量或者层次较多，此时，一级模糊综合评价可能无法得到满意的评价结论。多级模糊综合评价能够弥补此不足。多级模糊综合评价的计算步骤与一级模糊综合评价相类似。应当依据评价对象的具体情况，对其评价指标的数量和层次进行科学合理设计，并从最底层开始，逐层向上递进，最终形成多级模糊综合评价。

4. 模糊综合评价的案例分析

某飞机制造企业拟增加一条装配生产线，决策者需要从 4 个备选方案中选择一个最佳方案。评价指标包括生产规模(Q)、安全性(S)、智能化水平(I)、协调性(C)、可靠性(R)和资金投入(F)，经过前期调研，得到 4 个备选方案的评价指标数据，如表 4-7 所示。

表 4-7 4 个备选方案的评价指标数据

备选方案	生产规模 Q/(个·天$^{-1}$)	安全性 S	智能化水平 I	协调性 C	可靠性 R	资金投入 F/亿元
	u_1	u_2	u_3	u_4	u_5	u_6
1	8	0.90	0.80	0.90	0.70	12
2	6	0.85	0.70	0.85	0.90	10
3	5	0.95	0.65	0.70	0.70	15
4	4	0.80	0.90	0.90	0.80	11

由表 4-7 可知，从单个评价指标来看，(1) 生产规模 Q 最高的是第 1 个方案；(2) 安全性 S 最好的是第 3 个方案；(3) 智能化水平 I 最高的是第 4 个方案；(4) 资金投入 F 最少的是第 2 个方案。也就是说没有一个备选方案可以在所有评价指标中都是最好的。所以，从单个评价指标中无法判断哪一个备选方案是最佳的。此时，需要从多个评价指标中对各个备选方案进行综合判断。下面运用模糊综合评价法对其进行计算和分析。

① 构建评价指标集。评价指标集 $U = (u_1, u_2, u_3, u_4, u_5) = $ (生产规模 Q, 安全性 S, 智能化水平 I, 协调性 C, 可靠性 R, 资金投入 F)。

② 构建权重集。权重集 $A = (0.30, 0.15, 0.10, 0.10, 0.10, 0.25)$。

③ 构建评价集。评价集 $V = (v_1, v_2, v_3, v_4, v_5) = $ (优, 良, 中, 及格, 差)。

④ 单因素模糊评价。因为线性交叉型隶属函数在描述评价集 V 中评价结果的模糊性方

面更加直观和简便,所以运用线性交叉型隶属函数进行计算。确定评价指标的差阈值 a 和优阈值 b,将 $[a,b]$ 按比例划分为不同等级。若 $u < a$,则"完全属于"v_5(差),若 $u > b$,则"完全属于"v_1(优)。"完全属于"的隶属函数值为 1;交点为最模糊点,它的隶属函数值为 0.5。确定生产规模 Q 的差阈值 a 为 4,优阈值 b 为 8,即等级区间为 $[4,8]$。同理,将安全性 S,智能化水平 I,协调性 C,可靠性 R,资金投入 F 的等级区间分别设置为 $[0.75, 0.95]$、$[0.5, 0.9]$、$[0.5, 0.9]$、$[0.5, 0.9]$、$[10, 14]$。需要强调的是资金投入 F 是负向指标,即其差阈值为 14,优阈值为 10,如图 4-6 所示。根据备选方案的评价指标数据、隶属函数和评价集,可以得到备选方案 1~4 的单因素模糊评价矩阵分别为

$$Q_1 = \begin{pmatrix} 1 & 0 & 0 & 0 & 0 \\ 0 & 1 & 0 & 0 & 0 \\ 0 & 1 & 0 & 0 & 0 \\ 1 & 0 & 0 & 0 & 0 \\ 0 & 0 & 1 & 0 & 0 \\ 0 & 0 & 1 & 0 & 0 \end{pmatrix} \begin{matrix} u_1 \\ u_2 \\ u_3 \\ u_4 \\ u_5 \\ u_6 \end{matrix} \quad Q_2 = \begin{pmatrix} 0 & 0 & 1 & 0 & 0 \\ 0 & 0 & 1 & 0 & 0 \\ 0 & 0 & 1 & 0 & 0 \\ 0.5 & 0.5 & 0 & 0 & 0 \\ 1 & 0 & 0 & 0 & 0 \\ 1 & 0 & 0 & 0 & 0 \end{pmatrix} \begin{matrix} u_1 \\ u_2 \\ u_3 \\ u_4 \\ u_5 \\ u_6 \end{matrix}$$

$$Q_3 = \begin{pmatrix} 0 & 0 & 0 & 1 & 0 \\ 1 & 0 & 0 & 0 & 0 \\ 0 & 0 & 0.5 & 0.5 & 0 \\ 0 & 0 & 1 & 0 & 0 \\ 0 & 0 & 1 & 0 & 0 \\ 0 & 0 & 0 & 0 & 1 \end{pmatrix} \begin{matrix} u_1 \\ u_2 \\ u_3 \\ u_4 \\ u_5 \\ u_6 \end{matrix} \quad Q_4 = \begin{pmatrix} 0 & 0 & 0 & 1 & 0 \\ 0 & 0 & 0 & 1 & 0 \\ 1 & 0 & 0 & 0 & 0 \\ 1 & 0 & 0 & 0 & 0 \\ 0 & 1 & 0 & 0 & 0 \\ 0 & 1 & 0 & 0 & 0 \end{pmatrix} \begin{matrix} u_1 \\ u_2 \\ u_3 \\ u_4 \\ u_5 \\ u_6 \end{matrix}$$

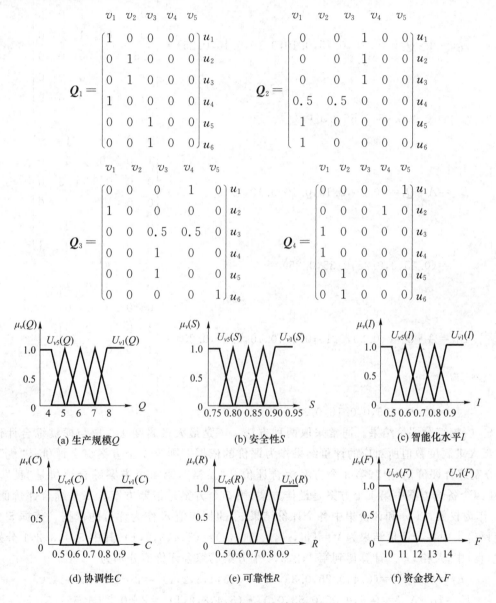

图 4-6 评价指标的隶属函数

⑤ 模糊综合评价。运用普通矩阵乘法,可得第 1、2、3、4 个方案的模糊综合评价集分别为

$$B_1 = A \cdot Q_1 = (0.30, 0.15, 0.10, 0.10, 0.10, 0.25) \cdot \begin{pmatrix} 1 & 0 & 0 & 0 & 0 \\ 0 & 1 & 0 & 0 & 0 \\ 0 & 1 & 0 & 0 & 0 \\ 1 & 0 & 0 & 0 & 0 \\ 0 & 0 & 1 & 0 & 0 \\ 0 & 0 & 1 & 0 & 0 \end{pmatrix}$$

$$= (0.4, 0.25, 0.35, 0, 0)$$

$$B_2 = A \cdot Q_2 = (0.30, 0.15, 0.10, 0.10, 0.10, 0.25) \cdot \begin{pmatrix} 0 & 0 & 1 & 0 & 0 \\ 0 & 0 & 1 & 0 & 0 \\ 0 & 0 & 1 & 0 & 0 \\ 0.5 & 0.5 & 0 & 0 & 0 \\ 1 & 0 & 0 & 0 & 0 \\ 1 & 0 & 0 & 0 & 0 \end{pmatrix}$$

$$= (0.4, 0.05, 0.55, 0, 0)$$

$$B_3 = A \cdot Q_3 = (0.30, 0.15, 0.10, 0.10, 0.10, 0.25) \cdot \begin{pmatrix} 0 & 0 & 0 & 1 & 0 \\ 1 & 0 & 0 & 0 & 0 \\ 0 & 0 & 0.5 & 0.5 & 0 \\ 0 & 0 & 1 & 0 & 0 \\ 0 & 0 & 1 & 0 & 0 \\ 0 & 0 & 0 & 0 & 1 \end{pmatrix}$$

$$= (0.15, 0, 0.25, 0.35, 0.25)$$

$$B_4 = A \cdot Q_4 = (0.30, 0.15, 0.10, 0.10, 0.10, 0.25) \cdot \begin{pmatrix} 0 & 0 & 0 & 0 & 1 \\ 0 & 0 & 0 & 1 & 0 \\ 1 & 0 & 0 & 0 & 0 \\ 1 & 0 & 0 & 0 & 0 \\ 0 & 1 & 0 & 0 & 0 \\ 0 & 1 & 0 & 0 & 0 \end{pmatrix}$$

$$= (0.2, 0.35, 0, 0.15, 0.3)$$

⑥ 模糊综合评价结果。通常采取两种方法。一是最大隶属度法。取与模糊综合评价集 B 中最大隶属度数值所对应的评价结果作为评价的依据。则第 1 个方案综合评价是"优",第 2 个方案综合评价是"中",第 3 个方案综合评价是"及格",第 4 个方案综合评价是"良"。因此,在四个备选方案中第 1 个方案是最佳方案,第 3 个方案是最差方案。二是综合评价值法。将 b_j 作为权数,以 b_j 和评价集中各个评价结果 v_j 的加权值 E 作为评价的依据。依据 5 分制确定评价集中各个评价结果为 $V = (v_1, v_2, v_3, v_4, v_5) = (5, 4, 3, 2, 1)$,其中 5,4,3,2,1 分别代表优,良,中,及格,差。计算得到第 1,2,3,4 个方案的综合评价值分别为

$$E_1 = B_1 \cdot V^T = (0.4, 0.25, 0.35, 0, 0) \cdot (5, 4, 3, 2, 1)^T = 2 + 1 + 1.05 = 4.05$$
$$E_2 = B_2 \cdot V^T = (0.4, 0.05, 0.55, 0, 0) \cdot (5, 4, 3, 2, 1)^T = 2 + 0.2 + 1.65 = 3.85$$
$$E_3 = B_3 \cdot V^T = (0.15, 0, 0.25, 0.35, 0.25) \cdot (5, 4, 3, 2, 1)^T = 0.75 + 0.75 + 0.7 + 0.25 = 2.45$$
$$E_4 = B_4 \cdot V^T = (0.2, 0.35, 0, 0.15, 0.3) \cdot (5, 4, 3, 2, 1)^T = 1 + 1.4 + 0.3 + 0.3 = 3$$

根据上述综合评价值可以得到,$E_1 > E_2 > E_4 > E_3$,所以,在四个备选方案中第 1 个方案是

最佳方案,第 3 个方案是最差方案。

通过对比可以发现,通过最大隶属度法与综合评价值法得到结论基本一致,只不过在方案的排序中,中间排序的方案略微有些不同。

该案例分析表明,模糊综合评价法可以有效解决由于模糊因素导致的求解困难问题,准确体现各个方案的综合价值,为生产系统建模的决策问题提供了理论依据。若研究对象的评价指标非常多,则可以运用多级模糊综合评价法进行分析求解,不仅可以体现评价指标相互之间的层次关系,而且也能够突破权重难以分配的困境,从而提高评价结论的科学性。

复习思考题

(1) 请举例说明什么是分析与综合。
(2) 请举例说明什么是抽象与概括。
(3) 请举例说明什么是归纳与总结。
(4) 请举例说明什么是对比与类比。
(5) 请举例说明什么是演绎推理。
(6) 层次分析法的优势和劣势是什么?
(7) 模糊综合评价法的主要步骤包括哪些内容?

第5章 生产系统建模的主要方法

模型的主要作用在于对实际系统进行抽象描述,正确构建系统模型是仿真成功的重要前提。若模型不能客观真实地反映实际系统,则仿真的结论也就没有任何价值。所以,如何通过一定的方法对生产系统构建模型是十分重要的研究内容。本章将以生产系统作为研究对象,对其建模的主要方法进行介绍。

5.1 概　　述

随着时间的推移,离散事件系统的状态往往是离散变化的,而且导致状态发生改变的离散事件往往也是随机产生的。经验表明,正是由于这种离散性与随机性的特征,导致很难通过数学方法准确构建离散事件系统的模型。具体而言,主要困难表现在以下几点:①随机性因素。随机性因素广泛存在于离散事件系统中。②不连续性特征。发生离散事件的时间点是离散的,而不是连续的。③离散性指标。离散事件系统的一些指标也存在离散性,如设备维修时间等。④复杂系统。多数情况下,复杂系统具有多层次和递阶特性,需要将其拆分为若干个子系统,在对子系统建模的基础上,对整个复杂系统建模,并对其进行分析与评价。⑤模型求解困难。随着离散事件系统的规模增大,系统的状态将呈现指数级增长,这将导致计算量猛增,从而造成模型求解困难。

目前,离散事件系统建模的主要方法包括实体流图法、活动循环图法、Petri网模型、系统动力学模型、库存系统模型、排队系统模型、智能体模型等。这些方法的适用范围和基本原理各具特色,彼此之间也存在一些关联。总体而言,当前仍然没有适用于所有系统的统一标准的建模方法。下面以生产系统作为研究对象,对离散事件系统建模的主要方法进行讨论。

5.2 实体流图法

5.2.1 实体流图法的原理与过程

实体流图法是指在系统中建立流程图来表示临时实体的生成与移动、永久实体的服务与结束等过程。该流程图在图形符号和基本原理等方面与计算机程序流程图类似,通过实体流图法,能够很好地描述事件、状态、活动等过程,以及实体之间的内在逻辑关系,且绘图方法比较简单实用。所以,实体流图法的应用非常广泛。

实体流图法需要一些符号建立流程图。例如:□代表开始和结束;◇代表判断;→代表逻辑关系;□代表状态、事件、活动等过程。下面通过一个具体的案例阐述实体流图法的建模过程。

【**例 5-1**】 某生产加工系统如图 5-1 所示。毛坯零件到达数控加工中心。在一台数控机床上加工,加工完成后离开。假设毛坯零件的到达间隔时间与加工时间均服从某个概率分布,通过建模分析数控机床的使用效率。

在该生产加工系统中，临时实体为零件，永久实体为数控机床。毛坯零件到达该系统之后，若数控机床正在加工其他零件，则该毛坯零件进入排队队列开始等待。按照先进先出（FIFO）的原则，数控机床对毛坯零件进行加工。下面对该系统的活动与状态进行分析。

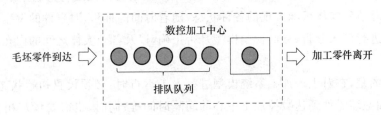

图 5-1　生产加工系统示意图

①毛坯零件到达数控加工中心。若数控机床为"繁忙"状态，则毛坯零件加入排队队列开始等待；否则，毛坯零件进入加工状态。②数控机床对某个毛坯零件完成加工。若排队队列为非空状态，则对下一个毛坯零件开始加工；否则，数控机床为"闲置"状态。

"毛坯零件的到达"事件或者"毛坯零件的排队结束"事件均能够触发数控机床开始加工。"毛坯零件加工完成后离开"事件能够触发数控机床结束加工。所以，正是由于这三个事件的发生才导致数控机床的状态发生改变。但是，由于"毛坯零件的排队结束"的前提条件是数控机床为"闲置"状态，所以，"毛坯零件的排队结束"是条件事件；而当排队队列为非零状态时，数控机床为"闲置"状态是由于"毛坯零件加工完成后离开"事件导致的。所以，将"毛坯零件的排队结束"事件合并到"毛坯零件加工完成后离开"事件，不再单独给予考虑。"毛坯零件的到达"事件导致数控机床由"闲置"状态转变成"繁忙"状态，即排队队列的长度增加1。"毛坯零件加工完成后离开"导致数控机床由"繁忙"状态转变成"闲置"状态，即排队队列的长度减少1，这又进一步导致数控机床由"闲置"状态转变成"繁忙"状态。

综上所述，根据该系统的逻辑关系可以绘制实体流图，如图5-2所示。实体流图可以对系统中的实体流动及其彼此之间的逻辑关系进行描述。当通过统计分析等方式获得了毛坯零件的到达间隔时间和加工时间等参数数值之后，就可以对该系统的使用效率等指标进行深入分析。

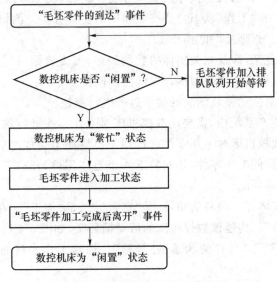

图 5-2　生产加工系统的实体流图

5.2.2 实体流图模型的人工运行

通常情况下,在构建实体流图模型之后,应当选择具有一定代表性的案例对该模型进行初步验证,以便判断其是否能够正常运行。即实体流图模型的人工运行。它要求模型能够涉及流图中的全部环节和实体可能出现的各种状态,随着时间的推移,对事件的发生和实体状态的动态变化过程进行深入分析,从而检验模型是否正确,以及各个实体之间的内在逻辑关系是否符合实际。

需要指出的是,在对生产加工系统模型进行人工运行时,必须设置初始状态、变量和参数的具体数值,如毛坯零件到达数控加工中心的间隔时间等;同时,也需要设定相关事件的运行规则,如数控加工中心采取先进先出的加工原则等。

5.3 活动循环图法

5.3.1 活动循环图法的原理与过程

活动循环图法(Activity Cycle Diagram,ACD)是指用于描述系统内部各个实体及要素之间内在逻辑关系的一种方法。在活动循环图中,将实体状态分为两种情形:一是静止状态;二是激活状态。通过不同的符号可以对它们进行区分,如图 5-3 所示。同时,通过箭头线将各个实体相互连接,且为了表示各个实体状态的变化过程,箭头线的线型也会有所差异。

图 5-3 活动循环图法的主要符号

在运用活动循环图法之前,为了更好地对系统的特性进行描述,需要按照不同的行为特征,对系统的实体进行分类。①按照实体的状态分类。例如,设备可以分为"繁忙"和"闲置"状态,人员可以分为"等候"和"工作"状态。②按照相同的类型分类。例如,设备可以分为"车床"和"铣床",人员可以分为"修理工"和"操作工"。

如果研究对象非常复杂,涉及相关实体的数量很多,那么根据研究目标的不同,可以构建不同层次的模型,也可以将高层次模型拆分成低层次模型。

下面通过案例分析对活动循环图法的建模过程进行阐述。

【例 5-2】 在某个生产系统中,需要用数控机床对毛坯零件进行加工,工作人员将毛坯零件安装在数控机床后,数控机床对毛坯零件进行加工。待加工完成之后,数控机床停止工作,工作人员取下加工完成后的毛坯零件,并安装下一个毛坯零件,开启下一次加工循环。据此,构建该生产系统的活动循环图。

关于数控机床,该实体存在两种活动:一是"安装";二是"加工"。存在两种状态:一是"机器空闲";二是"机器就绪"。构建该数控机床的活动循环图,如图 5-4 所示。同理,关于工作人员,该实体的活动是"安装"。存在的状态是"等待"。构建工作人员的活动循环图,如图 5-5 所示。

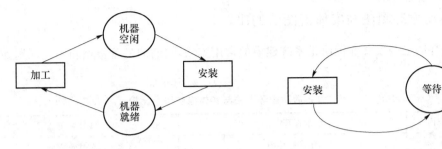

图 5-4　数控机床的活动循环图　　　　图 5-5　工作人员的活动循环图

在数控机床和工作人员两类实体的活动循环图基础上,将它们融合在一起,从而得到该生产系统的活动循环图,如图 5-6 所示。图中,"——"代表数控机床的活动循环,"┈┈"代表工作人员的活动循环,D 代表各个活动的持续时间。

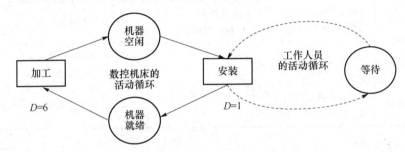

图 5-6　生产系统的活动循环图

该案例中的"安装"活动既与实体数控机床有关,也与实体工作人员有关。所以,将此类与多个实体相关的活动称为"合作活动"。需要指出的是,只有当所有相关实体均存在此活动的前置队列时,才可能开始"合作活动"。例如,只有数控机床处于"机器空闲"状态,且工作人员处于"等待"状态时,"安装"活动才可能开始。若只满足一个条件,则另外一个实体将处于"等待"状态,此时,就会出现人力和物力等资源的闲置,从而造成整个系统的效率下滑。

活动循环图法运用相关标志表示实体,并将该标志处于不同的位置表示实体的状态。若某个活动开始,实体的相应标志从队列中移到此活动之中,活动结束之后,就会释放相关实体,继续后面的其他活动。

构建活动循环图之后,对于接下来的仿真,需要知道以下内容:

(1) 活动的持续时间。活动的持续时间可以是一个随机变量、常数,或随机变量与常数的组合。

(2) 队列的排队规则。队列的排队规则存在很多方式,如最短加工时间、最高优先权、后进先出、先进先出等。通常情况下,系统默认为"先进先出"规则。

(3) 仿真的初始条件。仿真的初始条件是给每一个实体设置适当的初始位置,目的是使得初始状态趋近于系统稳定状态。

特别强调的是,活动循环图与实体的数量没有关系,而是与实体的行为方式紧密相关。也就是说,如果各个系统具有相同的行为方式,尽管具有不同的实体类型,以及不同的活动持续时间,也能够通过同一个活动循环图对它们进行描述与分析。

5.3.2 活动循环图法与实体流图法的比较

活动循环图法与实体流图法是系统建模的常用方法,它们的显著特点和主要区别如表 5-1 所示。

表 5-1 活动循环图法与实体流图法的比较

序号	比较内容	活动循环图法	实体流图法
1	图形	环状循环图	树状流程图
2	事件	事件隐含在活动之中	事件是重要组成部分
3	实体	基于临时和永久实体的行为模式,各类实体存在独立的符号表达,队列是实体中的一种状态	以临时实体的流动过程为主线,各类实体没有独立的符号表达,队列是一类特殊的实体
4	状态判断	对于实体的状态判断隐含在规则中,运用"机器空闲"或者"等待"等状态表达状态判断	具有状态判断框架
5	运行规则	具有很强普适性的运行规则	只有一条体现事件驱动仿真策略的通用的运行规则,其他运行规则普适性较差
6	显著优势	容易自动生成仿真程序,更加直观地表示并发、冲突等现象	能够详细地阐述排队规则与服务规则

5.4 Petri 网模型

5.4.1 Petri 网模型的基本概念

1962 年,德国学者佩特(Carl A. Petri)首次提出了 Petri 网模型。该模型以网络图的形式模拟离散事件系统,描述系统中存在的同步、并行、因果和冲突等关系,并对系统的动态性质进行分析。Petri 网模型最早应用在控制技术领域,并对控制的逻辑构建模型。随着 Petri 网模型的不断成熟,目前,该方法在生产系统等领域应用广泛。

依据 Petri 网模型,所有系统均由两种元素组成:一是状态元素,如设备、车间和人员等,通常用库所(Place)表示;二是状态变化元素,如零件的加工、组装和维修等,通常用变迁(Transition)表示。变迁的主要功能是改变状态,库所的主要功能是决定变迁发生与否,通过弧线(箭头)表示变迁与库所之间的紧密联系。

定义 5-1 一个三元组 $N=(P,T;F)$,其中 $P=\{p_1,p_2,\cdots,p_n\}$ 表示库所集,n 表示库所数量;$T=\{t_1,t_2,\cdots,t_m\}$ 表示变迁集,m 表示变迁数量;F 表示流关系。构建 Petri 网模型的充分必要条件为:

(1) 二元性:$P \cap T = \varnothing$,表示库所与变迁是不同元素。

(2) 非空性:$P \cup T \neq \varnothing$,表示至少存在一个元素。

(3) 无孤立元素:F 构建了由库所到变迁、由变迁到库所的单向联系,且同类元素之间不可以直接联系,即

$$F \subseteq (P \times T) \cup (T \times P) \tag{5-1}$$

假设 F 中有序偶的第一个、第二个元素构成的集合分别为:$\text{dom}(F)$、$\text{cod}(F)$,它们分别为 F 的定义域和值域,则

$$\text{dom}(F) \bigcup \text{cod}(F) = P \bigcup T \tag{5-2}$$

通常情况下,在 Petri 网模型中,"○"代表库所,"丨"代表变迁。Petri 网模型可以认为是通过有向弧线将库所与变迁连接而成的有向图。例如,一个简单的 Petri 网模型由 4 个库所、2 个变迁共同组成,如图 5-7 所示。

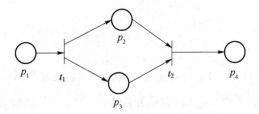

图 5-7 简单的 Petri 网模型

另外,在 Petri 网模型中,经常使用如下基本概念。

(1) 令牌。令牌是指在库所中存在的资源数量。并将令牌数量的变化描述不同的系统状态。也就是说系统的动态变化可以通过令牌在库所之间的移动进行模拟。

(2) 权函数。权函数是指每一次变迁导致资源数量的变化。权函数也称为权重。令由库所 p 指向变迁 t 的权重是 $w(p,t)$,则满足条件 $0 < w(p,t) < +\infty$。默认时的权函数是 1。

(3) 容量函数。容量函数是指库所能够容纳资源的数量,记为 $K(p)$。通常认为容量函数是有限的。与此同时,若容量不会限制系统行为,则也可假设容量函数为无穷大。

(4) 标志。标志是指库所包含的令牌数量及其分布,记为 M。通常用库所里的黑点"·"表示。系统开始运行时的标志为初始标志,记为 M_0。很明显,标志的数量不会超过容量函数,即 $M(p) \leqslant K(p)$。

【例 5-3】 某生产加工系统,毛坯零件到达数控机床加工中心,并进入排队队列,待数控机床加工完上一个零件后,开始对该毛坯零件进行加工,加工完毕之后,毛坯零件离开数控机床加工中心。据此,建立该生产加工系统的 Petri 网模型,如图 5-8 所示。

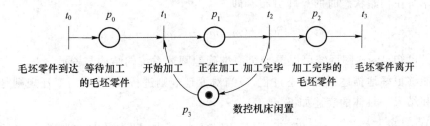

图 5-8 生产加工系统的 Petri 网模型

【例 5-4】 某装配生产线,变迁 t_1 和变迁 t_2 分别表示两个操作。变迁 t_1 将半成品 s_1 和零部件 s_2 通过 4 个螺钉 s_3 组装成半成品 s_4;变迁 t_2 将半成品 s_4 和零部件 s_5 通过 6 个螺钉 s_3 组装成产品 s_6。两个操作 t_1 和 t_2 均用到夹具 s_7。受到条件限制,s_2、s_3、s_4 和 s_5 的数量分别最多不超过 50 件、800 件、8 件和 60 件。据此,构建该装配生产线的 Petri 网模型,如图 5-9 所示。

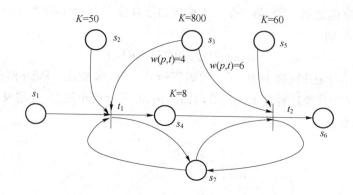

图 5-9 装配生产线的 Petri 网模型

在 Petri 网模型中,权函数 $w(p,t)$ 表示变迁需要消耗的资源数量,默认值是 1。容量函数 K 表示库所能够容纳资源的数量,默认值是无穷大。

Petri 网模型的特点主要体现在以下几个方面:

(1) 系统控制。基于控制模型实现系统控制,更好地阐述系统内部的物流与数据流。
(2) 图形建模。通过图形建模能够更加直观、清晰地阐述系统内部的复杂关系。
(3) 数学方法。运用数学的相关理论与概念,更加深刻地阐述系统的本质特征。
(4) 层次结构。通过由上至下的方法,构建具有层次结构的 Petri 网模型。

Petri 网模型的优点:能够对系统开展逻辑分析,依据状态变量描述系统的动态变化。所以,可以在理论层面对系统的冲突和并发等状态进行分析。

Petri 网模型的缺点:构建的模型与仿真过程均比较复杂。

5.4.2 Petri 网模型的变迁规则

上节的 Petri 网模型描述了系统的静态结构,如果需要对系统的动态行为进行仿真,那么就需要 Petri 网系统。

定义 5-2 Petri 网系统由六元组 $\Sigma=(P,T;F,K,W,M_0)$ 构成,当且仅当:(1) $N=(P,T;F)$ 为 Σ 的基网;(2) K、W 和 M 分别为 N 上的容量函数、权函数和标志。M_0 为 Σ 的初始标志,它的含义是库所在初始状态时的令牌分布。即

$$M_0=(m_1,m_2,\cdots,m_n) \tag{5-3}$$

由定义可知,Petri 网系统可以更加全面准确地阐述系统的结构与资源。

为了能够更好地描述系统动态过程,应当对变迁规则进行说明,所谓变迁规则是指变迁发生的条件和结果。具体的表述如下:

令某 Petri 网系统:$\Sigma=(P,T;F,K,W,M_0)$,其中,M 为标志,t 为变迁,$t\in T$。

定义 5-3 变迁发生的条件

$$\forall p\in {}^*t:M(p)\geq w(p,t)\land \forall p\in t^*:M(p)+w(p,t)\leq K(p) \tag{5-4}$$

在此情形下,M 授权 t 发生,记为 $M[t>0$。

这表明,变迁发生的条件是,当且仅当变迁的每一个输入库所($\forall p\in {}^*t$)中的令牌数量 $M(p)$ 都大于或者等于输入弧的权值 $w(p,t)$,且($\land$)变迁的输出库所($\forall p\in t^*$)中已有令牌数量 $M(p)$ 与输出弧的权值 $w(p,t)$ 之和小于或者等于输出库所的容量函数 $M(p)+w(p,t)\leq K(p)$。也就是变

迁前面库所的资源足够使用,后面库所的资源可以容纳。

定义 5-4 变迁发生的结果

当 M 授权 t 发生,且标志由 M 变成 M'。则对于任意一个 $p \in P$,有

$$M'(p) = \begin{cases} M(p) - w(p,t), & p \in {}^*t - t^* \\ M(p) + w(t,p), & p \in t^* - {}^*t \\ M(p) - w(p,t) + w(t,p), & p \in {}^*t \cap t^* \\ M(p), & p \notin {}^*t \cup t^* \end{cases} \tag{5-5}$$

在此情形下,变迁 t 发生导致标志由 M 变成 M',记作 $M[t>M'$,其中,M' 表示 M 的后续标志。

这表明,变迁发生的结果是,当库所仅为输入库所($p \in {}^*t - t^*$)时,变迁发生后该库所的令牌数量 $M'(p)$ 等于原有令牌数量 $M(p)$ 减去输入弧的权值 $w(p,t)$,即 $M'(p) = M(p) - w(p,t)$;当库所仅为输出库所($p \in t^* - {}^*t$)时,变迁发生后该库所的令牌数量 $M'(p)$ 等于原有令牌数量 $M(p)$ 加上输出弧的权值 $w(t,p)$,即 $M'(p) = M(p) + w(t,p)$;当库所既是输入库所,也是输出库所($p \in {}^*t \cap t^*$)时,变迁发生后该库所的令牌数量 $M'(p)$ 等于原有令牌数量 $M(p)$ 减去输入弧的权值 $w(p,t)$,再加上输出弧的权值 $w(t,p)$,即 $M'(p) = M(p) - w(p,t) + w(t,p)$;当库所既不是输入库所,也不是输出库所($p \notin {}^*t \cup t^*$)时,变迁不会发生,即 $M'(p) = M(p)$。

也就是说,若变迁能够发生,则输入库所中移出的令牌数量等于输入弧的权值 $w(p,t)$,输出库所中增加的令牌数量等于输出弧的权值 $w(t,p)$。

【例 5-5】 某个 Petri 网系统示意图,如图 5-10 所示,按照 Petri 网模型的变迁规则分析其变迁情况。

由图 5-10 可知,变迁 t_1 发生的条件是:(1) 库所 p_1 的令牌数量至少为 1;(2) 库所 p_2 的令牌数量也至少为 1;(2) 库所 p_3 的令牌数量则至少为 2;很明显,变迁 t_1 满足变迁条件。变迁发生的结果是:(1) 库所 p_1 的令牌数量减少 1 个;(2) 库所 p_2 的令牌数量减少 1 个;(2) 库所 p_3 的令牌数量减少 2 个;(2) 库所 p_4 的令牌数量增加 1 个;(2) 库所 p_5 的令牌数量增加 1 个。变迁发生后的 Petri 网系统如图 5-11 所示。

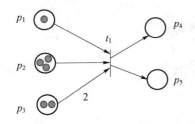
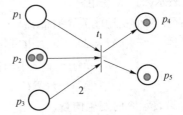

图 5-10 变迁发生前的 Petri 网系统示意图　　图 5-11 变迁发生后的 Petri 网系统示意图

5.4.3 Petri 网模型的分析技术

1. 可达树分析法

可达树分析法是指以 Petri 网模型中的初始标志 M_0 作为根,以可达标志 M 作为节点,以变迁发生作为有向分枝而形成的映射图。该方法的主要思路是:对 Petri 网模型中的所有可达标志进行逐一列举。其优点在于:可以比较准确地描述变迁发生的序列,判断 Petri 网模型是否有界。其缺点在于:只能够对简单的 Petri 网模型进行分析。

【例 5-6】 某个 Petri 网模型,如图 5-12 所示,令 $M_0=(1,1,1,1,0)$,依据可达树分析法,画出该 Petri 网模型相应的可达树。

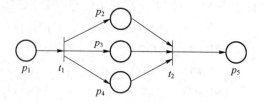

图 5-12 Petri 网模型

由图 5-12 可知,该 Petri 网模型开始运行时库所 p_1,p_2,p_3,p_4,p_5 的令牌数量分别为 1,1,1,1,0;当变迁 t_1 发生时,库所 p_1,p_2,p_3,p_4,p_5 的令牌数量分别为 0,2,2,2,0;当变迁 t_2 发生时,库所 p_1,p_2,p_3,p_4,p_5 的令牌数量分别为 0,1,1,1,1。所以,该 Petri 网模型相应的可达树如图 5-13 所示。

$$M_0 \longrightarrow M_1 \longrightarrow M_2$$
$$(1,1,1,1,0) \quad (0,2,2,2,0) \quad (0,1,1,1,1)$$

图 5-13 Petri 网模型相应的可达树

2. 矩阵分析法

令 $N=(P,T;F)$ 作为基网,构建 Petri 网系统 $\sum=(P,T;F,K,W,M_0)$。$\sum$ 的输入函数矩阵和输出函数矩阵分别为 $C^-=W(P,T)$ 和 $C^+=W(T,P)$。库所 i 到变迁 j 的权值、变迁 j 到库所 i 的权值($i=1,2,\cdots,n;j=1,2,\cdots,m$)分别为 $c_{ij}^-=W(p_i,t_j)$ 和 $c_{ij}^+=W(t_j,p_i)$。

令 $e[j]$ 表示变迁 t_j 发生的第 j 个元素是 1,其他的元素都是 0。$e[j]$ 是 m 维的向量。如果在标志 M_0 下变迁 t_j 有发生权,也就是 $M_0 \geqslant e[j]C^-$,那么变迁 t_j 发生后标志 M 的公式为

$$M=M_0-e[j]C^-+e[j]C^+$$
$$=M_0+e[j](C^+-C^-)$$
$$=M_0+e[j]C \tag{5-6}$$

式中,C 表示 $\sum$ 的关联矩阵。

若存在某个变迁序列 $\delta=t_{j1},t_{j2},\cdots,t_{jk}$,可以进一步得到

$$M=M_0+e[j_1]C+e[j_2]C+\cdots+e[j_k]C$$
$$=M_0+(e[j_1]+e[j_2]+\cdots+e[j_k])C$$
$$=M_0+f(\delta)C \tag{5-7}$$

式中,$f(\delta)$ 表示 δ 的发生向量。

令 $X=f(\delta)$,则可以得到 Petri 网模型的状态方程为

$$M=M_0+XC \tag{5-8}$$

对上式进行求解,可以得到 X 的具体数值,且要求 X 存在正整数解。这给 Petri 网模型的可达性问题提供了很好的解决方案。

矩阵分析法的优点在于:可以充分发挥计算机的作用。其缺点在于:处理具体问题的能力有待改进。

总体而言,以上 Petri 网系统的优势明显,但仍然存在一些不足之处:例如,对于事件的时间关系无法准确表达;另外,当系统比较复杂时,过多的库所与变迁使得模型分析困难。因此,为了更好地对系统进行建模与仿真,Petri 网系统不断得到优化与改进。例如,赋时 Petri 网

(TPN),该系统引入了时间参数,以便评价 Petri 网系统的实时功能,从而可以精确地反映系统的动态过程;另外,还有着色 Petri 网(CPN),该系统通过颜色将具有类似功能的库所和变迁分别合并,从而减少了库所与变迁的数量等。

5.5 系统动力学模型

5.5.1 系统动力学模型的基本概念

20 世纪 60 年代,美国 Jay W. Forrester 教授创建了系统动力学(System Dynamics,SD)模型。系统动力学模型也被称为"战略与决策实验室"。它可以从两个角度构建模型:一是定量角度;二是定性角度。它的主要基础理论包括两个方面:一是经典流体力学;二是反馈控制理论。系统动力学运用经典流体力学研究中流体平衡与运动的规律,通过流、流速等基本概念对系统中的物质流与信息流进行描述,并广泛应用于生产系统等复杂工程领域中。

动力学方程是系统动力学中阐述系统动态特性的数学方程。若以连续时间为参数,则运用微分方程将状态变量的导数和当前值进行关联,若以离散时间为参数,则运用差分方程将某个时刻的变量值和相邻时刻的变量值进行关联。

运筹学的主要目标是得到研究对象的"最优解"。而系统动力学的主要目标是得到研究对象的"理想解"。系统动力学需要对系统的变化规律进行分析,寻找系统优化的主要途径。对于动力学方程的求解,它不是依靠严谨的公式推导,而是基于实际系统的客观信息构建动态仿真模型,并运用计算机技术对系统的未来行为特征进行研究。

系统动力学模型的特点主要包括以下几个方面:

(1) 解决系统数据缺失的问题。在对系统进行分析的过程中,经常会遇到数据缺失等问题,可以运用系统动力学构建的各个要素因果关系来推算缺失的数据。

(2) 解决周期性系统的问题。在现实生活中,很多系统具有周期性特点,如经济危机、生产系统、生态系统等,可以对其进行长期观察,并运用系统动力学模型进行分析与研究。

(3) 模拟复杂系统的运行过程。系统动力学能够通过计算机仿真技术对非线性、高阶复杂系统的运行过程进行模拟,从而得到系统的关键行为特征信息。

(4) 设置系统预测的前提条件。运用系统动力学得到的结论建立在一定的前提条件下,运用"what-if"的方式对系统的行为特征进行预测。

在运用系统动力学进行研究的过程中,通常需要借助相关的仿真软件对系统的动态特性开展定量分析。所以,研究人员开发了与系统动力学配套的众多仿真软件。20 世纪 60 年代,Forrester 等人开发了系统动力学的第一代仿真软件 Dynam™;20 世纪 80 年代,通过 PC 平台开发了很多系统动力学仿真软件,如 Vensim™、Powersim™、Professional DYNAMO™ 等;另外,也有仅用于研究的原型仿真软件,如 Tanaland™ 等。

5.5.2 系统动力学模型的应用步骤

1. 确定系统的边界与变量

依据系统的反馈机制与建模的主要目标确定系统的边界。在确定系统的边界之后,就要确定系统的两个主要变量。一是内生变量。内生变量是指取决于系统内部反馈结构的变量。二是外生变量。外生变量是指其随时间变化的规律取决于系统外部因素的变量。内生变量受到外生变量的影响,但内生变量对外生变量不会产生影响。与此同时,特殊情形下,内生变量可以作为外生变量进行相应处理。

2. 确定系统的因果反馈关系

在确定系统的边界与变量之后,接下来需要确定系统的因果反馈关系,主要包括因果关系环图。反馈环的数量大小决定了系统的复杂程度。依据不同的因果关系,变量之间主要存在四种关系:一是正关系;二是负关系;三是无关系;四是复杂关系。正关系是指一个变量增大,另一个相关变量也增大。负关系是指一个变量增大,另一个相关变量减小。无关系是指一个变量增大,另一个相关变量保持不变。复杂关系是指一个变量增大,另一个相关变量可能增大,也可能减小。变量之间无论是否存在线性或非线性关系,正关系曲线的斜率均为正,负关系曲线的斜率均为负,无关系曲线的斜率均为零,复杂关系曲线的斜率有时为正,有时为负。

在因果关系环图中,带"+"号的箭头表示正关系。带"-"号的箭头表示负关系。正反馈环是指从某个变量出发通过一个闭合回路的传递,最终促使该变量增加的回路。负反馈环是指从某个变量出发通过一个闭合回路的传递,最终促使该变量减小的回路。通常情况下,生产系统是由错综复杂的非线性正反馈环和负反馈环交织形成的。

需要强调的是,尽管因果关系环图中存在正反馈环和负反馈环,但是系统本身是没有正负区别的,而是正反馈环与负反馈环的相互融合。通过这种相互融合,自我调整变动与自我增强变动不是完全对等,其中的一部分将会相互抵消,从整个系统来看,若正反馈环的自我调整变动很强,则系统将达到"稳定"状态;若正反馈环的自我增强变动很强,则系统将达到"增长"或者"衰弱"状态。

3. 确定系统的流位与流率

对于每一个正负反馈环而言,主要包括两个变量。一是流位。流位是指系统内部流量的积累。它属于状态变量。二是流率。流率是指对流位的变化进行量化。它可以分为两个部分,一是入流率。它是指单位时间内流入流位的流量。二是出流率。它是指单位时间内流出流位的流量。

构建模型的关键在于确定系统的流率方程。流率方程不仅体现了流率对系统状态的控制策略,而且也展示了流位的动态变化趋势。通常情况下,流率方程没有特定的方程式,要确定系统的流率方程,就应当了解各个系统的运行特点。若流率方程特别复杂,则应当通过辅助变量对其进行简化。一般情形下,辅助变量有其特殊的经济含义或者物理含义。

4. 绘制系统的流图

针对复杂系统而言,如果运用文字表达方式对其结构与特性进行描述,可能无法做到对系统本质的完全表达。如果运用数学方程对其结构与特性进行建模,不仅非常抽象、不够直观,而且也不能完全反映系统的所有功能。所以,为了克服上述不足,系统动力学结合了文字表达方式,且通过绘制系统的流图对系统的结构关系和动态特性进行描述与分析。

流图不仅可以展示存量、速率等元素之间的关系,而且可以分析系统中各个要素是如何联系的。需要指出的是,流图属于定性描述,它不是数学模型。

某个系统动力学流图如图 5-14 所示,该图由云图、流位、流率、实线和辅助变量构成。

云图也称为源(Sources)、汇(Sinks),"源"与"汇"分别代表实物的来源与去向,通常用云状表示云图,云图是系统的外部元素。

流位也称为存量、水平、积累量,它是系统的某个指

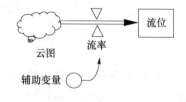

图 5-14 系统动力学流图

标值,以显示系统的状态。通常用长方形表示流位,就像一个水池储存大量的水。

流率也称为速率、速度、决策函数等,它可以控制流位的变化趋势。通常用阀门表示流率,就像一个阀门控制水的流量。

实线也称为实物流,它连接流位与流率,模拟控制的通道。通常用箭线表示实线,就像一条管道让水流穿过。

辅助变量在一定程度上反映了流速变化的规律。通常用圆圈表示辅助变量。

5.6 库存系统模型

5.6.1 库存及库存系统的定义与功能

在现实的生产过程中,由于存在各种不确定性因素,导致很多资源的需求与供给往往并不完全匹配。所以,需要通过库存及库存系统将资源进行储备,以便更好地满足需求,实现需求与供给的协调统一。

库存是指以满足目前及未来需求为目的而存储起来的资源。库存系统是指以解决需求与供应不协调为目的的一种存储措施。库存系统可以分为两个方面:一是狭义库存系统,如生产企业对原料、半成品和成品的库存、国家对战略资源的储存等;二是广义库存系统,如生产企业对人才的储备、国家对重点项目的投入等。

企业的发展离不开库存系统管理。例如,如果生产企业的原料库存不足,将导致企业不能正常生产,从而遭受经济损失,阻碍企业更好地发展;如果生产企业的原料库存太大,将导致库存积压,从而占用流动资金,引发滞销和贬值等。

对于生产企业而言,库存的主要作用体现在以下几个方面:

(1) 产销分开,赢得市场。很多情形下,需要将生产与销售适当分离,以进一步扩大市场份额。例如,企业在冬季生产夏季特别畅销的产品,这样就可以避免夏季因产品供应不足造成的缺货损失。

(2) 批量采购,折扣获益。如果企业进行大规模的原料采购,那么企业可以从中获得批量采购才能享受的折扣优惠。

(3) 预期库存,提高服务。现实生活中,不少企业可能存在一些特定的客户,比如,定点销售商等。为他们提供存货,以满足客户的需求。

(4) 套购保值,降低成本。由于市场波动可能造成原料价格上涨,企业通过提前购买和储备原料以减少价格上涨造成的损失。

(5) 预留时间,保障生产。企业的原料采购活动,原料的到达往往需要一段时间,为了不影响正常生产,适当的库存是十分必要的。

(6) 安全库存,减少损失。企业所处的外部环境往往存在不确定性,经济萧条、恶劣气候等因素都可能对企业生产造成危害。因此,安全库存也是很多企业的通行做法。

通常情况下,生产企业存在以下几种库存情形:

(1) 原料的库存。生产企业从供应商处购买原料,而这些原料在投入生产之前,需要进行临时性保存。

(2) 在制品的库存。生产企业对于那些已经完成部分加工的在制品也需要进行暂时保存。

（3）日常用品的库存。生产企业在生产过程中也需要对一些涉及设备维修、辅助生产等方面的日常用品进行保存。

（4）成品的库存。生产企业对于已经完成生产加工的成品也可能在销售之前进行短暂储存。

另外，库存系统模型可以分为两种类型：

（1）确定性模型。确定性模型中的所有数据都是确定的、具体的某个数值。

（2）随机性模型。随机性模型中的全部或者部分参数是随机变量。

20 世纪初，人们开始对库存系统模型进行研究，早期的研究主要关注确定性模型。

20 世纪 30 年代，有学者提出了"订货点法"。订货点法是指通过补充库存的方式使得库存数量始终不会小于某个安全库存数量。该方法适用于生产消耗比较稳定的环境，可以保障正常的生产活动，不会出现由于物料不足导致停产的现象。但其不足之处在于，忽视了物料的实际使用情况，可能导致库存积压严重。

20 世纪 60 年代，IBM 公司的 Joseph A. Orlicky 针对物料需求问题提出了两个重要概念：一是独立需求；二是相关需求。构建了物料之间的数量关系与层次关系，并提出了著名理论——物料需求计划（Material Requirements Planning，MRP）。MRP 理论的主要思想是，通过需求数据、产品结构、时间坐标和库存数据等内容规划企业的生产与订货计划。但是，MRP 的不足之处在于，忽视了实际生产能力的约束条件，可能导致现实与计划不一致。所以，后人提出了闭环 MRP 理论。闭环 MRP 理论的主要思想是，在 MRP 理论的基础上对企业的生产能力、工作负荷和关键工作中心进行了分析。它既包含了计划可行性分析，也包含了反馈功能，使得生产计划具有可靠性和应变性。但是，闭环 MRP 理论忽视了企业的财务分析，没有将生产计划与企业的经济效益、企业的发展目标紧密关联。

1977 年，美国生产管理专家 Oliver W. Wight 提出了 MRP 的升级版理论——制造资源计划（Manufacturing Resources Planning，MRPII）。MRPII 理论的主要思想是，基于闭环 MRP 理论，以企业的效益和目标作为出发点，将生产计划与财务管理融合，对企业各类制造资源进行统筹规划与控制，从而实现物流、资金流和信息流的高度集成。

20 世纪 90 年代，在经济全球化的推动下，互联网技术得到了快速发展，企业的激烈竞争延伸到不同行业、不同地区和不同国家。此时，企业不仅需要加强内部资源管理，而且也需要关注供应链上下游的外部资源，从而获得企业可持续发展的核心竞争力。MRPII 理论主要关注企业的内部管理，忽视外部资源对本企业的影响，这种管理模式在竞争激烈的市场上很难赢得一席之地。在此背景下，1990 年，美国加特纳集团公司提出了企业资源计划（Enterprise Resource Planning，ERP）理论。ERP 理论的主要思想是，以信息技术作为平台，立足全球市场，对企业的内外部资源进行整合，协调与优化。它是企业计划、组织、领导、控制和创新的系统化管理平台。【课堂互动：举例说明库存系统的主要作用是什么。】

5.6.2 库存系统模型的基本概念

1. 库存系统模型的构成要素

库存系统模型的构成要素主要包括库存、补充、需求、成本以及库存策略等。

（1）库存。生产企业在制造产品的过程中，必然需要使用原料、设备和工具等资源，这些资源与企业的生产需求在空间和时间上可能存在一定的偏差。此时，就需要通过事先储存一些资源来弥补这些偏差。也就是说库存是为了满足生产经营等活动而提前储备的资源。

(2) 补充。生产企业在生产经营的过程中,将会不断消耗已有的库存资源。为了保障后续正常的生产经营活动,应当对库存进行适当补充。若补充得不够及时,不够充足,则必然消耗完相应的库存资源,进而导致企业无法正常生产经营。也就是说补充是库存的输入环节。

关于补充的时间问题,主要涉及两个概念。一是采购时间。若生产企业从外部进行资源采购,则从开始订货到资源入库之间是需要一些时间的,该时间称为采购时间。二是订货提前期。正是因为存在采购时间,所以为了保障库存能够得到及时补充,企业订货必须提前一段时间,该时间称为订货提前期。

(3) 需求。需求体现了生产企业在生产经营的过程中对于资源的需要,这意味着企业必然要从库存中获得一定数量的资源。因此,库存数量也将逐渐下降。也就是说需求是库存的输出环节。

基于波动的视角,需求可以分为两种情形。一是确定性需求。确定性需求发生的数量是确定的,发生的时间也是准确的。例如,按照客户订单的数量和交付时间组织生产。二是随机性需求。随机性需求发生的数量可能是不确定的,发生的时间可能也是不准确的。例如,由于市场波动导致客户不定期地改变订单数量。在实际生产经营活动中,生产线不稳定、损耗量不确定等各类因素都可能导致企业生产需求存在较大变化,无法对其进行精准估计。

基于时间的视角,需求可以分为两种情形。一是连续性需求。连续性需求通常是指随着时间连续发生变化的需求。该需求直接导致库存随着时间的推移而呈现连续下降的趋势。二是间断性需求。间断性需求通常是指随着时间瞬时发生变化的需求。该需求直接导致库存随着时间的变化而呈现跳跃式递减的规律。

库存、补充与需求是库存系统模型的核心要素。它们相互之间的关系如图 5-15 所示。

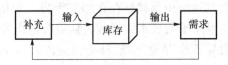

图 5-15　库存、补充与需求的关系图

(4) 成本。在库存系统模型中,通常将成本作为判断库存策略好坏的主要参考依据。相关成本主要包括四种类型:一是订货成本;二是存储成本;三是缺货成本;四是生产成本。

① 订货成本。订货成本可以分为两个部分。一是订购成本。该成本与订货的次数紧密相关,但是与订货的数量没有关系,如通信费用、手续费用等。二是进货成本。该成本与需求量紧密相关,如货款、运输费用等。

② 存储成本。存储成本是指物资在仓库保存期间产生的所有费用。按照费用的使用去向,可以将存储成本分为两个部分:一是保管费用,如仓库的折旧费、维修费、空调费、照明费和搬运费等;二是资金费用,如银行利息、物资损耗造成的损失、库存占用资金而失去其他投资机会造成的机会损失等。另外,按照保存物资的数量对成本的影响,可以将存储成本分为两个部分。一是固定成本。固定成本是一个与保存物资数量没有直接关系的成本,如相关人员的工资薪酬、仓库折旧费用等。二是变动成本。变动成本是一个与保存物资数量存在直接关系的成本,如货物的损坏费用、购买的保险费用等。

③ 缺货成本。缺货成本是指由于存储物资不足导致无法满足需求而产生的损失,如待料停产损失、违约金、延期交付的额外成本等。事实上,如果一家生产企业经常缺货,那么不仅会遭到客户的投诉,而且可能会失去已有的订单。从长远来看,必然会对企业的社会形象与口碑

造成负面影响。

④ 生产成本。生产成本是指靠企业自身力量进行物资生产所产生的成本,如原料成本、工艺成本、组装成本和管理成本等。

(5) 库存策略。库存策略是指对存储物资补充的条件、时间和数量等进行决策的相关方法。库存策略主要包括以下几个类型:

① t 循环库存策略。该策略是指无论当前库存处于什么状态,每隔一段时间 t 就补充数量 Q,t 和 Q 均为固定值。该策略在需求相对稳定的环境下适合应用。

② (t,S) 库存策略。该策略是指无论当前库存处于什么状态,每隔一段时间 t 就补充到一个最大库存量 S,t 和 S 均为固定值。据此,若当前库存余额为 I,则补充数量为 $Q=S-I$。显然,每次的补充数量 Q 不是固定值,这是该策略与 t 循环库存策略的主要区别。

③ (s,S) 库存策略。该策略是指若订货点为 s,当前库存余额为 I,如果 $I>s$,那么不需要补充;如果 $I \leqslant s$,那么就补充到一个最大库存量 S,s 和 S 均为固定值。显然,每次的补充数量 $Q=S-I$ 不是固定值,另外,该策略存在订货点 s。这些特点是该策略与 t 循环库存策略的主要区别。

④ (t,s,S) 库存策略。该策略是指在需要对库存进行盘点的情形下,每隔一段时间 t 盘点一次,得到当前库存余额 I,若订货点为 s,如果 $I>s$,那么不需要补充;如果 $I \leqslant s$,那么就补充到一个最大库存量 S,s 和 S 均为固定值。每次的补充数量 $Q=S-I$ 不是固定值。显然,每隔一段时间 t 对库存进行盘点是该策略与 (s,S) 库存策略的主要区别。

在对库存策略进行决策的过程中,为了减少订货成本和存储成本,需要相应地减少补充次数和存储量。当需求稳定时,补充次数越少意味着存储量就越多,而存储量越少意味着补充次数就越多。因此,减少补充次数和减少存储量存在相互矛盾。如何平衡两者关系是库存决策的重要问题。通常情况下,将最小平均成本或者最大期望收益作为库存策略决策的主要目标。

在库存系统模型中,需求导致库存量下降、补充促使库存量上升。令横坐标为时间 t,纵坐标为库存量 Q,随着时间 t 的增加,可以画出库存量 Q 的变化轨迹,即库存状态图,如图 5-16 所示。

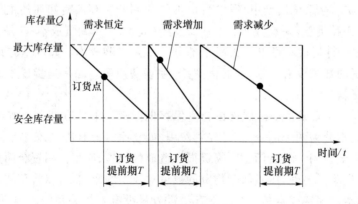

图 5-16 库存状态图

由图 5-16 可知,如果知道单位时间内的需求、订货提前期 T、安全库存量和每次订货的数量等参数,那么通过计算就能够得到订货点。企业在订货点处下达订单指令,货物到达后仓库就可以重新回到最大库存量。当订货提前期 T 保持不变时,如果单位时间内的需求增加,那么就需要提前订货,也就是提高了订货点;反之,如果单位时间内的需求减少,那么就需要延迟订货,也就是降低了订货点。

通过库存状态图可以更加直观、全面地分析各个参数的内在逻辑关系。因此,库存状态图作为库存系统研究的主要工具得到了广泛应用。需要强调的是,即便面对相同的库存问题,如果运用不同的库存策略,那么得到的库存状态图也会存在差异。

2. 库存管理方法

1879 年,意大利经济学家维尔弗雷多·帕累托发现了一个重要的现象,即 20% 的人拥有所有财富的 80%,80% 的人拥有所有财富的 20%。这就是著名的 80/20 法则。后来他将该现象通过图来表示,即帕累托图。

1951 年,管理学家戴克在帕累托图的基础上将库存管理对象分成 A、B、C 三类,并取名为 ABC 分析法。ABC 分析法的主要思想是:寻求数量少但作用大的主要因素和数量多但作用小的次要因素。

1956 年,质量管理学家约瑟夫·朱兰在质量管理领域运用 ABC 分析法研究各类对象的质量问题,并取名为排列图。

1963 年,管理学著名专家彼得·德鲁克将 ABC 分析法扩展到更多的社会研究领域,此后 ABC 分析法成为提高企业经营效益的常用管理方法。

如图 5-17 所示,在库存管理中,库存物资也可以分为 A、B、C 三类:

A 类物资的种类占品种类的 10%～20%,其价值占物资总价值的 60%～80%。尽管 A 类物资的种类少,但价值大,它是库存管理的关键核心。

B 类物资的种类占品种类的 15%～25%,其价值占物资总价值的 15%～30%。B 类物资是次重要物资,它也是库存管理的注意对象。

C 类物资的种类占品种类的 55%～75%,其价值占物资总价值的 5%～10%。C 类物资的种类多、但价值小,它不是库存管理的重点内容。

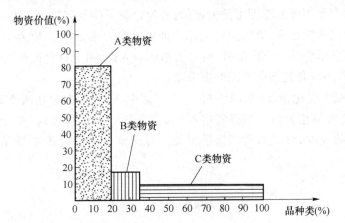

图 5-17 库存物资的 ABC 分析法

在库存管理中运用 ABC 分析法的优势是,牢牢抓住库存重点,采取针对性管理策略,高效控制库存,降低库存风险。也就是"有所为,有所不为"。例如,针对 A 类物资,管理目标是最大限度降低库存量,可以采取定期控制库存等措施,以减少库存成本;针对 B 类物资,管理目标是适度保留库存量,可以采取选择补充库存等措施,以确保不影响正常生产;针对 C 类物资,管理目标是尽可能增加库存量,可以采取定量控制库存等措施,甚至可以通过一次性订货完成全年计划,以缓解平时工作负担。需要强调的是,A 类、B 类和 C 类均为相对值,不同对象、不同行业的分类标准可能存在一些差异,这需要根据实际情况进行判断。

ABC分析法的步骤主要包括:①将所有相关物资列出,并用单位价格乘以年需求量得到物资价值;②按照物资价值由高到低的顺序,将所有相关物资标注序号;③按照序号由大到小的顺序,将所有相关物资重新排序,并计算累计年使用金额和累计百分比;④按照累计年使用金额和累计百分比,将所有相关物资划分为A类、B类、C类。

除ABC分析法外,还有一个经典的库存管理方法——经济订货批量(EOQ)。1915年,F. W. Harris首次提出了EOQ模型,后来经由Wilson的大力宣传,EOQ模型受到高度关注。经济订货批量(EOQ)是指在特定的假设前提下,为了实现最小化库存总成本而计算得到的订货批量。EOQ模型的假设前提主要包括:①需求是确定的,且保持稳定;②开始订货到货物入库之间的时间是确定的,且保持不变;③某些订货可以即刻到达;④批量订货没有折扣优惠;⑤订货成本固定不变,存储成本则与库存量成正比例关系;⑥不存在缺货成本。

EOQ模型图如图5-18所示,图中,Q代表批量,$Q/2$代表平均库存量,L代表订货点,ab代表订货提前期,且$ab=cd=ef$,ac代表订货间隔期,且$ac=ce$。

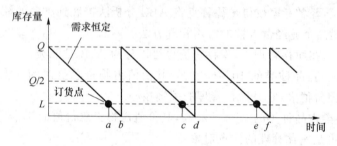

图5-18 EOQ模型图

结合EOQ模型的假设前提,可以令最大、最小库存量分别为Q和0,没有缺货损失;由于需求恒定,所以库存量下降的速度也是恒定的;若库存量下降到订货点位置,则开始订货,订货量为Q;经过订货提前期之后,货物到达入库。即将入库之前的库存量为0,入库之后的库存量为Q。另外,订货单价是一个固定值,所订货物同时入库,由于订货提前期是一个固定值,所以可以将订货点作为订货提前期期间的需求量。

库存期间的成本变化情况,如图5-19所示。图中,订货成本包括两个部分:一是订购成本(该成本与订货次数相关);二是进货成本(该成本与需求量相关)。存储成本是货物在仓库保存期间产生的成本,该成本与订货量相关。总成本是由订货成本与存储成本叠加得到的成本。

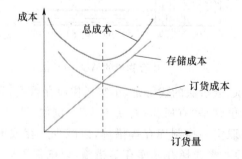

图5-19 库存期间的成本变化

所以，得到库存期间的年库存总成本由三个部分组成：一是年订购成本；二是年进货成本；三是年存储成本。其公式为

$$TC = \frac{DS}{Q} + DP + \frac{QH}{2} \tag{5-9}$$

式中：Q 表示订货批量；D 表示年需求量；S 表示单位订购成本；P 表示单位进货成本；H 表示单位存储成本；TC 表示年库存总成本；$\frac{DS}{Q}$ 表示年订购成本；DP 表示年进货成本；$\frac{QH}{2}$ 表示年存储成本。

为了实现年库存总成本最小化，需要从订货批量 Q 中找到一个最优的数值，即经济订货批量 Q_0。所以，将年库存总成本 TC 对订货批量 Q 求一阶导数，并令其等于 0，可得

$$\frac{dTC}{dQ} = -\frac{DS}{Q^2} + \frac{H}{2} = 0 \tag{5-10}$$

将上式求解，得到经济订货批量 Q_0 为

$$Q_0 = \sqrt{\frac{2DS}{H}} \tag{5-11}$$

由上式可知，经济订货批量 Q_0 随着年需求量 D 的增大而增大，随着单位订购成本 S 的增大而增大，随着单位存储成本 H 的增大而减少。所以，对于那些十分畅销的产品，以及采购比较困难的产品，企业可以适当提高订货量；而对于那些贵重的、不易保存的产品，企业可以适当减少订货量。

将公式(5-11)代入公式(5-9)，可以得到年库存总成本的最小值为

$$TC = DP + \sqrt{2DSH} \tag{5-12}$$

【例 5-7】 在稳定的市场需求环境下，某个生产企业向供应商采购原材料，市场每年的需求量为 2 000 件；每件价格为 10 元，单位订购成本为 40 元，单位存储成本为 4 元。求解经济订货批量和年库存总成本。

由题意可得，$D = 2\,000, P = 10, S = 40, H = 4$，则可以得到经济订货批量和年库存总成本分别为

$$Q_0 = \sqrt{\frac{2DS}{H}} = \sqrt{\frac{2 \times 2\,000 \times 40}{4}} = 20(件)$$

$$TC = DP + \sqrt{2DSH} = 2\,000 \times 10 + \sqrt{2 \times 2\,000 \times 40 \times 4} = 20\,000 + 800 = 20\,800(元)$$

5.7 排队系统模型

5.7.1 排队系统模型的基本概念

在现实生活中，人们时常会遇到排队现象，例如，在银行排队等待金融服务，去餐厅排队等待就餐服务，去游乐园排队购票等。导致出现排队现象的原因很多，其中最重要的原因是：当前的服务能力无法满足所有顾客。也就是顾客不能及时享受到服务。

排队现象不仅可以在服务系统中看见，它也广泛存在于生产系统中。事实上，生产系统中的排队问题在很大程度上决定了生产效率的高低。所以，排队系统模型在生产系统中具有重要的研究价值。

为了解决生产系统中的排队问题,可以采取增加机器设备和工作人员的措施,但是这也导致企业的生产成本提高,还可能出现设备与人员的闲置问题,从而影响企业的整体效益。所以,如何在解决排队问题和降低生产成本之间寻求最佳结合点,成为构建排队系统模型需要重点关注的问题。

1918年,丹麦人Erlang运用概率论对电话的通话过程进行了深入研究,形成了排队理论的最早雏形。随后,英国人D. G. Kendall对排队理论进行了系统分析。1960年以来,排队理论在交通等领域开始应用。1970年以来,排队理论在计算机等领域应用普及。进入21世纪,排队理论在生产车间、仓储库存、物流优化、电子商务、医院挂号和银行服务等领域得到全方位的运用。在排队理论中,顾客的到达时间、对顾客的服务时间等各类参数往往具有随机性特征,所以排队理论也可以称为随机服务系统理论。

1. 排队系统的基本模型

排队理论是为了能够解决排队问题而逐步建立起来的一门重要学科。该理论主要是基于排队模型分析相关系统的运行过程和变化趋势,通过方案设计对这些系统的主要性能进行优化。通常情况下,排队系统的基本模型如图5-20所示。

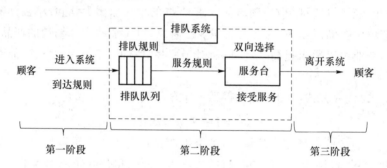

图5-20 排队系统的基本模型

根据图5-20可以发现,排队系统的运行过程可以分为三个阶段:

第一阶段为顾客到达阶段。此阶段,顾客将会按照相应的到达规则准备进入系统之中。

第二阶段为排队服务阶段。此阶段,若服务台繁忙,则顾客将会按照相应的排队规则进入排队队列之中。若服务台闲置,则服务台将会按照相应的服务规则在排队队列中选取等待服务的顾客,并为该顾客提供相应的服务。与此同时,若服务台的数量为多个,则顾客也可以根据自己的偏好对服务台进行选择。该阶段是排队系统基本模型的核心部分。

第三阶段为顾客离开阶段。此阶段,服务台完成了对顾客的服务工作,顾客离开系统。

需要强调的是,排队系统的基本模型可以拓展到不同的研究领域。例如,在生产系统中,"顾客"既可以代表操作人员,也可以代表加工零部件;"服务台"既可以代表管理人员,也可以代表数控机床;"排队队列"既可以代表有形的人与物,也可以代表无形的代码。另外,有些情况下,排队理论往往不需要知道顾客是以什么方式进入系统的,也不关心顾客是以什么方式离开系统的。例如,对于银行系统而言,服务人员不需要关注顾客是以走路或者开车的方式到达以及离开银行的,而需要重点关注顾客到达银行的规律以及服务需求。

日常生活中,存在很多类型的排队系统,这些排队系统中包含哪些类型的顾客,服务台的形式是怎样的,以及相应的服务内容是什么,通过归纳总结,可以得到表5-2。

表 5-2　几种排队系统的基本模型

排队系统类型	顾客	服务台	服务内容
生产车间	毛坯件	车床、铣床、钻床、工夹具	加工、验收等
汽车组装线	零配件	组装设备、机械手、操作人员	安装、测试等
小区停车场	私家车	物业人员、收费出口	收费、开发票等
加油站	小汽车、货车	加油机、工作人员	加油、收银等
医院	患者	主治医生、护士长、检测设备	诊断、住院等
银行	储户	自动存取款机、大堂经理	开户、存款、取款等
长途汽车站	旅客	售票处、候车室	售票、等候、上车等
国际国内机场	货机、客机	跑道、登机口、停机坪	降落、起飞等
超市	消费者	促销员、清洁工、收银台	导购、收银等

2. 排队系统的元素与特征

综上所述,排队系统主要包括七种元素:一是顾客;二是到达规则;三是服务台;四是排队规则;五是排队队列;六是服务规则;七是服务时间。这些元素的定义与特征具体表现在以下几个方面。

(1) 顾客。狭义的顾客是指商家服务的个体或群体,如在超市购买商品的消费者、去加油站加油的私家车车主。广义的顾客是指系统中准备接受服务的对象,如生产车间里等待加工的零件、仓库中等待装运的产成品等。

(2) 到达规则。到达规则是指顾客到达系统所呈现的变化规律。例如,产品按照正态分布、客户要求或者随机等方式进入仓库保存。根据不同的服务对象,以及系统的不同功能,顾客的到达规则主要包括以下几个方面:

① 顾客到达系统的方式可以是单独进入,也可以是批量进入。例如,个体步入超市或者群体涌入超市等。

② 顾客到达系统的数量可以是无穷多个,也可以是有限个。例如,仿真模拟人群在地铁活动等。

③ 顾客到达系统的彼此关系可以是相互独立的,也可以是相互关联的。相互独立是指前面到达系统的顾客对后面到达系统的顾客不会产生任何影响。相互关联是指前面到达系统的顾客对后面到达系统的顾客将会产生影响。例如,人们去医院看病、车主去加油站给汽车加油等。

④ 顾客到达系统的间隔时间可以是随机的,也可以是确定的。例如,非机动车到达某个交通路口、高铁到达车站站台等。

⑤ 顾客到达系统的过程可以是稳定的,也可以是不稳定的。稳定是指到达系统的间隔分布及其相关参数与时间没有关系;不稳定是指到达系统的间隔分布及其相关参数与时间存在一定的联系。例如,飞机航班抵达机场、生产车间对新产品进行试生产等。

(3) 服务台。服务台是指为顾客提供相应服务的平台。例如,对毛坯零件进行加工的数控机床、为消费者提供咨询的超市服务台等。

(4) 排队规则。排队规则是指顾客在等待服务的过程中进行排队的顺序。它是系统如何选择顾客并开展服务的主要依据。如果顾客到达系统之后,服务台均处于忙碌状态,那么顾客将面临两种选择。一是选择离开。如果顾客选择离开系统,那么意味着系统将会失去更多顾客。因此,企业需要提高服务质量,以吸引更多的顾客留在系统中。二是选择等待。如果顾客选择在系统中等待,那么意味着系统将有机会满足更多顾客的需求。因此,企业需要提高生产效率,以便更好地服务于顾客。顾客选择等待之后,将进入排队队列。此时,企业按照怎样的排队规则服务于顾客呢?通常情况下,包括以下几种类型。一是先到先服务。先到先服务是指按照顾客到达系统由前往后的顺序依次开展服务。它也称为先进先出,该规则是最常见的排队规则。例如,去银行办理金融服务,需要到服务台拿取号码,柜台根据号码先后顺序依次叫号并提供服务。二是后到先服务。后到先服务是指按照顾客到达系统由后往前的顺序依次开展服务。它也称为后进先出,该规则也是比较普遍运用的排队规则。例如,数控机床对一批毛坯零件进行生产加工,毛坯零件被放在托盘上面,一般是对最上层的毛坯零件先加工。三是优先服务。优先服务是指将顾客分成不同类型,并按照优先类型对顾客开展服务。该规则会运用在一些特殊场景中。例如,对于客户迫切需求或者政府救灾需求的特殊订单,生产企业需要对其优先安排组织生产。四是随机服务。随机服务是指不管顾客到达系统的先后顺序,只是从排队队列中随机选择顾客并为其提供服务。该规则在某些领域得到广泛应用。例如,在生产车间里,质量管理人员对几批产成品随机抽样进行质量检验。五是混合服务。混合服务是指将先到先服务、后到先服务、优先服务、随机服务等服务中的两个或两个以上服务进行组合,并对顾客开展服务。由于顾客需求的多样化以及系统的复杂性,为了更加灵活地给顾客提供服务,该规则得到很多企业的青睐。例如,在生产车间里,数控机床对毛坯零件的加工,工作人员根据不同的情况,既可以运用后到先服务,也可以运用优先服务。

很明显,不同的排队规则不仅会对系统的工作效率产生影响,而且会对顾客的满意程度产生影响,进而影响系统的整体功效。所以,企业应当根据顾客的需求和自身的特点科学高效地设定排队规则。

(5)排队队列。排队队列是指按照某些特定规则进行排队的顾客群体。顾客进入系统后的排队队列可以分为两种情况。一是具体队列。例如,生产车间的待加工区域、高铁车站的候车室等。二是抽象队列。例如,计算机模型仿真的加工零部件等。

根据排队队列的容量也可以分为两种情况。一是有限容量。由于客观条件的限制,多数情况下,需要设置排队队列的容量为有限个,超出队列容量的顾客作为系统的损失。二是无限容量。在模型仿真系统中,为了能够更好地观察系统的变化趋势,有时设置排队队列的容量为无限个。

根据排队队列的数量也可以分为两种情况。一是单列队列。即顾客按照一支队列进行排列。例如,为了保障游客安全,很多旅游景点只设置一条进入景区的入口队列。二是多列队列。即顾客按照多支队列进行排列。例如,去火车站购票,通常有多个窗口为顾客提供售票服务。

根据排队队列的转移也可以分为两种情况。一是允许转移队列。有些情况下,为了提高排队的效率,允许排列队列中的顾客互相转移。例如,去旅游景点处买门票,通常可以在不同窗口选择购票。二是不可转移队列。有些情况下,为了保障排队的次序,不允许排列队列中的顾客互相转移。例如,去火车站购票,军人等优先购票窗口通常不接待普通乘客。

另外,根据服务台的数量可以分为两种情况。一是单个服务台。例如,在生产车间,只有唯一一台大型进口数控机床对零件进行精密加工。二是多个服务台。例如,去银行办理贷款业务,多个窗口可以提供服务。若存在多个服务台,则这些服务台可以按照串行、并行和混合的方式进行排列。

按照排队队列的数量、服务台的数量和排列方式,可以对其进行各种组合,得到不同类型的排队系统结构,如图 5-21 所示。

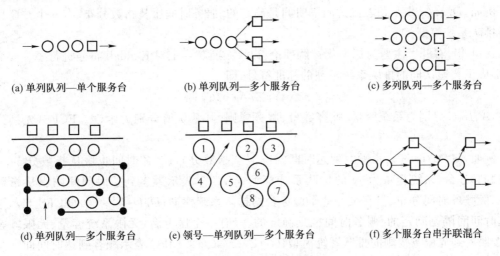

图 5-21　不同类型的排队系统结构

(6) 服务规则。服务规则是指服务台为顾客提供相应服务的规则。例如,按照服务时间的多少依次对顾客开展服务等。另外,每次服务的顾客数量可以是一批,也可以是一个。例如,在生产车间,用托盘对一批毛坯零件进行搬运,而数控机床每次只对一个毛坯零件进行加工。

(7) 服务时间。服务时间是指系统根据需要为顾客提供服务所占用的时间。服务时间可以分为两种类型。一是确定服务时间。例如,在智能化汽车流水生产线上,同一个工位的机器人对同一款汽车的组装时间是确定的。二是随机服务时间。例如,在大型客机组装生产线上,由于电线、传感器、螺钉等零部件的数量庞大,布局复杂,即使是同一型号的客机,通过人工方式对其进行组装所需的时间也会有较大不同。在实际生产系统中,很多环节的服务时间均表现出随机特性,因此,需要通过收集数据,运用统计学的方法确定其分布类型和相关参数指标。

5.7.2　排队系统模型的分类符号

20 世纪 50 年代,D. G. Kendall 运用嵌入马尔可夫链方法对排队理论开展了系统研究,促进了排队理论的深入发展。他首先对排队系统提出了一种分类方法,即按照排队系统中三个最主要的特征进行分类:一是顾客到达间隔时间的分布;二是服务时间的分布;三是服务台的数量。

排队系统可以按照这三个最主要的特征进行分类,并通过相应的符号进行表达,这些符号也称为 Kendall 符号。可以通过以下符号表示排队系统。即

$$X/Y/Z$$

其中,X、Y、Z 分别为顾客到达间隔时间的分布、服务时间的分布、服务台的数量。

在对顾客到达间隔时间的分布 X 和服务时间的分布 Y 进行描述时,下列符号分别代表不同的分布类型:

(1) D 代表确定时间型;

(2) M 代表指数分布;

(3) E_k 代表 k 阶埃尔朗分布;

(4) GI 代表一般相互独立的时间间隔分布;

(5) G 代表一般服务时间分布。

例如,$D/M/n$ 表示顾客到达间隔时间是确定的、服务时间服从指数分布、有 n 个并联服务台的排队系统模型。

1971 年,召开了主题为标准化排队理论符号的会议,会上对 Kendall 符号进行了补充和拓展,形成了普遍认同的排队系统模型的标准符号,即

$$X/Y/Z/A/B/C$$

其中,A、B、C 分别为系统容量、顾客数量、服务规则,其默认值分别为 ∞、∞、FCFS(先到先服务)。

例如,$M/M/6/N$ 表示顾客到达时间间隔服从指数分布、服务时间也服从指数分布、有 6 个并联服务台、系统容量为 N 的排队系统模型;$M/G/1$ 表示顾客到达时间间隔服从指数分布、一般服务时间分布、仅有唯一一个服务台的排队系统模型;$D/D/1/\infty/\infty/FCFS$ 表示顾客到达时间间隔是确定的、服务时间也是确定的、只有一个服务台、无限系统容量、无限顾客数量、按照先到先服务规则的排队系统模型;$GI/E_3/2/30/12/LIFO$ 表示顾客到达时间间隔是相互独立的、服务时间服从三阶埃尔朗分布、有 2 个并联服务台、系统容量是 30、顾客数量是 12、按照后到先服务规则的排队系统模型。通常情况下,可以将排队系统模型作如下规定:若在 Kendall 符号中没有出现 A、B、C,则 Kendall 符号是指 $X/Y/Z/\infty/\infty/FCFS$,也就是说,若存在一个排队系统模型 $D/M/3/\infty/\infty/FCFS$,则该模型也可以用 $D/M/3$ 表示。

5.7.3 排队系统模型的性能指标

通过对排队系统模型的研究,可以实现以下主要目标:一是了解系统的服务水平;二是掌握系统的工作效率;三是获得系统的最佳参数;四是评估系统的整体结构;五是提出系统的改善建议。

为了能够更好地实现上述目标,需要掌握排队系统模型的以下性能指标。

(1) 增值时间

增值时间是指能够为顾客带来价值的服务所需要的时间。基于顾客的视角,能够给自身带来价值才有可能为服务支出费用。基于服务的视角,只有为顾客创造价值,其提供的服务才是有效的。例如,对毛坯零件进行加工,使其尺寸发生改变;对产成品进行包装,使其具备运输条件。需要指出的是,一般情况下,原料的库存时间、零件加工的安装时间、生产线上的等待时间、产品的检测时间等都不是增值时间,这些时间没有使得服务对象的状态发生变化,也没有为顾客创造价值。

(2) 平均等待时间

平均等待时间是指顾客在排队等待过程中所需时间的统计均值。对于顾客来说,平均等待时间是不会带来价值的。所以,顾客希望平均等待时间应当尽可能短。如果顾客等待时间较长,这表明服务能力存在短板,顾客的满意度呈现下降,可能导致顾客的离开。

所以,平均等待时间是检验服务能力的重要指标。需要通过管理创新和技术进步等途径,大幅度降低顾客平均等待时间。另外,如果企业通过增加资源数量来减少平均等待时间,例如,为了减少待加工零件的等待时间,企业增加机床设备的数量。这尽管可以减少待加工零件的排队时间,但也增加了企业的额外成本。因此,减少平均等待时间需要从整个系统的综合效益中进行分析和决策。

(3) 平均流动时间

平均流动时间是指顾客停留在系统中所需时间的统计均值。在生产系统中,平均流动时间有时也称为提前期、生产节拍等。平均流动时间主要包括平均等待时间和平均服务时间,其表达式为

$$平均流动时间 = 平均等待时间 + 平均服务时间$$

为了能够提高生产效率,生产企业总是希望减少平均流动时间,可以采取的措施主要包括:减少待加工零件的等待时间、安装时间、搬运时间、加工时间和检查时间。据不完全统计,在生产系统中,零部件的非增值时间高达95%,如储存、等候、搬运等,而零件的增值时间仅占5%,如切削、喷漆、组装等。所以,作为企业决策者,应当从优化的角度不断创新管理模式,尽可能地减少整个生产环节的非增值时间。同样地,如果在系统中通过增加资源数量的方式,例如,购买更多的机器设备、工夹具,招聘更多的操作人员等,也可能缩短平均流动时间。但是,系统的投入成本也将大幅增加,决策者需要对整个系统进行综合评估和判断。

(4) 服务台利用率

服务台利用率是指服务台为顾客提供的有效服务时间与可服务时间之间的比值。它是评估服务台的数量和布局是否规范的主要参数,也是评估系统整体效率是否科学的主要指标。低服务台利用率可能说明处于闲置状态的服务台数量占服务台总数的比例比较大。而高服务台利用率可能说明服务台的总数较少,或者没有达到最佳的资源配置状态。

服务台没有被利用的原因主要包括:服务台空闲和服务台故障等。深入研究可知,低服务台利用率的原因主要包括:服务台的数量太多、服务台的服务能力不协调、顾客的数量不足、顾客到达的间隔时间较长等。

提高服务台利用率的措施主要包括:压缩服务台的数量和提高服务台的使用频率等。但是,针对服务需求变化较大的系统而言,提高服务台利用率显得格外困难。在生产系统中,企业的生产订单、加工零件的数量、加工的时间等变化较大,通常情况下,生产车间的设备利用率较低。

值得说明的是,如果企业通过提升非瓶颈资源的利用率和数量等方式来提高系统产量,那么反而会导致在制品数量和库存成本的增加,使得系统的整体效率出现下降趋势。

(5) 平均队列长度

平均队列长度是指排队等待服务和正在被服务的顾客的统计均值。平均队列长度可以由顾客总数与服务台总数的比值得到,其表达式为

$$平均队列长度 = 顾客总数 / 服务台总数$$
$$= (排队等待服务的顾客数量 + 正在被服务的顾客数量) / 服务台总数$$

很明显,如果平均队列长度缩短,那么顾客等待服务的时间也将缩短。通常情况下,生产系统的在制品数量是指正在加工、没有完成的产品数量。例如,在数控机床上等待加工以及正在加工的零部件等。

对排队系统模型进行优化设计过程中,应当思考如何减少平均队列长度的问题。对于生产系统而言,尽可能将平均队列长度维持在一个合理的范围内。与此同时,生产规模、反馈时间、产品质量等同样也是需要考虑的指标。生产企业可以运用多种管理优化措施来控制平均队列长度。例如,调整各个环节的产能与节拍、适时加大员工培训力度、优化加工工艺路线等。尽可能减少车间在制品的存量,压缩产品的生产周期,提高企业工作效率。

20世纪60年代,为了迎合日益增长的小批量、多元化与个性化的市场需求,日本丰田公

司提出了准时制生产(Just In Time,JIT)。它也称为零库存生产。JIT 的核心理念是：以零库存为目标，按照市场所需，在恰当的时间生产相应的产品，降低人力、物力和财力的浪费，及时应对市场变化，提升企业核心竞争力。具体而言，JIT 的理论基础就是均衡生产，通过对零部件在各个单元、各道工序、各条装配线和各家工厂之间的宏观调控，使其能够在生产系统中均衡流动，各工序的节拍能够保持一致，不断发现和持续改善各种可能的瓶颈问题，实现生产资源的有效配置和管理方案的细化、优化，逐步提升整个生产系统的工作效率。JIT 不仅提升了日本汽车工业的整体实力，而且为世界其他企业树立了管理标杆。

(6) 忙期和闲期

忙期是指服务台为顾客提供连续服务的时间跨度。也就是从顾客到达闲置服务台为起始点，一直到服务台再次成为闲置之间的时间间隔。忙期意味着服务人员需要承担相应的工作量。忙期的时间长短与服务顾客的数量是判断服务模式与服务效率的重要指标。与忙期相对应的是闲期。闲期是指服务台无法为顾客提供连续服务的时间跨度。无论是生产系统还是其他复杂系统，闲期与忙期一般都是相互交替出现，且呈现出一定的变化规律。

(7) 流动率

流动率是指单位时间内服务顾客的数量或者生产产品的数量。例如，在装配车间，每天组装完成多少件成品；在高铁车站，每小时售出多少张车票。流动率也可以称为生产率。为了能够充分改善流动率，可以采取优化管理模式和资源优化配置等措施。与此同时，也可以采取改良瓶颈资源的方式，保障其不出现闲置、拥堵、停机等问题。当然，很多系统的流动率可能存在极限，改善的难度也会越来越大。

排队系统模型存在很多数量指标，这些指标的记号如下所示：

(1) $N(t)$ 代表系统在 t 时刻的顾客数量。

(2) $N_q(t)$ 代表系统在 t 时刻的排队顾客数量。

(3) $T(t)$ 代表在系统中 t 时刻到达系统的顾客停留时间。

(4) $T_q(t)$ 代表在系统中 t 时刻到达系统的顾客等待时间。

如果系统能够达到稳定状态，那么意味着顾客的等待时间和队列的长度等分布均与系统的时刻没有关系，初始状态对系统的影响也将不复存在。所以，对于排队系统模型的研究主要针对系统达到稳定状态时的性质。

假设系统在 t 时刻处于状态 n 的概率为 $p_n(t)$，也就是系统瞬间分布；系统达到稳定时处于状态 n 的概率为 p_n，可以得到：

(1) T 代表系统达到稳定时顾客的停留时间，其平均停留时间为 W。

(2) T_q 代表系统达到稳定时顾客的等待时间，其平均等待时间为 W_q。

(3) N 代表系统达到稳定时的队列长度，其平均队列长度为 L_s。

(4) N_q 代表系统达到稳定时等待服务的队列长度，其平均排队长度为 L_q。

(5) λ_n 代表系统达到稳定状态 n 时的平均到达率，也就是单位时间到达系统的顾客平均数量。

(6) μ_n 代表系统达到稳定状态 n 时的平均服务率，也就是单位时间能够服务的顾客平均数量。

(7) B 代表忙期，$\overline{B}$ 代表平均忙期。

(8) I 代表闲期，$\overline{I}$ 代表平均闲期。

若系统达到稳定状态 n 时的平均到达率 λ_n 是常数，则可以记为 λ，且顾客到达系统的平均

间隔时间为 $1/\lambda$;若每个服务台的平均服务率是常数,则可以记为 μ,且每个服务台的平均服务时间为 $1/\mu$;若并行服务台的数量为 s,且 $n \geqslant s$,则有 $\mu_n = s\mu$;容易得到系统服务强度为 $\rho = \lambda/s\mu$。

5.7.4 顾客到达时间间隔和服务时间分布

1. 排队系统中的时间分布概述

排队系统模型的关键是寻找各个性能指标的概率特征,并对排队系统进行统计分析和整体优化。具体的研究步骤主要包括:

(1)构建基本模型。根据实际情况构建排队系统模型,检测顾客到达系统的间隔时间是否独立,确定服务台的服务时间分布和参数,判断系统能否实现稳定状态等。

(2)掌握基本特征。在稳定或者瞬间状态下,分析系统各个指标的分布类型和参数,掌握整个系统在运行过程中的基本特征。

(3)优化系统运行。优化系统运行是指通过系统结构设计和参数调整促使系统的运行状态是最优的。例如,最大化服务效率、最小化运行费用等。

排队系统模型的理论分布主要包括:均匀分布、正态分布、指数分布、埃尔朗分布和确定性分布等。排队系统模型的关键数据主要包括:顾客到达系统的间隔时间分布和服务台的服务时间分布等。

2. 生灭过程

在排队系统模型中,若 $N(t)$ 代表系统在 t 时刻的顾客数量,将顾客到达代表"生",将顾客离开代表"灭",则生灭过程是指在排队系统中形成的某个特殊随机过程,即 $\{N(t), t \geqslant 0\}$。

定义 5-5 令某个随机过程为 $\{N(t), t \geqslant 0\}$,且 $N(t) = n$,如果 $N(t)$ 满足以下条件:

(1) 从 t 时刻开始,到下一位顾客到达系统之间的时间服从指数分布,参数为 $\lambda_n, n = 1, 2, \cdots$。

(2) 从 t 时刻开始,到下一位顾客离开系统之间的时间服从指数分布,参数为 $\mu_n, n = 1, 2, \cdots$。

(3) 在同一个时刻,顾客到达系统或者离开系统的数量只可能是一位。

则将 $\{N(t), t \geqslant 0\}$ 称为"生灭过程"。

通常情况下,$N(t)$ 的分布 $p_n(t) = P\{N(t) = n\}, n = 1, 2, \cdots$ 是很难得到的,这要求系统可以实现稳定状态。若某个系统在运行一段时间后,达到了稳定状态,此时,任何一个状态 n 下,在单位时间内,进入此状态的平均次数应当等于离开此状态的平均次数。也就是说系统在稳定状态下存在"流入 = 流出"的关系。该状态分布记为 $p_n, n = 1, 2, \cdots$。

按照"流入 = 流出"的关系,可得任何一个状态下的方程为

$$
\begin{aligned}
&0: \mu_1 p_1 = \lambda_0 p_0 \\
&1: \lambda_0 p_0 + \mu_2 p_2 = (\lambda_1 + \mu_1) p_1 \\
&2: \lambda_1 p_1 + \mu_3 p_3 = (\lambda_2 + \mu_2) p_2 \\
&\quad \vdots \\
&n-1: \lambda_{n-2} p_{n-2} + \mu_n p_n = (\lambda_{n-1} + \mu_{n-1}) p_{n-1} \\
&n: \lambda_{n-1} p_{n-1} + \mu_{n+1} p_{n+1} = (\lambda_n + \mu_n) p_n
\end{aligned}
\tag{5-13}
$$

对上述方程组进行求解,可以得到

$$0: p_1 = \frac{\lambda_0}{\mu_1} p_0$$

$$1: p_2 = \frac{\lambda_1 \lambda_0}{\mu_2 \mu_1} p_0$$

$$2: p_3 = \frac{\lambda_2 \lambda_1 \lambda_0}{\mu_3 \mu_2 \mu_1} p_0 \qquad (5\text{-}14)$$

$$\vdots$$

$$n-1: p_n = \frac{\lambda_{n-1} \lambda_{n-2} \cdots \lambda_0}{\mu_n \mu_{n-1} \cdots \mu_1} p_0$$

$$n: p_{n+1} = \frac{\lambda_n \lambda_{n-1} \cdots \lambda_0}{\mu_{n+1} \mu_n \cdots \mu_1} p_0$$

令

$$C_n = \frac{\lambda_{n-1} \lambda_{n-2} \cdots \lambda_0}{\mu_n \mu_{n-1} \cdots \mu_1}, \quad n=1,2,\cdots \qquad (5\text{-}15)$$

可以得到系统达到稳定状态下的状态分布为

$$p_n = C_n p_0, \quad n=1,2,\cdots \qquad (5\text{-}16)$$

根据概率的基本特征可得

$$\sum_{n=0}^{\infty} p_n = 1 \qquad (5\text{-}17)$$

也就是

$$\left(1 + \sum_{n=1}^{\infty} C_n\right) p_0 = 1 \qquad (5\text{-}18)$$

最后可得

$$p_0 = \frac{1}{\left(1 + \sum_{n=1}^{\infty} C_n\right)} \qquad (5\text{-}19)$$

3. 泊松过程

在排队系统模型中，泊松过程是描述顾客到达规律的一个重要随机过程，它与泊松分布以及指数分布的关系非常紧密。

定义 5-6 令 $[0,t]$ 时间范围内到达系统的顾客数量为 $N(t)$，若满足以下条件：

(1) 顾客在任意两个不相交区间内独立到达系统，即独立性。

(2) 多于一位顾客在 $[t, t+\Delta t]$ 区间内到达系统的概率为 $o(\Delta t)$，即普通性。

(3) 有一位顾客在 $[t, t+\Delta t]$ 区间内到达系统的概率为 $\lambda t + o(\Delta t)$，即平稳性。

则将 $\{N(t), t \geq 0\}$ 称为泊松过程。

下面对泊松分布与泊松过程之间的逻辑关系进行描述。

定理 5-1 令在 $[0,t]$ 时间范围到达系统的顾客数量为 $N(t)$，则 $\{N(t), t \geq 0\}$ 是泊松过程的充分必要条件为

$$P\{N(t)=n\} = \frac{(\lambda t)^n}{n!} e^{-\lambda t}, \quad n=1,2,\cdots \qquad (5\text{-}20)$$

这表明，若顾客到达系统的过程是泊松过程，则到达顾客数量的分布就是泊松分布。在很多系统中，比较容易获得的数据包括：顾客的到达时刻、顾客先后到达的间隔时间等。

定理 5-2 令在 $[0,t]$ 时间范围到达系统的顾客数量为 $N(t)$，则 $\{N(t), t \geq 0\}$ 为参数是 λ

泊松过程的充分必要条件为顾客到达系统的间隔时间服从独立的参数是 λ 的指数分布。

这表明,若顾客到达系统的间隔时间服从独立的参数是 λ 的指数分布,则其等价于到达过程为参数是 λ 的泊松过程。

4. 先验数据得到时间分布

现实生活中的排队系统往往受到各种复杂因素的影响,顾客到达系统的时间分布与服务台的服务时间分布可能无法具体描述。所以,人们可以从先验数据中提取相应的统计数据,并进行统计分析推测相应的概率分布及相关参数。具体而言,可以通过以下几种方法将数据导入模型之中。

(1)直接观察数据方法。该方法是通过观察到的数据对模型进行直接驱动。其优点是:使用简单方便。其缺点是:若样本数量较少,数据的置信度存在较大疑问。由于该方法仅体现了系统的过去状态,因此,通常情况下,运用该方法只是对系统模型和逻辑关系的正确与否进行验证。

(2)经验分布函数方法。该方法是以样本数据作为主要依据来确定经验分布函数。也就是将观察到的样本数据点初步判定分布函数的基本特征。其缺点是:若样本数据太少,可能出现比较大的误差。

(3)拟合理论分布方法。该方法是基于统计学的主要方法对观察的数据进行理论分布的拟合,从而生成特定分布的平滑的随机数。该方法需要确定理论分布的模型及其参数,并检验其是否有效。

通常情况下,首先,依据观察数据判断经验分布;其次,需要对理论分布进行确定;然后,对相关参数进行估计;最后,通过拟合检验判断模型是否正确。显然,不正确的模型将产生错误的结论,进而出现决策失误。因此,如何尽可能地构建一个与实际系统完全一致的模型是决策者必须解决的首要问题。

【例 5-8】 某设备零件批发市场,它的营业时间是 8:00—20:00,共有 75 家商铺,通过观察收集客户到达批发市场以及采购的相关数据,可得客户到达批发市场的间隔时间分布,如表 5-3 所示。

表 5-3 客户到达批发市场的间隔时间数据

时间范围	间隔时间/分钟
8:00—10:00	6
10:00—12:00	4.3
12:00—14:00	3.4
14:00—16:00	4.2
16:00—18:00	4.0
18:00—20:00	3.6

表 5-3 的"间隔时间/分钟"数值含义是其指数分布的均值。与此同时,统计表明:客户在批发市场采购零件的时间服从正态分布,其均值是 30 分钟、标准差是 5 分钟;商铺的服务时间服从均匀分布,其均值是 5~10 分钟。另外,客户成组到达批发市场的概率分别为:$P(x=1)=0.35$,$P(x=2)=0.3$,$P(x=3)=0.2$,$P(x=4)=0.1$,$P(x=5)=0.05$。其中,$P(x=5)=0.05$ 代表每一次到达批发市场的客户人数为 5 人的概率是 5%。

【例 5-9】 某社区准备建设老年人活动中心,为了更好地服务社区的老年人,需要对老年人活动中心的布局和规模进行评估。老年人活动中心的主要功能包括：打牌、下棋、看书和聊天。鉴于老年人和活动中心各自的特征，假设老年人到达活动中心、活动中心的服务时间分别服从指数分布和均匀分布。对该社区的老年人进行调查，调查人数为 300 人，通过数据分析可以得到：

(1) 老年人每个星期前往活动中心的平均次数是 4.6 次。

(2) 老年人打牌、下棋、看书和聊天的人群占活动中心老年人总数的百分比 P 分别是：41%、36%、7%和 16%。

(3) 老年人打牌、下棋、看书和聊天的平均时间分别是：3.5 小时、2.95 小时、1.05 小时和 2.25 小时。

(4) 社区老年人共有 850 人，其中，男性 415 人，女性 435 人。所以，每天到活动中心的老年人平均人数 $N=(850\times4.6)/7=559$ 人，其中，打牌、下棋、看书和聊天的老年人分别是 229 人、201 人、39 人和 90 人。

(5) 活动中心的服务时间是 8:00—18:00，总计 $T=600$ 分钟(10 个小时)。所以，老年人到达活动中心各个功能区的间隔时间 t 为

$$t = \frac{T(600 \text{ 分钟})}{N(559 \text{ 人}) \times P} \tag{5-21}$$

据此可以计算得到老年人到达打牌、下棋、看书和聊天功能区的间隔时间分别是：2.62 分钟、2.99 分钟、15.38 分钟和 6.67 分钟。这些数据为活动中心的规划建设提供了重要参考。

5.8 智能体模型

5.8.1 智能体模型的基本概念

智能体(Agent)是指具有智慧功能的可自主活动的硬件实体或软件实体。它也被称为代理或代理者。智能体作为人工智能领域的主要概念被广泛应用于多种类型的系统中，如生产系统、电子商务系统等。智能体在不同的领域具有不同的含义，如互联网上具备搜索功能的软件工具、自动化生产线中用于精准定位的操作系统等。

智能体模型是指将生产、经济和社会等系统视为由相互配合、共同协调的智能体构建的适应性系统，基于智能体的基本原理将系统建模逐步细分为行为智能体的建模，据此建立得到的计算机应用模型。

智能体是由美国麻省理工学院的 Minsky 教授提出，他将社会及行为理念融入计算机系统中。在传统的计算机系统中，其构造往往是封闭的，但社会是开放包容的，无法实现完全意义上的一致性要求，如果社会中的部分个体发生矛盾，那么就需要以协商的方式获得可以接受的方案。Minsky 教授将这些部分个体称为智能体，而这些智能体的有机组合就是计算社会——多智能体系统。

关于智能体的定义，很多学者基于不同视角提出了自己的观点，具体而言，有以下几种定义：

(1) 国际组织 FIPA(Foundation for Intelligent Physical Agent)指出："智能体是指能够获得环境中发生事件的相关数据，且通过采取行动从而改变环境的实体。"该组织认为智能体是一种能够适应环境的软件或者硬件。

(2) 学者 Wooldridge 等认为可以通过强和弱两种方式对智能体定义。弱智能体是指具备基本特征的智能体,如社会性、自主性和能动性等;强智能体是指不仅具备基本特征,而且具备其他高级特征的智能体,如通信能力、移动性和理性等。

(3) 学者 Macs 提出"自主智能体是指存在一些计算系统,它们能够自我感应复杂动态环境下的信息,可以自主采取相应行动以便完成预先设置的目标"。

(4) 美国斯坦福大学 Hayes-Roth 教授认为"智能体具备感知环境的条件、执行影响环境的行为、解释信息、解答问题、形成推理和展开行动等功能"。

(5) 学者 Graesser 与 Franklin 指出"智能体是指其作为环境系统的一个组成部分,能够感知环境变化和展开相应行动,通过建立活动规划应付未来环境可能发生的改变"。

通常情况下,智能体具备如下主要特性:

(1) 反应性。反应性是指对于外部环境的变化能够适当做出反应。

(2) 主动性。主动性是指对于外部环境的变化能够主动展开行动。

(3) 进化性。进化性是指为了适应外部环境的变化,持续不断地学习知识、吸取经验和修正行动。

(4) 社会性。社会性是指通过与其他智能体开展合作实现相互交流,以解决遇到的各类问题,并满足各自的需求。

(5) 自治性。自治性是指具备自我调节与管理的能力,能够根据外部环境的变化自动调整自己的行为与状态,而不会被动接受外部环境的改变。

5.8.2 多智能体模型的主要优势

21 世纪初,多智能体模型是人工智能的前沿学科,也是分布式人工智能的一个重要分支。该模型的研究目的是:解决那些依靠单个智能体无法完成的复杂问题。

研究多智能体模型需要知道智能体的相关知识、基本技能、主要目标、行动规划以及如何协调智能体的行为等。研究人员的重点研究方向是:强调智能体之间的通信功能,发挥群体合作优势,在设计、集成多个智能体相互协作等领域争取更大突破。

众所周知,人类智能离不开社会性智能,人类很多活动都与社会群体有着密切联系。面对在社会、经济、生产等复杂系统遇到的各类问题,往往需要不同专业背景的人共同协调解决。例如,关于生产系统智能体的研究,人的对应物(单个智能体)是研究的核心对象,生产系统的对应物(多智能体模型)也是研究的重点对象,通过对整个生产系统不同智能体的行为模式、结构体系和通信方式开展研究,寻求生产系统整体优化的可行解。

多智能体模型在描述具体系统的过程中,主要通过各个智能体之间的通信、协调、合作、调度和控制来阐述整个系统的结构布局、主要功能和运行行为等特性。

多智能体模型具备很多优良特征,如分布性、自主性和协调性;同时,也具备较强的综合能力,如学习能力、组织能力和推理能力。运用多智能体模型可以有效解决复杂系统中出现的各类问题,具有非常好的可靠性、鲁棒性和高效性。

多智能体模型是在单个智能体应用研究基础上的一个新的突破,各个研究领域的专家和学者对其开展了深入研究,取得了不少研究成果,体现了该模型的应用价值。具体而言,多智能体模型的主要优势表现在以下几个方面:

(1) "1+1＞2"的效用。在多智能体模型中,每一个智能体均在一定程度上表现出独立性,能够自主地推理和采取相应的策略,以便解决设置的子问题,各个智能体的共同作用对系统产生综合影响。

（2）模块化设计。多智能体模型支持分布式应用，具有天然的模块化特征，这有利于扩展模型，克服构建复杂系统模型带来的实际困难，从而提高了设计效率，降低了系统总成本。

（3）面向对象的方法。在构建多智能体模型的过程中，运用面向对象的方法构建多元化和多层次的智能体，从而简化了系统结构，降低了问题求解的难度。

（4）协调与集成的统一。多智能体模型不仅是一个协调模型，而且也是一个集成模型。各个智能体彼此相互协调，运用信息集成技术将所有子系统集成在一起，从而有效应对各种可能的复杂问题。

（5）并行求解问题。在多智能体模型中，各个智能体之间彼此相互通信，通过并行求解的方式，解决各种可能出现的问题，从而提升问题求解的能力。

（6）多个专家系统。传统人工智能通常只有一个专家系统，而多智能体模型突破了此限制，充分发挥不同领域专家的专业优势，通过协作方式解决一个专家系统无法解决的问题，从而提升解决问题的效果。

（7）异质性与异步性。多智能体模型可以是不同的组织运用不同的设计方案和语言开发而成。与此同时，各个智能体都是自治的，存在自己的进程，并按照一定的运行方式异步处理。所以模型具有异质性与异步性。【课堂互动：举例说明多智能体模型的主要优势是什么。】

5.8.3 多智能体建模的分析设计

对于类似生产系统的复杂系统开展的研究是一个整体研究，需要考虑各种因素和子系统的逻辑关系和发展趋势。通常情况下，将系统拆分为各个子系统进行分析，然后将这些子系统整合成统一的理论，这种做法的效果并不理想，这是由于各个子系统的分析汇总无法真正有效地对复杂系统的整体进行评价。也就是说复杂系统并不能简单地看成是各个子系统的简单叠加。

多智能体建模为相关复杂系统的研究提供了重要工具，下面通过一个具体的案例说明多智能体建模的分析设计。

假设存在一个由供应商、生产企业和顾客组成的复杂系统。从多主体行为和外部市场的分析设计对该复杂系统进行研究。

1. 多主体行为的分析设计

供应商和生产企业的行为存在多个目标，如使企业利润最大化，满足政府税收、环保等要求，承受同行竞争压力，承担社会责任和义务等。

多主体可以分成三种类型。一是供应商 Agent。供应商的主要行为是为生产企业提供所需的原料，在此过程中，供应商需要支出相应的固定成本和变动成本，如设备采购成本、环境保护成本、技术改造成本等；同时，供应商根据实际运营情况和行业竞争情况制定定价策略，受到成本的约束，如果供应商的资产是负值，那么供应商将面临倒闭风险。二是生产企业 Agent。生产企业的主要行为是从供应商处采购原料，通过一定的生产过程，将原料转化为产品，并将产品短时间库存之后销售给顾客。生产企业的行为与供应商的行为比较相似。生产企业需要从众多的供应商中寻找满意的供应商，并向其购买原料。然后制订计划组织生产。在此过程中，生产企业也需要支出相应的固定成本和变动成本，如支付员工工资、零件加工成本、库存成本等；同时，生产企业根据市场需求变化情况和行业竞争情况制订定价策略，受到成本的约束，如果生产企业的资产是负值，那么生产企业也将面临倒闭风险。三是顾客 Agent。顾客的主要行为是寻求性价比最好的产品，向生产企业支付费用，完成交易活动。当企业的外部环境发生改变，相应的成本也将产生变动。与此同时，复杂系统中企业之间的相互影响也将更加深刻，企业的经营范围也可能有所调整。

综上所述，该复杂系统的多智能体模型涉及的相关变量如表 5-4 所示。

表 5-4　多智能体模型的相关变量

序　号	相关变量	变量的含义
1	Fixed Cost	固定成本
2	Variable Cost	变动成本
3	Material Price	原料价格
4	Product Price	产品价格
5	Product Inventory	产品库存
6	Business Scope	经营范围
7	Enterprise Assets	企业资产
8	Number of Enterprises	企业数量

2. 外部市场的分析设计

复杂系统的构建是一个逐步完善的过程，为了能够更好地模拟其动态变化过程，需要对企业在不同发展阶段的外部市场和相关行为深入阐述，根据企业发展的客观实际，可以分成三个阶段：

（1）自由发展阶段。处于该阶段的企业受到环境影响的程度不是很大。当地政府以发展 GDP 为主要目标，对环境保护和资源利用率的重视程度不够，企业重点关注自身的赢利情况，企业之间主要通过原料、半制品和成品进行交易，形成初级的供应链运营模式，满足上下游企业的供需平衡。

（2）环境受限阶段。处于该阶段的企业受到环境影响的程度非常大。随着当地经济的快速发展，企业的规模也不断增大，此时，企业生产导致的水污染、空气污染、噪音污染和资源过度开采等问题引发社会的高度关注。传统的粗放型发展方式必须向良性的可持续发展方式转变。政府通过加强立法对企业的生产经营进行相应约束，并制定奖惩措施。企业需要加大人力、物力和财力的投入，减少对环境的污染，提高资源使用效率。这必将给企业的经营带来不少约束。

（3）复杂系统阶段。处于该阶段的企业彼此之间已经形成命运共同体。随着科学技术的迅猛发展，企业开始向集群的方向发展，逐渐构成了一个复杂系统。互联网技术促使企业之间的信息共享成为现实，各个企业通过相互合作实现资源的互补。例如，设备与仓库的共享，技术专利和销售渠道的获取等。诚信可靠的合作伙伴减少了企业的运营成本，网络资源有利于降低企业面临的风险，促进企业通过不断学习提高管理水平和技术水平。

通过对企业发展的三个阶段分析，了解企业在不同发展阶段的特点，结合多主体行为的分析设计，对多智能体模型的结构布局、参数设置和约束条件等内容进行合理构建。再通过仿真模拟，验证模型是否符合客观事实。在此基础上，对相关参数进行优化设计，从而根据仿真结果对复杂系统提出管理建议。

复习思考题

（1）实体流图法与活动循环图法的共同之处与不同之处体现在哪些方面？

（2）Petri 网模型的优点与缺点是什么？

（3）系统动力学模型的基本原理是什么？其应用步骤包括哪些方面？

（4）库存系统模型的基本概念有哪些内容？

（5）排队系统模型的分类符号包括哪些内容？请举例说明顾客到达间隔时间和服务时间分布。

（6）智能体模型的主要特性体现在哪些方面？

仿真实践篇

第 6 章 生产系统仿真数据分析

通常情况下,所有仿真模型均包含相应的输入数据。通过输入数据和仿真运行可以获得相关的输出数据。那么,采集生产系统仿真输入数据的过程包括哪些具体步骤?如何通过数据分析来判断仿真输入数据的类型和参数?终态仿真的概念是什么?稳态仿真的特点是什么?如何通过分析仿真输出数据得到生产系统的性能测度及其估计?针对上述疑问,本章将对生产系统仿真输入数据采集与分析,以及仿真输出分析等内容进行讨论。

6.1 生产系统仿真输入数据采集与分析

6.1.1 仿真输入数据的采集和预处理

在对生产系统进行建模与仿真的过程中,针对仿真输入数据的采集和预处理是一项非常艰巨的任务。仿真输入数据是否正确决定了仿真模型的输出数据是否有效。若采集的仿真输入数据不够准确,也就无法真实反映生产系统的实际状况,即使模型本身是科学合理的,但如果将该仿真输出数据用于管理者决策,那么可能导致判断失误从而造成不良后果。所以,为了能够获得准确可靠的仿真输出数据,就应当保证输入数据是准确可靠的。因此,在对生产系统仿真之前,必须做到正确采集数据,合理分析数据。

通常情况下,仿真输入数据的来源主要来自以下几个途径:

一是观察数据。即通过工作人员的实际观察得到的原始数据作为仿真输入数据。

二是运行数据。即通过管理人员获得系统的实际运行数据作为仿真输入数据。

三是成果数据。即通过已有研究资料中相关系统的输入数据作为仿真输入数据。

在实际的仿真应用中,采集什么样的数据?通过什么途径获取数据?这些问题与研究目的和研究对象存在紧密联系。

另外,仿真输入数据的采集过程应当按照以下主要步骤进行:

(1) 掌握数据需求。掌握数据需求就应当知道仿真系统的运作流程、基本构造、随机过程、数据类型和数据的可获得性等。这要求相关人员非常熟悉系统的整体状态,通过与相关领域的专家、基层技术人员和管理人员等开展交流讨论,全面掌握数据的所有需求信息。这是系统仿真中非常重要的一步。

(2) 制订采集计划。在掌握数据需求的基础上,依据不同数据的特点,制订相应的数据采集计划。重点强调数据采集的主要目标、备选方案、具体地点、时间要求、相关人员、采集方法、仪器设备和测量工具等内容。

(3) 绘制采集表格。通常情况下,应当按照数据采集计划提前绘制采集表格。在表格中需要详细列举数据采集的主要内容、标注数据采集的注意事项、说明数据采集的检验标准、注明数据采集的记录人和责任人等相关信息。

(4) 确定时间地点。如果没有出现特殊情况,应当提前确定数据采集的时间,它包括开始时间、结束时间和持续时间等。同时,也应当明确数据采集的具体地点。不能在采集地点匆忙做出其他主观判断和决定,避免采集数据出现较大的误差。

(5) 分组采集预案。如果在数据采集过程中,出现人手不够,任务繁重等情况,此时,需要按照预案进行分组采集。对于比较重要的数据,可能需要多批次进行采集。

(6) 整理采集数据。数据采集完毕之后,需要对这些数据进行必要的整理,若记录数据存在模糊、错误、不规范等问题,必须在第一时间进行处理,甚至可能需要重新进行数据采集。最后将整理好的数据及时归档保存。

在对仿真输入数据进行采集之后,接下来,应当对这些采集的数据开展必要的统计分析,并构建输入数据模型,通过该模型可以反映输入数据的随机性特征。这是最终能够获得正确仿真输出数据的前提条件。

对仿真输入数据开展统计分析的基本过程主要包括以下几个方面:
(1) 判别输入数据是否具有独立性特征。
(2) 判断输入数据可能服从什么概率分布。
(3) 对概率分布的相关参数进行估计。
(4) 开展必要的拟合优度检验。

通过上述仿真输入数据的采集和统计分析之后,接下来,需要确定这些数据的拟合分布函数,运用随机数和随机变量生成方法,获得符合仿真要求的随机数据,并开展后续的仿真分析工作。

6.1.2 样本数据的独立性判别

通常情况下,在对仿真输入数据 $X_1, X_2, \cdots, X_n$ 开展统计分析之前,要求这些输入数据独立地来自某个总体分布。所以,需要判断这些输入数据是否具有独立性特征。下面介绍判断样本数据是否独立的两种简单方法:相关图法和散点图法。

1. 相关图法

相关图法的基本原理是:将样本相关系数 $\hat{\rho}_j (j=1,2,\cdots,l)$ 绘制出图形,并通过该图形的形状判断样本数据是否独立。样本相关系数 $\hat{\rho}_j$ 为相关系数 ρ_j 的点估计,若样本数据 $X_1, X_2, \cdots, X_n$ 是独立的,则其相关系数 $\rho_j=0 (j=1,2,\cdots,n-1)$。但是,因为 $\hat{\rho}_j$ 是一个观察值,所以,即便样本数据 $X_1, X_2, \cdots, X_n$ 是独立的,通常情况下其相关系数 $\rho_j \neq 0$。假设存在一个正整数 ε,如果满足条件 $|\hat{\rho}_j| < \varepsilon$,那么样本数据 $X_1, X_2, \cdots, X_n$ 是独立的;反之,如果满足条件 $|\hat{\rho}_j| > \varepsilon$,那么样本数据 $X_1, X_2, \cdots, X_n$ 是不独立的。图 6-1 为样本数据独立的相关图,图 6-2 为样本数据不独立的相关图。

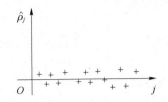
图 6-1 样本数据独立的相关图

图 6-2 样本数据不独立的相关图

2. 散点图法

散点图法的基本原理是：在平面直角坐标系上，将样本数据 $X_1, X_2, \cdots, X_n$ 通过点对 $(X_i, X_{i+1})(i=1,2,\cdots,n-1)$ 的方式绘制出散点图，并通过该散点图的形状判断样本数据是否独立。样本数据的总体分布决定了散点图的基本特征。为了方便描述，假设样本数据 $X_1, X_2, \cdots, X_n$ 均为正数，若点对 $(X_i, X_{i+1})(i=1,2,\cdots,n-1)$ 随机分布在平面直角坐标系的第一象限内，则样本数据 $X_1, X_2, \cdots, X_n$ 是独立的，如图 6-3 所示；若点对 $(X_i, X_{i+1})(i=1,2,\cdots,n-1)$ 分布在斜率为正值的一条直线周围，则样本数据 $X_1, X_2, \cdots, X_n$ 是正相关的，如图 6-4 所示；若点对 $(X_i, X_{i+1})(i=1,2,\cdots,n-1)$ 分布在斜率为负值的一条直线周围，则样本数据 $X_1, X_2, \cdots, X_n$ 是负相关的，如图 6-5 所示。

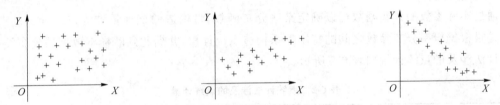

图 6-3 样本数据独立的散点图　　图 6-4 样本数据正相关的散点图　　图 6-5 样本数据负相关的散点图

【例 6-1】 某生产车间对毛坯零件进行加工，采集加工时间数据，获得 80 个样本数据，如表 6-1 所示。

表 6-1 毛坯零件加工时间的 80 个样本数据　　　　　　　（单位：分钟）

0.9	1.2	1.3	0.8	1.5	1.1	1.4	1.6	1.1	0.7
1.5	0.8	0.9	0.8	1.3	1.5	1.3	1.6	1.5	1.3
1.1	1.5	0.7	1.3	0.9	1.6	1.3	1.4	0.9	1.4
1.5	1.6	1.3	1.3	1.5	1.5	0.7	1.5	0.8	1.2
1.0	1.3	1.2	1.5	1.2	1.6	1.4	1.3	0.7	0.9
1.2	1.3	1.1	1.2	1.5	1.2	1.4	1.2	1.3	1.2
1.4	1.0	0.9	1.1	1.6	1.5	1.3	1.6	1.2	1.2
1.3	1.1	1.4	1.4	1.6	1.3	1.2	1.5	1.2	1.1

根据表 6-1 的数据绘制出散点图，如图 6-6 所示。通过初步分析可以判断这些样本数据基本上具备独立性特征。

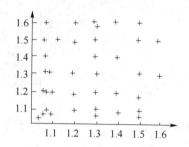

图 6-6　毛坯零件加工时间的样本数据散点图

6.1.3　分布形式假定

假定样本数据满足独立同分布的条件下，为了能够获得样本数据的具体分布情况。需要判断样本数据是否可以拟合得到某个理论分布，通过分析样本数据可以假定某个分布类型。接下来，运用绘图和测试统计量等方式获得最贴近其分布类型的分布族，再通过统计检验方法判断样本数据是否与该分布类型相符。

为了能够拟合最优的理论分布函数，通常采取两种方法：一是点统计法；二是直方图法。

1. 点统计法

通过实际参数的某些函数可以确定某些分布函数，将构造的统计量称为点统计量。点统计法是指根据概率分布参数之间的特定关系构造点统计量，并据此判断样本数据的分布类型。点统计法涉及的点统计量如表 6-2 所示。

表 6-2　点统计法涉及的点统计量

函数名称	点统计量（样本估计量）	含　义
均值 μ	$\overline{X}(n)$	反映数据的平均数值
方差 σ^2	$S^2(n)$	反映数据的变化范围
最小值和最大值	$X_{(1)}, X_{(n)}$	反映数据的分布区域
中位数 $\chi_{0.5}$	数据排序后位于中间的数值	反映数据的集聚中心
方差系数 cv	$\hat{cv} = \sqrt{S^2(n)}/\overline{X}(n)$	反映数据的变化区间

通过对样本数据的点统计量计算，能够帮助判断相对合理的分布函数族，大致估计可能服从的分布类型。例如，指数分布的方差系数 cv=1；对数正态分布的方差系数 cv>0 等。通过方差系数的估计值可以对样本数据的分布类型大致归类。例如，对一组样本数据的点统计量进行计算，得到方差系数估计值 $\hat{cv}$ 接近 1，则可以初步判定其服从指数分布。当然，通过方差系数对样本数据的分布类型进行估计的效果非常有限，但是，点统计法使用简便，通俗易懂，所以，其应用也比较广泛。

2. 直方图法

直方图在识别某个分布类型的基本形状方面效果特别显著。也就是将样本数据 $X_1, X_2, \cdots, X_n$ 绘制出直方图，通过该直方图可以估计总体分布的概率密度函数的大致轮廓。

直方图法的基本原理是：运用概率密度函数具有的一个重要性质来描述分布类型的基本形状。该性质可以表述为：若随机变量 X 存在密度函数 $f(x)$，则 X 在取值区间 $I_i = [b_{i-1}, b_i]$

发生的概率是 $P\{X \in I_i\} = \int_{b_{i-1}}^{b_i} f(x)\mathrm{d}x$。利用样本数据可得概率 $P\{X \in I_i\}$ 的估计值是 $g_i = f_i/n$，其表达式为

$$\int_{b_{i-1}}^{b_i} f(x)\mathrm{d}x = f_i/n, \quad i = 1,2,\cdots,k \tag{6-1}$$

由积分中值定理可知

$$f(x)\Delta b = f_i/n$$

也就是说，对于 $x \in I_i$，可以将 $f_i/(n\Delta b)$ 作为密度函数 $f(x)$ 的估计值。直方图法的基本原理如图 6-7 所示。

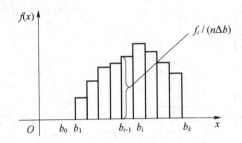

图 6-7 直方图法的基本原理图

直方图法的绘制步骤主要包括以下几个方面：

(1) 令样本数据 $X_1, X_2, \cdots, X_n$ 的最小值和最大值分别为 b_0 和 b_k，也就是

$$b_0 = \min_{1 \leqslant i \leqslant n}\{X_i\}, \quad b_k = \max_{1 \leqslant i \leqslant n}\{X_i\} \tag{6-2}$$

再将区间 $[b_0, b_k]$ 细分为 k 个相同长度的单元区间 $I_1 = [b_0, b_1), I_2 = [b_1, b_2), \cdots I_k = [b_{k-1}, b_k]$，其分点满足条件 $b_0 < b_1 < b_2 < \cdots < b_{k-1} < b_k$，容易得到每个单元区间的长度为

$$\Delta b = b_i - b_{i-1} = (b_k - b_0)/k \tag{6-3}$$

(2) 令样本数据 $X_1, X_2, \cdots, X_n$ 落入第 i 个单元区间 $I_i (i=1,2,\cdots,k)$ 的数量为 f_i，可得 $f_1 + f_2 + \cdots + f_k = n$。

(3) 令每个单元区间的样本数量 f_i 占全部样本数据数量 n 的比例（频度）为 g_i，其公式为

$$g_i = f_i/n, \quad i = 1,2,\cdots,k \tag{6-4}$$

(4) 令分段函数为 $h(x)$，其公式为

$$h(x) = \begin{cases} 0, & x < b_0 \\ g_i, & b_{i-1} \leqslant x < b_i \\ 0, & x \geqslant b_i \end{cases} \tag{6-5}$$

根据分段函数 $h(x)$ 绘制出图形，就可以得到样本数据的直方图。

(5) 将直方图与相关理论分布类型的概率密度图形进行对比，可以暂时不考虑它们在比例和位置方面存在的差异，观察直方图与哪一种分布类型的图形比较近似，从而假设该样本数据 $X_1, X_2, \cdots, X_n$ 可能服从此分布类型。

绘制直方图的操作并不复杂，它能够运用在所有类型的分布中，为管理者提供了清晰、直观的决策工具。需要特别指出的是，该方法得到的结论受单元区间长度 Δb 的影响较大。若 Δb 取值很大，则会突出平均化特点，从而失去部分细节信息；若 Δb 取值很小，则会突出随机因素的影响，从而绘制出极不规则的图形。相关研究发现，若选择单元区间的数量 k 与全部样本数据数量的平方根 $\sqrt{n}$ 近似相等，则绘制直方图的效果比较好。

【例 6-2】 某生产车间负责对毛坯零件的加工,为了研究毛坯零件到达加工工位的规律,现对该生产车间展开观察和记录,在一段时间内共有 221 个毛坯零件到达加工工位,令第 i 个毛坯零件与第 $i+1$ 个毛坯零件到达加工工位之间的间隔时间为 $X_i(i=1,2,3,\cdots,220)$,并将间隔时间 X_i 按照由小到大的顺序依次进行排列,具体数值如表 6-3 所示。

表 6-3 毛坯零件到达加工工位的间隔时间 （单位:分钟）

0.02	0.02	0.02	0.02	0.02	0.02	0.03	0.03	0.03	0.03
0.04	0.04	0.05	0.05	0.05	0.05	0.05	0.05	0.05	0.06
0.06	0.06	0.06	0.06	0.06	0.06	0.06	0.07	0.07	0.07
0.07	0.07	0.08	0.08	0.08	0.08	0.08	0.08	0.08	0.08
0.08	0.09	0.09	0.09	0.09	0.09	0.09	0.10	0.10	0.11
0.11	0.11	0.11	0.11	0.11	0.11	0.12	0.12	0.12	0.12
0.12	0.12	0.12	0.13	0.13	0.14	0.14	0.14	0.14	0.15
0.15	0.15	0.15	0.16	0.16	0.16	0.16	0.17	0.17	0.18
0.19	0.19	0.20	0.21	0.21	0.22	0.22	0.22	0.22	0.22
0.23	0.23	0.23	0.24	0.24	0.24	0.25	0.25	0.25	0.26
0.26	0.26	0.26	0.27	0.27	0.27	0.27	0.27	0.28	0.28
0.29	0.29	0.30	0.30	0.31	0.32	0.33	0.34	0.36	0.36
0.36	0.37	0.37	0.37	0.38	0.38	0.38	0.38	0.39	0.39
0.39	0.40	0.41	0.41	0.42	0.43	0.43	0.44	0.44	0.45
0.46	0.46	0.47	0.48	0.49	0.49	0.49	0.50	0.50	0.50
0.50	0.51	0.51	0.51	0.52	0.52	0.52	0.53	0.54	0.54
0.54	0.54	0.55	0.55	0.56	0.56	0.58	0.58	0.59	0.61
0.62	0.63	0.64	0.65	0.65	0.66	0.67	0.68	0.70	0.70
0.71	0.73	0.74	0.74	0.75	0.76	0.77	0.79	0.80	0.85
0.87	0.89	0.89	0.89	0.91	0.92	0.94	0.96	0.99	1.04
1.06	1.06	1.08	1.10	1.11	1.13	1.14	1.18	1.19	1.25
1.25	1.27	1.34	1.39	1.43	1.52	1.73	1.84	1.97	1.98

运用点统计法,计算得到样本数据的均值为 $\bar{x}_{220}=0.417$,方差为 $s_{220}^2=0.155$,方差系数估计值 $\hat{c}v_{220}=0.942\approx1$,由于 $\hat{c}v_{220}$ 接近 1,所以,初步判断样本数据服从指数分布。

(1) 样本数据的最小值和最大值分别为 0.02 和 1.98。为了方便统计,令 $b_0=0,b_k=2$,将区间 $[0,2]$ 分别细分 k 为 40、20 和 10 个相同长度的单元区间,相应的每个单元区间的长度 $\Delta b=(b_k-b_0)/k$ 分别为 0.05、0.1 和 0.2。

(2) 当 $\Delta b=0.05,0.1$ 和 0.2 时,求出样本数据落入第 i 个单元区间的数量 f_i,具体数值如表 6-4~表 6-6 所示。

(3) 当 $\Delta b=0.05,0.1$ 和 0.2 时,求出每个单元区间的样本数量 f_i 占全部样本数据数量

$n=220$ 的比例 g_i,具体数值如表 6-4~表 6-6 所示。

表 6-4 样本数据落入第 i 个单元区间的 f_i 和 g_i($\Delta b=0.05$)

序号	区间	f_i	g_i	序号	区间	f_i	g_i
1	0~0.05	19	0.086	21	1.0~1.05	1	0.005
2	0.05~0.1	30	0.136	22	1.05~1.1	4	0.018
3	0.1~0.15	24	0.109	23	1.1~1.15	3	0.014
4	0.15~0.2	11	0.050	24	1.15~1.2	2	0.009
5	0.2~0.25	15	0.068	25	1.2~1.25	2	0.009
6	0.25~0.3	15	0.068	26	1.25~1.3	1	0.005
7	0.3~0.35	4	0.018	27	1.3~1.35	1	0.005
8	0.35~0.4	14	0.064	28	1.35~1.4	1	0.005
9	0.4~0.45	8	0.036	29	1.4~1.45	1	0.005
10	0.45~0.5	11	0.050	30	1.45~1.5	0	0.000
11	0.5~0.55	13	0.059	31	1.5~1.55	1	0.005
12	0.55~0.6	5	0.023	32	1.55~1.6	0	0.000
13	0.6~0.65	6	0.027	33	1.6~1.65	0	0.000
14	0.65~0.7	5	0.023	34	1.65~1.7	0	0.000
15	0.7~0.75	5	0.023	35	1.7~1.75	1	0.005
16	0.75~0.8	4	0.018	36	1.75~1.8	0	0.000
17	0.8~0.85	1	0.005	37	1.8~1.85	1	0.005
18	0.85~0.9	4	0.018	38	1.85~1.9	0	0.000
19	0.9~0.95	3	0.014	39	1.9~1.95	0	0.000
20	0.95~1.0	2	0.009	40	1.95~2.0	2	0.009

表 6-5 样本数据落入第 i 个单元区间的 f_i 和 g_i($\Delta b=0.1$)

序号	区间	f_i	g_i	序号	区间	f_i	g_i
1	0~0.1	49	0.223	11	1.0~1.1	5	0.023
2	0.1~0.2	35	0.159	12	1.1~1.2	5	0.023
3	0.2~0.3	30	0.136	13	1.2~1.3	3	0.014
4	0.3~0.4	18	0.082	14	1.3~1.4	2	0.009
5	0.4~0.5	19	0.086	15	1.4~1.5	1	0.005
6	0.5~0.6	18	0.082	16	1.5~1.6	1	0.005
7	0.6~0.7	11	0.050	17	1.6~1.7	0	0.000
8	0.7~0.8	9	0.041	18	1.7~1.8	1	0.005
9	0.8~0.9	5	0.023	19	1.8~1.9	1	0.005
10	0.9~1.0	5	0.023	20	1.9~2.0	2	0.009

表 6-6　样本数据落入第 i 个单元区间的 f_i 和 g_i（$\Delta b = 0.2$）

序号	区间	f_i	g_i	序号	区间	f_i	g_i
1	0～0.2	84	0.382	6	1.0～1.2	10	0.045
2	0.2～0.4	48	0.218	7	1.2～1.4	5	0.023
3	0.4～0.6	37	0.168	8	1.4～1.6	2	0.009
4	0.6～0.8	20	0.091	9	1.6～1.8	1	0.005
5	0.8～1.0	10	0.045	10	1.8～2.0	3	0.014

（4）根据以上数据得到分段函数 $h(x)$ 为

$$h(x) = \begin{cases} 0, & x < b_0 \\ g_i, & b_{i-1} \leqslant x < b_i \\ 0, & x \geqslant b_i \end{cases}$$

最后，根据 $h(x)$ 可以绘制样本数据的直方图，如图 6-8～图 6-10 所示。很明显，$\Delta b = 0.1$ 对应的直方图 6-9 和 $\Delta b = 0.2$ 对应的直方图 6-10 相对平滑，它们与指数分布比较近似。

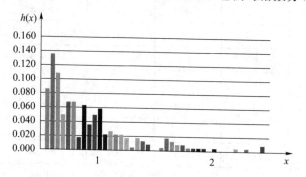

图 6-8　$\Delta b = 0.05$ 的直方图

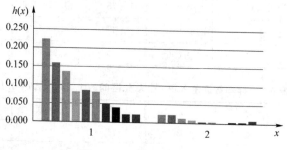

图 6-9　$\Delta b = 0.1$ 的直方图

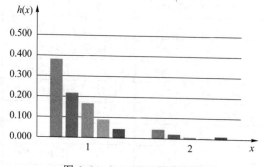

图 6-10　$\Delta b = 0.2$ 的直方图

6.1.4 分布参数估计

通过样本数据对其分布参数进行估计的方法较多,其中比较常见的是极大似然估计法。该方法的主要思路是:在系统的实际运行中,观测的一组样本数据是发生概率最大的数据。极大似然估计法具备良好的统计特征,具有更加直观的理论意义和现实意义,且有利于开展 χ^2 拟合优度检验。

假设知道总体分布的概率密度函数 $f(x, \theta_1, \theta_2, \cdots, \theta_k)$,但是不知道参数 $\theta_j (j=1,2,\cdots,k)$ 的具体数值。若总体分布是连续型分布,它的一个样本为 $X_1, X_2, \cdots, X_n$,则其似然函数 L 为

$$L(x_1, x_2, \cdots, x_n; \theta_1, \theta_2, \cdots, \theta_k) = \prod_{i=1}^{n} f(x_i, \theta_1, \theta_2, \cdots, \theta_k) \tag{6-6}$$

若总体分布是离散型分布,它的一个样本为 $X_1, X_2, \cdots, X_n$,则其似然函数 L 为

$$L(x_1, x_2, \cdots, x_n; \theta_1, \theta_2, \cdots, \theta_k) = \prod_{i=1}^{n} P\{X_i = x_i\} \tag{6-7}$$

极大似然估计值 $\hat{\theta}_j$ 是指似然函数 L 为最大值时所对应参数 $\theta_j (j=1,2,\cdots,k)$ 的值。也就是说,对于任意的参数 $\theta_j (j=1,2,\cdots,k)$,存在以下关系:

$$L(\hat{\theta}_1, \hat{\theta}_2, \cdots, \hat{\theta}_k) \geqslant L(\theta_1, \theta_2, \cdots, \theta_k) \tag{6-8}$$

【例 6-3】 假设某指数分布的概率密度函数是 $f(x) = \lambda e^{-\lambda x} (x > 0)$,以例 6-2 提供的样本数据,运用极大似然估计法,求解参数 λ 的极大似然估计值 $\hat{\lambda}$。

由公式(6-6)可得指数分布对应的似然函数为

$$L(\lambda) = \prod_{i=1}^{n} \lambda e^{-\lambda x_i} = \lambda^n e^{-\lambda \sum_{i=1}^{n} x_i} \tag{6-9}$$

将公式(6-9)的等式两边分别取对数,可得

$$\ln L(\lambda) = n \ln \lambda - \lambda \sum_{i=1}^{n} x_i \tag{6-10}$$

将公式(6-10)的等式两边分别对 λ 求一阶导数,并令其等于 0,可得

$$\frac{d \ln L(\lambda)}{d \lambda} = \frac{n}{\lambda} - \sum_{i=1}^{n} x_i = 0 \tag{6-11}$$

对公式(6-11)求解,可以得到参数 λ 的极大似然估计值 $\hat{\lambda}$ 为

$$\hat{\lambda} = n \Big/ \sum_{i=1}^{n} x_i = 1 / \bar{x}_n \tag{6-12}$$

这表明,样本数据均值 $\bar{x}_n$ 的倒数就是指数分布参数 λ 的极大似然估计值 $\hat{\lambda}$。由例 6-2 可知其样本数据的均值为 $\bar{x}_{220} = 0.417$,因此,可得参数 λ 的极大似然估计值 $\hat{\lambda} = 2.398$。

6.1.5 拟合优度检验

依据观测得到的样本数据假设其服从某个拟合分布形式,对其分布参数进行估计之后,需要进行拟合优度检验。拟合优度检验是检验总体中样本数据的分布与某种理论分布是否吻合的统计方法。换句话说,拟合优度检验的目的是将拟合的分布与样本数据进行比较,检验它们是否一致。拟合优度检验的基本原理是:通过原始的样本数据对拟合的分布函数开展统计学意义上的假设检验。也就是检验假设 H_0。

H_0：观测数据 x_i 是独立同分布的随机变量,其分布函数是拟合分布函数 F。

事实上,假设 H_0 也许并不总是完全为真,也就是说获得观测数据的真实分布可能是一个无法完成的任务。拟合优度检验可以做到的是:大体上寻求拟合分布与观测数据之间存在的不同。目前,所有相关的检验方法都做不到完全准确。所以,在假设 H_0 的基础上,对观测数据 x_i 进行检验,即使通过了该检验,考虑到统计学的严谨性,可以"不拒绝"假设 H_0,但是不能"接受"假设 H_0。

拟合优度检验的主要方法包括两个:一是 χ^2 检验法,该方法的主要对象是概率密度函数;二是 K-S 检验法,该方法的主要对象是分布函数。

6.2 生产系统仿真输出分析

6.2.1 系统的性能测度及其估计

为了能够更好地了解生产系统的各种性能,可以通过模型仿真进行观察。而模型中的相关参数可以体现系统的性能。例如,在生产车间,管理者需要关注机器的平均利用率、零件的平均加工时间和产品的平均成本等指标数据。与此同时,对于生产系统而言,它还存在很多随机性的因素,每次对系统的仿真仅仅是模型输出的一次抽样,所以,每次输出结果可能与系统的"真实解"存在较大差距。

【例 6-4】 在某个生产车间,数控机床对毛坯零件进行加工,假定毛坯零件到达数控机床的间隔时间和加工时间均服从指数分布,它们的均值分别为 7 分钟和 6 分钟。取数量分别为 $n=3\,000,4\,000,5\,000,6\,000,7\,000$ 个毛坯零件进行加工,并对这些加工场景进行仿真,可得平均队列长度 $\overline{Q}(n)$ 和平均等待时间 $\overline{W}(n)$ 的仿真结果,如表 6-7 所示。

表 6-7 数控机床加工毛坯零件的仿真结果

指标	数量 n				
	3 000	4 000	5 000	6 000	7 000
$\overline{Q}(n)$	5.832	5.713	5.231	5.115	5.513
$\overline{W}(n)$	21.652	19.713	17.231	18.325	18.136

平均队列长度和平均等待时间的理论值分别为 5.30 和 18.2,与表 6-7 的数据进行对比,可知每一次的仿真结果与理论值之间均存在一定程度上的偏差,且有些偏差较大。所以,管理者通过某一次仿真结果就对系统存在的问题提出解决方案,显然,这种做法产生的管理效果有限,甚至可能导致决策失误。需要强调的是,不可以将一次仿真得到的结果就作为研究对象的最终解。

为了能够获得具有理论参考价值和现实意义的仿真结果,应当通过合适的统计学方法对仿真实验及其结果进行充分设计与分析,从而总结出具有一般性和普遍性的结论。仿真输出分析的主要目标是,运用相应的统计学方法对仿真运行的所有输出数据进行分析,得到未知参数的估计值。系统的性能测度及其估计主要有两种方法:一是点估计;二是区间估计。

1. 点估计

点估计的主要作用是,寻找在一定程度上能够作为待估计参数的估计值。需要指出的是,估计值不包括样本函数。

n 次仿真运行之后,假设仿真输出的样本数据是 $X_1, X_2, \cdots, X_n$,若其未知参数均值为 $E(X)$,方差为 $\mathrm{Var}(X)$,则可以得到相应的点估计:

(1) 样本均值的公式为

$$\overline{X}_n = \sum_{i=1}^{n} X_i / n \tag{6-13}$$

(2) 样本方差的公式为

$$S_n^2 = \sum_{i=1}^{n} (X_i - \overline{X}_n)^2 / (n-1) \tag{6-14}$$

其实,点估计得到的数值也是随机变量,所以,完全有必要通过统计学的指标判断该随机变量的基本特性(如有效性、无偏性等)。

2. 区间估计

点估计可以对未知参数的数值进行估计。而区间估计的主要作用是,针对未知参数的估计值与真实值之间可能存在的误差,在一定的置信度条件下进行度量,从而阐述这种误差应该是多少才比较合理。

对于独立且同分布的随机变量 $X_1, X_2, \cdots, X_n$,经典的统计方法给出了总体均值的 $100(1-\alpha)\%$ 的置信区间,其公式为

$$\left(\overline{X}_n - \frac{t_{\alpha/2}(n-1)S_n}{\sqrt{n}}, \overline{X}_n + \frac{t_{\alpha/2}(n-1)S_n}{\sqrt{n}} \right) \tag{6-15}$$

式中:$1-\alpha$ 表示置信度,它的基本含义是,从样本数据中获得的随机区间以 $1-\alpha$ 的概率包含了真实的参数;$t_{\alpha/2}(n-1)$ 表示自由度是 $n-1$ 的 t 分布上的 $100\alpha/2$ 百分位点。

【例 6-5】 以某个生产加工车间作为研究对象,对其加工过程进行仿真,仿真运行了 120 次,得到样本的日平均周期时间的均值为 7.81 小时,标准差为 2.13 小时。因为 $t_{0.025}(119) = 1.98$,所以,长时间运行下日平均周期时间的 95% 的置信区间为

$$\left(7.81 - \frac{1.98 \times 2.13}{\sqrt{120}}, 7.81 + \frac{1.98 \times 2.13}{\sqrt{120}} \right) = (7.81 - 0.385, 7.81 + 0.385) = (7.425, 8.195)$$

通过上述计算结果可知,在长时间的运行下,日平均周期时间的最佳估计是 7.81 小时,但是,可能存在正负为 0.385 小时的浮动误差。

6.2.2 终态仿真与稳态仿真

在对仿真输出进行分析之前,需要知道仿真的具体方式。一般来说,仿真的方式主要有两种类型。一是终态仿真。终态仿真是指在某个持续时间 $[0, T_E]$ 内进行的仿真。其中,E 代表仿真终止所对应的事件,T_E 代表发生事件 E 的时刻,它可以是常数或者随机变量。例如,某个飞机制造企业按照客户订单要求生产 50 架无人机产品,系统仿真运行直到第 50 架无人机产品生产完成后结束。与此同时,终态仿真必须指定开始时刻的初始条件,且需要清晰地定义事件 E 和时刻 T_E。通常情况下,初始条件将会影响终态仿真的结果。二是稳态仿真。稳态仿真是指在一个非常长或者趋于无穷大的时间内进行的仿真。该仿真不存在终止事件 E,且初始条件对其输出结果的影响有限。从理论上来说,由于稳态仿真的运行时间特别长,所以,对相关参数的估计效果也会比较好。例如,对于众多的连续型系统以及持续运作的装配生产线等稳态系统均可以进行稳态仿真,且能够真实地反映系统的主要特征。

综上所述,终态仿真主要关注系统在特定时间内的行为,稳态仿真主要关注系统在长期运

行期间的行为。当然,终态仿真和稳态仿真的区别也不是绝对的。针对一些实际的生产系统,运用什么方式进行仿真与分析,很大程度上取决于系统本身的性质和仿真的主要目的。

6.2.3 终态仿真的输出分析

某个终态系统在时间 $[0, T_E]$ 范围内运行,通过仿真可得样本观测值为 $X_1, X_2, \cdots, X_n$。为了能够构建输出变量均值 $E(X)$ 的置信区间,多数情况下,需要对系统开展独立重复的次数固定的仿真运行,且运行相同的终止事件和初始条件,但运行不同的随机数流。由此获得的仿真输出数据能够成为一组独立且同分布随机变量的样本观测值。在此基础上,运用统计学的方法开展终态系统的性能测度及其估计。

假设对某个系统进行仿真测试,总计开展了 R 次独立的重复仿真,令第 r 次仿真获得的第 i 个观测数据为 X_{ri},则可以得到公式

$$\overline{X}_r = \sum_{i=1}^{m} X_{ri}/m \quad (r = 1, 2, \cdots, R; i = 1, 2, \cdots, m) \tag{6-16}$$

则 $\overline{X}_1, \overline{X}_2, \cdots, \overline{X}_R$ 可以成为独立且同分布随机变量的样本数据,其均值的点估计 $\overline{X}$,以及方差的点估计 S^2 分别为

$$\overline{X} = \sum_{r=1}^{R} \overline{X}_r/R = \sum_{r=1}^{R} \sum_{i=1}^{m} \overline{X}_{ri}/mR \tag{6-17}$$

$$S^2 = \sum_{r=1}^{R} (\overline{X}_r - \overline{X})^2/(R-1) \tag{6-18}$$

所以,容易得到总体均值 $E(X)$ 的 $100(1-\alpha)\%$ 置信区间的表达式为

$$\left(\overline{X} - \frac{t_{\alpha/2}(R-1)S}{\sqrt{R}}, \quad \overline{X} + \frac{t_{\alpha/2}(R-1)S}{\sqrt{R}}\right) \tag{6-19}$$

其中,$1-\alpha$ 表示置信度,$t_{\alpha/2}(R-1)$ 表示自由度是 $R-1$ 的 t 分布上的 $100\alpha/2$ 百分位点。

【例 6-6】 在某个生产车间,为了研究某款毛坯零件从到达生产车间到完成加工的时间,对该系统开展独立的重复仿真测试,总计运行了 45 次,每次运行到第 100 个毛坯零件完成加工结束。通过观测样本数据计算得到其均值的点估计为 $\overline{X}=0.527$,方差的点估计为 $S^2=0.132$。求出其总体均值 $E(X)$ 的 95% 的置信区间。

$$\left(\overline{X} \pm \frac{t_{0.025}(44)S}{\sqrt{45}}\right) = \left(0.527 - \frac{2.015\,4 \times 0.363\,3}{6.708}, \ 0.527 + \frac{2.015\,4 \times 0.363\,3}{6.708}\right)$$

$$= (0.417\,8, \ 0.636\,2)$$

特别强调的是,总体分布服从正态分布的假设前提决定了置信区间置信度是否准确可靠。但是,在实际的系统建模与仿真过程中,这种假设前提不是在所有研究对象中都能得到满足。为了克服该不足之处,一般情形下,主要的解决办法是提高每次重复仿真运行的时间,使得第 r 次仿真样本数据的均值 $\overline{X}_r (r=1, 2, \cdots, R)$ 接近服从正态分布。相关研究结果表明,运用该方法获得的置信区间具有稳健性强的特点。

另外,样本数量固定的仿真方式还存在一个不足之处:置信区间的半长无法得到有效控制。如果仿真运行的重复次数过多,可能导致超出实际需求,从而造成没有价值的付出;如果仿真运行的重复次数太少,可能导致置信区间的跨度较大,从而造成仿真精度不能满足实际要求。所以,如何确定独立重复仿真运行的最少次数是需要解决的实际问题。

下面介绍一种试算法,可以得到独立重复仿真运行的最少次数。该方法的主要计算过程如下:

(1) 对于某终态系统,假定其仿真的绝对精度不超过 β,也就是满足公式

$$P\{\overline{X}-E(X)\leqslant\beta\}=1-\alpha \quad (6-20)$$

(2) 对该终态系统进行独立的重复仿真运行 R_0 次,可得样本数据方差的点估计 S_0^2,并计算以下公式

$$\beta_0=\frac{t_{\alpha/2}(R_0-1)S_0}{\sqrt{R_0}} \quad (6-21)$$

(3) 如果满足条件 $\beta_0\leqslant\beta$,那么该区间估计能够满足精度要求;反之,如果 $\beta_0>\beta$,则计算以下公式

$$R^*(\beta)=\min\left\{i\geqslant R_0,\ \frac{t_{\alpha/2}(i-1)S_0}{\sqrt{i}}\leqslant\beta\right\} \quad (6-22)$$

式中,$R^*(\beta)$ 表示满足精度要求且需要进行独立重复仿真运行的最少次数。

综上所述,在对系统进行 R_0 次独立的重复仿真运行基础上,如果没有满足精度要求,则需要再增加 $\Delta R=R^*(\beta)-R_0$ 次仿真运行,以便满足设定的精度要求,再将 $R^*(\beta)$ 次仿真运行获得的输出数据构建相应的置信区间。该方法的不足之处在于:随着仿真运行次数的逐步增加,$\overline{X}_0$ 与 S_0 可能不会发生改变,所以结果会存在一定的误差。

6.2.4 稳态仿真的输出分析

与终态仿真的输出分析有所不同,稳态仿真的输出分析强调的是系统在长时间的运行过程中,逐渐展示出的行为特征,且该行为特征非常稳定持久。例如,某数控加工系统,该系统处于稳定状态下,对每个毛坯零件的平均等待时间进行估计。假定系统的仿真运行逐渐进入稳定状态之后,对毛坯零件的等待时间进行观测,得到观测数据分别为 $W_1,W_2,\cdots,W_n$,则平均等待时间的计算公式为

$$E(W)=\lim_{n\to+\infty}\frac{1}{n}\sum_{i=1}^{n}W_i \quad (6-23)$$

稳态仿真的输出分析需要解决以下几个问题:(1) 自相关性问题(即数据之间可能存在自相关性);(2) 启动问题(即初始瞬态对于系统仿真产生的影响)。目前,稳态仿真的输出分析方法有很多种,主要包括:重复—删除法、批平均值法、标准时间序列法和谱分析法等。下面介绍两种应用比较广泛的方法:一是重复—删除法;二是批平均值法。

1. 重复—删除法

关于自相关性问题,一种解决办法是对系统开展独立的重复仿真运行。关于启动问题,一种解决办法是删除初始状态的样本数据。据此,可以运用重复—删除法进行稳态仿真的输出分析。

重复—删除法的主要计算过程是:

(1) 如图 6-11 所示,将稳态仿真运行分成两个阶段:第一阶段是初始化阶段;第二阶段是采集数据阶段。

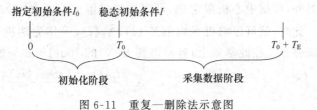

图 6-11 重复—删除法示意图

(2) 令系统重复仿真运行的次数为 n，每次仿真运行产生的样本数量为 m，第 i 次仿真运行的第 j 个样本观测值为 X_{ij}。为了克服启动问题，删除第 i 次仿真运行初始化阶段获得的 l 个观测值 $X_{i1},X_{i2},\cdots,X_{il}(i=1,2,\cdots,n)$，并求出第 i 次仿真运行采集数据阶段获得的 $m-l$ 个观测值 $X_{il+1},X_{il+2},\cdots,X_{im}(i=1,2,\cdots,n)$ 的平均值

$$\overline{X}_i(m,l)=\frac{1}{m-l}\sum_{j=l+1}^{m}X_{ij}, \quad i=1,2,\cdots,n \tag{6-24}$$

(3) 将 $\overline{X}_1(m,l),\overline{X}_2(m,l),\cdots,\overline{X}_n(m,l)$ 视为独立且同分布的随机变量，从而克服了自相关性问题，再运用经典的统计方法构建其均值的置信区间。

重复—删除法的优点在于：仅仅对终态仿真独立运行 n 次，大幅度减少了样本容量。

重复—删除法的缺点在于：

一是初始化阶段 l 个观测值的具体数量如何确定。

二是由于删除了初始化阶段的观测值，导致样本数据的使用率明显下降。

三是在整个仿真运行过程中，需要通过人为控制的方式采集相关数据，且每次仿真运行完成之后，都需要重新对系统进行初始化。

所以，重复—删除法适合运用在仿真运行长度有限且能够快速进入稳定状态的系统。

2. 批平均值法

关于自相关性问题，一种解决办法是进行单次长时间的仿真运行。关于启动问题，一种解决办法是删除初始状态的少部分样本数据。据此，可以运用批平均值法进行稳态仿真的输出分析。

批平均值法的主要计算过程是：

(1) 令仿真运行的长度为 n，将获得的样本观测值 $X_1,X_2,\cdots,X_n$ 分成 m 批，每一批样本观测值的长度均为 l，也就是批容量为 l，则每批的数据排列如下所示：

$$\begin{array}{cccc} X_1 & X_2 & \cdots & X_l \\ X_{l+1} & X_{l+2} & \cdots & X_{2l} \\ \vdots & \vdots & & \vdots \\ X_{(n-1)l+1} & X_{(n-1)l+2} & \cdots & X_{ml} \end{array}$$

(2) 对每批的数据分别进行计算，得到第 i 批中 l 个样本观测值的均值，也就是批平均值

$$\overline{X}_i(l)=\frac{1}{l}\sum_{j=1}^{l}X_{(i-1)l+j}, \quad i=1,2,\cdots,m \tag{6-25}$$

(3) 计算总体样本观测值的均值为

$$\overline{X}(m,l)=\frac{1}{m}\sum_{i=1}^{m}\overline{X}_i(l)=\frac{1}{n}\sum_{i=1}^{n}X_i \tag{6-26}$$

式中，将 $\overline{X}(m,l)$ 视为 $E(X)$ 的点估计。

(4) 如果批容量 l 的数值很大，那么批平均值 $\overline{X}_1(l),\overline{X}_2(l),\cdots$ 就近似为不相关，从而克服了自相关性问题。另外，根据中心极限定理，可以选择足够大的 l，$\overline{X}_i(l)(i=1,2,\cdots,m)$ 将近似地服从正态分布。此时，就可以将批平均值 $\overline{X}_1(l),\overline{X}_2(l),\cdots$ 作为随机变量序列，该序列满足独立且同服从正态分布。在此基础上，容易得到 $E(X)$ 的 $100(1-\alpha)\%$ 的置信区间为

$$\left(\overline{X}-\frac{t_{\alpha/2}(m-1)S_{\overline{X}(l)}(m)}{\sqrt{m}}, \quad \overline{X}+\frac{t_{\alpha/2}(m-1)S_{\overline{X}(l)}(m)}{\sqrt{m}}\right) \tag{6-27}$$

式中，

$$S_{\overline{X}(l)}(m) = \sqrt{\frac{1}{m-1}\sum_{i=1}^{m}[\overline{X}_i(l) - \overline{X}(m,l)]^2} \tag{6-28}$$

批平均值法的优点在于：该方法在仿真分析过程中只是删除初始数据一次，这不仅克服了启动问题，还明显提高了样本数据的使用率。

批平均值法的缺点在于：该方法需要准确判断批容量和批数的具体数值大小，这可能存在一定的难度；另外，采集数据的前提是系统应当进入稳定状态。

复习思考题

（1）简述仿真输入数据的采集和预处理的过程。
（2）如何对样本数据进行独立性判别？
（3）简述分布参数估计的主要内容。
（4）如何进行拟合优度检验？
（5）简述终态仿真的主要内容。
（6）简述稳态仿真的主要内容。

第7章 生产系统设计方案的比较与仿真实验设计

在对生产系统进行仿真的过程中,不同的系统设计方案应该通过什么方法进行对比才相对合理?如何才能得到比较精准的性能测度估计值?什么样的仿真实验设计能够得到更多有价值的输出信息?针对这些现实问题,本章将讨论不同的系统设计方案进行对比的统计学方法、常见的方差缩减技术以及仿真实验设计的主要方法等内容。

7.1 生产系统设计方案的比较

7.1.1 两种系统设计方案的比较

两种系统设计方案比较的主要思路是:两种系统分别开展独立的重复仿真运行 n 次,分别获得 n 个样本数据,再通过样本数据构建样本差值的置信区间。

假设存在两个系统:系统 1 与系统 2。它们各自的样本数据分别为 $X_{11}, X_{12}, \cdots, X_{1n}$ 和 $X_{21}, X_{22}, \cdots, X_{2n}$。令该系统的性能期望值为 $\mu_i = E(x_{ij})(j=1,2,\cdots,n; i=1,2)$,样本差值为 $\varepsilon = \mu_1 - \mu_2$。通过以下方法可得 ε 的置信区间。

令 $Z_j = X_{1j} - X_{2j}(j=1,2,\cdots,n)$,容易得到 Z_j 是一组独立且同分布的随机变量序列,且满足 $\varepsilon = E(Z_j)$。其均值和方差的公式分别为

$$\overline{Z}(n) = \frac{1}{n} \sum_{j=1}^{n} (Z_j) \tag{7-1}$$

$$S^2(n) = \frac{1}{n-1} \sum_{j=1}^{n} [Z_j - \overline{Z}(n)]^2 \tag{7-2}$$

可以得到 ε 近似 $100(1-\alpha)\%$ 的置信区间为

$$\left(\overline{Z}(n) - \frac{t_{\alpha/2}(n-1)S(n)}{\sqrt{n}}, \overline{Z}(n) + \frac{t_{\alpha/2}(n-1)S(n)}{\sqrt{n}} \right) \tag{7-3}$$

若 Z_j 是随机变量,且服从正态分布,则该置信区间是精确的,也就是说置信区间以 $1-\alpha$ 的概率包括 ε;否则,由中心极限定理可得,若 n 充分大时,该置信区间包括 ε 的概率将逐渐趋近 $1-\alpha$。

【例 7-1】 某生产车间,对数控机床的日常保养存在两种方案:方案 1 和方案 2。对这两种方案分别开展独立的重复仿真运行 12 次,每一次仿真运行的长度均为半年,获得两种方案相应的平均保养成本数据,如表 7-1 所示。

表 7-1 数控机床的平均保养成本数据 (单位:元)

保养方案	运行次数											
	1	2	3	4	5	6	7	8	9	10	11	12
1	604	600	599	602	597	605	598	602	600	601	603	600
2	605	593	603	599	598	602	600	601	598	599	600	599

令两种保养方案下每半年的平均保养成本的差值为 Z_j,也就是 $Z_j = X_{1j} - X_{2j}(j=1,2,\cdots,12)$,则可以得到

$$\overline{Z}(12) = \frac{1}{12}\sum_{j=1}^{12}(Z_j) = 1.17, \quad S_Z^2(12) = \frac{1}{11}\sum_{j=1}^{12}[Z_j - \overline{Z}(12)]^2 = 8.33$$

所以,得到 ε 的 $100(1-\alpha)\% = 100(1-0.05)\% = 95\%$ 的置信区间是

$$\left(\overline{Z}(12) - \frac{t_{0.025}(11)S_Z(12)}{\sqrt{12}}, \ \overline{Z}(12) + \frac{t_{0.025}(11)S_Z(12)}{\sqrt{12}}\right)$$

$$= (1.17 \pm 1.83) = (-0.67, 3.00)$$

也就是说,按照 90% 的置信度可以认为,这两种方案之间的偏差在 $(-0.67, 3.00)$ 范围以内。所以,方案 2 在总体上要优于方案 1。

7.1.2 多种系统设计方案的比较

在现实生活中,为了能够寻求更好的解决办法,很多系统往往有 2 个以上的设计方案需要参考和比较,也就产生了更多的仿真运行结果,如何根据这些仿真运行结果对多种系统设计方案进行比较,进而判断不同设计方案的优势与劣势,成为不少学者和管理者关心的问题。归根结底,针对多种系统设计方案的比较,实质上就是如何对系统的参数进行优化和选择的问题。目前,对于类似生产系统这样的复杂系统而言,其需要考虑的参数比较多,参数优化求解比较困难,特别是相关参数的随机性特点相互叠加,导致多种系统设计方案的比较成为非常棘手的决策问题。下面对两种方法作一个简单介绍:一是 Bonferroni 法;二是"两阶段"法。

1. Bonferroni 法

针对某个系统,假设存在 $K(K>2)$ 个系统设计方案,将这 K 个系统设计方案就某个性能参数 $E(X_i)(i=1,2,\cdots,k)$ 进行相互比较。

首先,选择一个系统设计方案 j 作为所有方案的参照基准,给定某个置信度 $1-\alpha_i(i=1, 2,\cdots,c)$,从而构建 $c=k-1$ 个 $E(X_i) - E(X_j)$ 的 $100(1-\alpha_i)\%$ 的置信区间。

其次,假设有一个声明事件 S_i,它表示给定置信区间内包含仿真的性能参数。那么可得

$$P\{S_i \text{ 为真}\} = 1 - \alpha_i \tag{7-4}$$

令总误差概率为 α_E,即 $\alpha_E = \sum_{i=1}^{c}\alpha_i$。那么可得

$$P\{\text{所有 } S_i \text{ 同时为真}\} \geqslant 1 - \sum_{i=1}^{c}\alpha_i = 1 - \alpha_E, \quad i=1,2,\cdots,c \tag{7-5}$$

将公式(7-5)称为 Bonferroni 不等式准则。

也可以将公式(7-5)表达为

$$P\{\text{一个或多个置信区间不包含所预计的参数}\} < \alpha_E \tag{7-6}$$

最后,如果开展 c 次方案对比,应当按照系统的不同要求获得总误差概率 α_E。根据公式(7-5)可以得到总误差概率 α_E 应当满足条件

$$\sum_{i=1}^{c}\alpha_i = \alpha_E, \quad i=1,2,\cdots,c \tag{7-7}$$

如果选择所有的 α_i 都是相同的,那么可以得到 $\alpha_i = \alpha_E/c(i=1,2,\cdots,c)$。

在运用 Bonferroni 法对多种系统设计方案进行比较的过程中,每次进行对比的置信水平 α_i 都要求小于实际的总误差概率 α_E。假设对比样本差值的 $c=8$ 个置信区间,如果系统实际要

求的置信度为 $1-\alpha_E=1-0.1=0.9$，令所有的 α_i 均相等，则每次对比的置信度应当为

$$1-\alpha_i=1-\frac{\alpha_E}{c}=1-\frac{0.1}{8}=0.9875$$

很明显，这将导致置信区间的范围变得更广。为了克服这个问题，需要对 c 取较小的数值，多数情形下，c 取值为 2 或 3。

2. "两阶段"法

对多个系统设计方案的比较，最终目标就是从 $k(k\geq 2)$ 个不同的方案中筛选最优的那个方案，而且这个方案确实是最优方案发生的概率是清楚的。

令第 i 个方案在第 j 次实验中得到的随机变量为 X_{ij}，且 $\mu_i=E(X_{ij})$，随机变量 X_{i1}，X_{i2}，…（$1\leq i\leq k$）均是独立且同分布，且要求不同系统的仿真也是独立运行的。若以系统的性能参数在不同设计方案下的数学期望按照大小顺序进行排列，得到 $\mu_{ik}\geq\mu_{i(k-1)}\cdots\geq\mu_{i1}$，这表明 μ_{ik} 和 μ_{i1} 分别是平均响应最大和最小的方案。

因为随机变量 X_{ij} 存在随机性特点，所以，无法肯定选择最优设计方案 i_1 一定是正确的。这就需要提前将正确选择最优方案发生的概率设置为 p^*。与此同时，若 μ_{i1} 与 μ_{i2} 的数值非常相近，则选择方案 i_2 或者方案 i_1 作为最优设计方案没有太大差别。所以，为了防止出现这种没有意义的排序，可以运用"两阶段"法。

假设存在某个临界差值 $d^*>0$，选择最优的设计方案可以认为是：在满足 $\mu_{i2}-\mu_{i1}\geq d^*$ 的条件下，使得 $P\{正确选择\}\geq p^*$。其中 p^* 与 d^* 可以根据系统的实际情况进行确定。为了能够保障选择的最优设计方案的数学期望小于或等于 $\mu_{i2}-d^*$，且正确选择该最优设计方案发生的概率大于或等于 p^*。下面简单介绍一下"两阶段"法的主要计算步骤：

(1) 第一阶段。针对 k 个不同的设计方案，对其分别做 $n_0\geq 2$ 次重复且独立的仿真运行，得到第 $i(i=1,2,\cdots,k)$ 个设计方案在第一阶段的样本均值与样本方差分别为

$$\overline{X}_i^{(1)}(n_0)=\frac{1}{n_0}\sum_{j=1}^{n_0}X_{ij} \tag{7-8}$$

$$S_i^2(n_0)=\frac{1}{n_0-1}\sum_{j=1}^{n_0}[X_{ij}-\overline{X}_i^{(1)}(n_0)]^2, \quad i=1,2,\cdots,k \tag{7-9}$$

第 i 个设计方案总体样本数量 N_i 的表达式为

$$N_i=\max\left\{n_0+1,\left\lceil\frac{h_1^2 S_i^2(n_0)}{(d^*)^2}\right\rceil\right\} \tag{7-10}$$

式中：$\lceil z\rceil$ 是指大于或等于 z 的最小整数；h_1 是一个常数，它的取值与 p^*、n_0 和 k 相关，通常情况下，由表 7-2 可以得到 h_1 的具体数值。

表 7-2 不同情形下 h_1 的具体数值表

p^*	n_0	$k=2$	$k=3$	$k=4$	$k=5$	$k=6$	$k=7$	$k=8$	$k=9$	$k=10$
0.9	20	1.89	2.34	2.58	2.47	2.87	2.97	3.05	3.12	3.18
0.9	40	1.85	2.28	2.51	2.67	2.79	2.88	2.95	3.02	3.08
0.95	20	2.45	2.87	3.10	3.26	3.38	3.47	3.55	3.62	3.68
0.95	40	2.39	2.79	3.00	3.15	3.26	3.35	3.42	3.48	3.54

(2) 第二阶段。针对第 $i(i=1,2,\cdots,k)$ 个设计方案，再做 N_i-n_0 次重复且独立的仿真运行，可得第二阶段的样本均值为

$$\overline{X}_i^{(2)}(N_i - n_0) = \frac{1}{N_i - n_0} \sum_{j=n_0+1}^{N_i} X_{ij} \tag{7-11}$$

根据公式(7-8)和公式(7-11),可得总体样本的均值为

$$\widetilde{X}_i(N_i) = W_{i1}\overline{X}_i^{(1)}(n_0) + W_{i2}\overline{X}_i^{(2)}(N_i - n_0) \tag{7-12}$$

式中,W_{i1} 与 W_{i2} 分别表示第一阶段和第二阶段的权重,其公式为

$$W_{i1} = \frac{n_0}{N_i}\left[1 + \sqrt{1 - \frac{N_i}{n_0}\left(1 - \frac{1}{n_0 S_i^2}\frac{(N_i - n_0)(d^*)^2}{h_1^2}\right)}\right] \tag{7-13}$$

$$W_{i2} = 1 - W_{i1}, \quad i = 1, 2, \cdots, k \tag{7-14}$$

最后,将最小的总体样本均值 $\widetilde{X}_i(N_i)$ 作为最优的设计方案,从而完成多个系统设计方案的比较与筛选。

7.2 生产系统减小方差方法

7.2.1 减小方差方法概述

计算得到系统的高质量统计特征,并据此进行科学决策,这是仿真结果统计分析的主要目标。但是,系统的很多参数是具有随机性的,对于单个系统和多个系统的分析结果均会在一定程度上出现误差,根据置信区间的半长,可以得到

$$\delta = \frac{t_{\alpha/2}(n-1)S}{\sqrt{n}} \tag{7-15}$$

式中:α 表示置信水平;S 表示标准差;n 表示仿真运行次数。

由公式(7-15)可知,在给定置信水平 α 的条件下,为了能够减小置信区间的半长 δ,可以通过增大仿真运行次数 n 或者减小标准差 S(方差 S^2)的方式。一般情形下,减小方差的主要方法也是增大仿真运行次数。所以,保障仿真高质量的核心就是增大仿真运行次数。

然而,增大仿真运行次数也提高了仿真成本。而且,一旦仿真运行次数达到一定数值之后,减小方差的效果将不会明显。所以,对于那些仿真质量要求较高且仿真成本很大的系统而言,需要通过其他方法减小方差。

下面介绍两种减小方差的具体方法:一是对偶变量法;二是公共随机数法。

7.2.2 对偶变量法

对偶变量法的运用对象主要是一个系统。当某一个系进行仿真运行时,每一次获得的数据都会有所不同,导致这个现象的一个重要原因可能来自选取的随机数。对偶变量法的主要目标是:最大限度地减少随机数给仿真结果带来的影响。

对偶变量法的基本原理是:运用互补的随机数对某一个系统开展成对仿真运行,并促使其中一次仿真运行中的大观测数据抵消另一次仿真运行中的小观测数据。换句话说,若第一次仿真运行输入的随机变量是由均匀随机数 u_k 生成,则第二次仿真运行输入的随机变量是由随机数 $1 - u_k$ 生成。这等同于将两次仿真运行结果的均值作为基准。

针对某一个系统,做了 n 对重复且独立的仿真运行,仿真输出结果的成对观测值可以表示为 $(X_1^{(1)}, X_1^{(2)}), (X_2^{(1)}, X_2^{(2)}), \cdots, (X_n^{(1)}, X_n^{(2)})$,且 $X_1^{(1)}, X_2^{(1)}, \cdots, X_n^{(1)}$ 相互独立,$X_1^{(2)}, X_2^{(2)}, \cdots,$

$X_n^{(2)}$ 也相互独立。基于此,可得成对观测值的平均值 X_j 为

$$X_j = \frac{1}{2}(X_j^{(1)} + X_j^{(2)}), \quad j=1,2,\cdots,n \tag{7-16}$$

容易得到公式

$$\overline{X}_n = \frac{1}{n}\sum_{j=1}^{n} X_j \tag{7-17}$$

其中,$\overline{X}_n$ 是 $\mu = E(X)$ 的无偏估计值。

因为成对观测值的平均值 X_j 是独立且同分布的随机变量,所以,可以得到

$$\mathrm{Var}(\overline{X}_n) = \frac{1}{n}[\mathrm{Var}(X_j^{(1)}) + \mathrm{Var}(X_j^{(2)}) + 2\mathrm{Cov}(X_j^{(1)}, X_j^{(2)})] \tag{7-18}$$

如果两次仿真运行的输入均运用独立的随机数,那么 $X_j^{(1)}$ 和 $X_j^{(2)}$ 也是独立的。即满足

$$\mathrm{Cov}(X_j^{(1)}, X_j^{(2)}) = 0, \quad j=1,2,\cdots,n$$

所以,通过公式(7-18)可知,如果能够将 $X_j^{(1)}$ 与 $X_j^{(2)}$ 之间呈现负相关性,即满足

$$\mathrm{Cov}(X_j^{(1)}, X_j^{(2)}) < 0, \quad j=1,2,\cdots,n$$

那么,就能够达成减小方差的目标。

一般情形下,通过对偶变量法减小方差的效果取决于估计值的函数特性。假设知道函数特性,就能够构造对偶变换,在确保估计值可靠性的前提下,可以充分提高仿真的质量。

7.2.3 公共随机数法

公共随机数法的运用对象主要针对两种或者多种不同系统。通常情况下,在不同系统中得到的仿真结果往往存在较大偏差。导致偏差的原因主要来自系统结构偏差和环境因素偏差。环境因素偏差的主要表现是:在不同的系统中,同一个随机特征量所取的随机变量数值存在差异。

公共随机数法的基本原理是:为了避免因为选取随机数而导致仿真结果出现的偏差,即避免环境因素偏差,那么针对不同系统的仿真,均使用同样的均匀分布种子随机数。该方法产生的效果在于不同系统的仿真结果偏差主要是由于设计方案存在的差异而导致的。

令 X_1 和 X_2 分别表示体现系统性能测度的两个系统设计方案的输出变量,X_1 和 X_2 均开展 n 次重复且独立的仿真运行。X_{1j} 和 X_{2j} 分别表示第一个系统设计方案与第二个系统设计方案在第 j 次重复且独立的仿真运行中获得的观察值。为了能够计算得到统计量 $\mu = E(X_1) - E(X_2)$ 的估计值,可以令 $Z_j = X_{1j} - X_{2j}$,则能够得到

$$E(Z_j) = E(X_1) - E(X_2) = \mu \tag{7-19}$$

容易得到

$$\overline{Z}(n) = \frac{1}{n}\sum_{j=1}^{n} Z_j \tag{7-20}$$

式中,$\overline{Z}(n)$ 为 μ 的无偏估计值。

因为 $Z_1, Z_2, \cdots, Z_n$ 是独立且同分布的随机变量,所以,可得以下公式:

$$\mathrm{Var}(\overline{Z}_n) = \frac{1}{n}[\mathrm{Var}(X_{1j}) + \mathrm{Var}(X_{2j}) - 2\mathrm{Cov}(X_{1j}, X_{2j})], \quad j=1,2,\cdots,n \tag{7-21}$$

若两个系统设计方案的输入均为独立的随机变量,那么 X_{1j} 与 X_{2j} 之间是相互独立的,也就是

$$\mathrm{Cov}(X_{1j}, X_{2j}) = 0$$

进一步考虑,如果能够促使 X_{1j} 与 X_{2j} 之间呈现正相关性,也就是

$$\text{Cov}(X_{1j}, X_{2j}) > 0$$

那么,根据公式(7-21)可知,方差 $\text{Var}(\overline{Z}_n)$ 将会进一步减小。所以,根据系统的实际情况,并将不同系统的随机输出变量之间形成正相关的关系,那么公共随机数法就可以达成减小方差的目标。

需要指出的是,公共随机数法减小方差产生的效果主要来自本身设计方案的特性。而且,该方法要求将同步的随机数运用到各个系统设计方案的仿真过程中。也就是各个系统设计方案体现了相同特征的输入随机变量均使用相同的随机数发生器和相同的种子值。

7.3 生产系统仿真实验设计

7.3.1 仿真实验设计概述

对于生产系统的仿真分析,需要通过仿真实验设计对仿真条件进行科学判断,以便用最少的仿真次数产生最多的输出数据,以及获得不同条件下的系统仿真信息。从而实现理论模型对真实系统的模拟和对比。

仿真实验设计的基础理论是:统计学和概率论等。仿真实验设计的主要内容是:研究如何更加合理、高效地设置仿真实验,并正确收集、处理和分析所有相关实验数据,及时获得仿真结果。如果仿真实验方案设计得科学,对实验结果判断得准确,就可以实现仿真实验次数少、周期短、成本低、结果好、结论对和效率高;反之,如果仿真实验方案设计得不科学,对实验结果判断得不准确,将会造成实验频率的提高、实验周期的延伸,不仅浪费资源,而且无法实现预期目标,最终导致实验失败。

具体而言,仿真实验设计的作用主要体现在以下几个方面:

(1) 判断影响因素。基于仿真实验的科学设计,发现对仿真运行结果产生影响的各类因素,充分了解各类因素之间的相互关系,并对这些因素的权重进行准确判断。

(2) 提高效益效率。基于仿真实验的合理设置,做到最小的仿真实验次数,以及最短的实验周期,从而提高仿真的效益与效率。

(3) 开展数据分析。基于仿真实验的各种统计分析,研究系统性能测度指标值在不同条件下的取值范围和发展趋势等。

(4) 寻求最佳方案。基于仿真实验的规范设计,可以做到及时判断和确定最佳方案,并为方案的进一步改进指明方向。

另外,仿真实验设计的基本术语主要包括以下内容:

(1) 响应。响应是指根据实验获得的仿真结果。

(2) 因素。因素是指对系统性能产生影响的参数和条件等。

(3) 因素水平。因素水平是指允许因素所处的不同状态或者取不同的数值。

(4) 多因素实验。多因素实验是指某项实验可以多个因素同时改变。

(5) 单因素实验。单因素实验是指某项实验只可以一个因素改变,其他因素不变。

(6) 因素效应。因素效应是指某个因素的改变导致响应发生变化。

(7) 实验系统条件。设定与系统性能相关的各种因素,并将每个因素分别设置相应的因素水平,从而组建了实验系统条件。通过仿真实验可以在多个实验系统条件中发现最优的实

验系统条件。

(8) 实验环境条件。实验环境条件主要包括与仿真相关的软件与硬件等,如某款仿真软件的程序以及相应的计算机配置等。实验环境条件与系统特性没有必然联系,但它可以对实验结果产生重要影响。

(9) 施行仿真实验。在设置一定的实验条件下,按照程序开展仿真实验运行,观测并记录系统仿真模型的响应。

7.3.2 仿真实验设计方法

目前,关于仿真实验设计有不少方法。其中运用比较普遍的方法主要有多次单因素实验法、全面实验法、正交实验法、均匀实验法。

1. 多次单因素实验法

绝大多数的系统方案均涉及多个因素的影响,在仿真实验的过程中,每次实验只改变其中一个因素,并设置其余因素保持不变。类似地,开展多次这样的实验,整个过程称为多次单因素实验法。

多次单因素实验法的优点主要表现在:如果多个因素彼此之间是相互独立的,那么可以大幅度缩减仿真实验的次数。

多次单因素实验法的缺点主要表现在:如果各个因素彼此之间不是相互独立的,即某个因素的变化将导致其他一个或多个因素的相应变化,那么该方法可能会造成决策错误。

2. 全面实验法

全面实验法是指将系统所有因素的各种水平进行排列组合,在此基础上,对每一个组合都开展相应的实验。

假设某一个实验涉及的因素共有 m 个,这些因素各自有 $n_1, n_2, \cdots, n_m$ 个相应的水平,那么全面实验法实验的次数至少应当为 $n_1 n_2 \cdots n_m$ 次。例如,针对某个系统的仿真实验,涉及因素总计 3 个,即 K_p, T_l, T_d,每个因素都有 3 个不同水平,分别为 $K_{p1}, K_{p2}, K_{p3}, T_{l1}, T_{l2}, T_{l3}$ 和 T_{d1}, T_{d2}, T_{d3}。

下面对该 3 个因素 3 次水平进行全面实验。如果将 3 个因素的全部水平进行排列组合,那么组合方式共计 $3^3 = 27$ 种,如表 7-3 所示。对于每一种组合都开展相应的实验,选择实验点的数量也应当为 27 个,如图 7-1 所示。其中,符号"●"代表各个实验点。

表 7-3 3 个因素 3 次水平的全面实验法的排列组合

		T_{d1}	T_{d2}	T_{d3}
K_{p1}	T_{l1}	$K_{p1} T_{l1} T_{d1}$	$K_{p1} T_{l1} T_{d2}$	$K_{p1} T_{l1} T_{d3}$
	T_{l2}	$K_{p1} T_{l2} T_{d1}$	$K_{p1} T_{l2} T_{d2}$	$K_{p1} T_{l2} T_{d3}$
	T_{l3}	$K_{p1} T_{l3} T_{d1}$	$K_{p1} T_{l3} T_{d2}$	$K_{p1} T_{l3} T_{d3}$
K_{p2}	T_{l1}	$K_{p2} T_{l1} T_{d1}$	$K_{p2} T_{l1} T_{d2}$	$K_{p2} T_{l1} T_{d3}$
	T_{l2}	$K_{p2} T_{l2} T_{d1}$	$K_{p2} T_{l2} T_{d2}$	$K_{p2} T_{l2} T_{d3}$
	T_{l3}	$K_{p2} T_{l3} T_{d1}$	$K_{p2} T_{l3} T_{d2}$	$K_{p2} T_{l3} T_{d3}$
K_{p3}	T_{l1}	$K_{p3} T_{l1} T_{d1}$	$K_{p3} T_{l1} T_{d2}$	$K_{p3} T_{l1} T_{d3}$
	T_{l2}	$K_{p3} T_{l2} T_{d1}$	$K_{p3} T_{l2} T_{d2}$	$K_{p3} T_{l2} T_{d3}$
	T_{l3}	$K_{p3} T_{l3} T_{d1}$	$K_{p3} T_{l3} T_{d2}$	$K_{p3} T_{l3} T_{d3}$

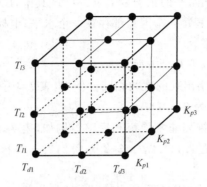

图 7-1 全面实验法的实验点示意图

全面实验法的优点主要表现在:可以更加清晰全面地阐述各个因素和响应指标相互之间的内在逻辑关系。如果对系统产生影响的因素及其水平的数量较少,那么运用全面实验法能够得到更加齐全的输出数据,提炼的结论也相对准确,可信度较高。

全面实验法的缺点主要表现在:开展实验的次数相对较多。如果对系统产生影响的因素及其水平的数量较多,那么整个实验的成本将快速提升,其工作量也将成倍增长。例如,某仿真模型共有 6 个因素,每个因素有 10 个水平,运用全面实验法开展实验的总数为 10^6 次。

3. 正交实验法

仿真实验设计方法的本质是在一定的实验范围内选择具有代表性的点。正交实验法的基本原理是:按照正交性原则选择具有代表性的点,而这些点可以很好地体现各个因素之间的内在逻辑关系。

实践表明,正交实验法可以较好地达到仿真实验的预期效果。运用该方法的主要工具是正交表。正交表是按照一定规则设计的表格,有利于对多个因素的系统进行仿真实验设计与数据统计分析。而且该方法具有正交性特点,所以,便于寻找每一个因素的主效应,如果每一个因素都存在两个不同水平,该方法可以对各个因素之间的交互效应进行分析和判断。一个典型的正交表如表 7-4 所示。

表 7-4 正交表 $L_9(3^4)$

实验次数	列号			
	1	2	3	4
1	1	1	1	1
2	1	2	2	2
3	1	3	3	3
4	2	1	2	3
5	2	2	3	1
6	2	3	1	2
7	3	1	3	2
8	3	2	1	3
9	3	3	2	1

表7-4显示了3因素3次水平的正交表$L_9(3^4)^*$。其中,L代表正交表;下标9代表应当完成9次实验;括号里的3代表每一个因素都存在3个水平;上标4代表此表总计有4列。该表可以设置4个因素3个水平。

正交表的特点主要包括以下几个方面:

(1) 在每一列中,不同数字出现的次数相同。例如,表7-4中的任意一列均包含数字1,2,3,且它们出现的次数相同,均为3次。

(2) 在任意两列中,数字排列非常均衡和完整。例如,表7-4中的任意两列(同一个横行里)的有序对总计9种,分别是1.1,1.2,1.3,2.1,2.2,2.3,3.1,3.2,3.3,且它们出现的次数也相同,均为1次。

上述特点表明,正交表具有"整齐可比、均匀分散"的优势。也就是说,每一个因素的每一个水平与另一个因素的每一个水平都会相遇一次,体现了正交性原则。"整齐可比"是指实验范围内实验点的排列具有整齐性和可比性。这有利于精准处理和分析相关数据。"均匀分散"是指实验范围内实验点的分布具有均匀性和分散性。这有利于保障实验点可以充分代表仿真模型。

在具体的仿真实验过程中,为了能够实现"整齐可比",该方法一般要求开展实验的次数不少于q^2次,其中,q表示每一个因素的水平。如果各个因素的水平都比较大,那么就需要增加开展实验的次数。针对生产系统的仿真实验,运用正交实验法进行仿真实验的次数是比较多的,这大幅度降低了仿真效率,提升了实验成本,也是该方法的主要缺点。

根据表7-4中的数据,将第3列、第1列和第2列分别对应于3个因素K_p, T_l, T_d,可以画出9个实验点,即1.1.1,2.1.2,3.1.3,2.2.1,3.2.2,1.2.3,3.3.1,1.3.2,2.3.3,其示意图如图7-2所示。

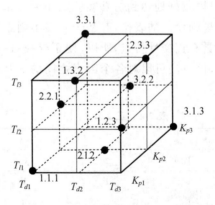

图7-2 正交实验法的实验点示意图

正交实验法的主要步骤可以分为:

(1) 确定性能指标。依据本实验的主要目标,全面分析系统特点,得到系统方案的各类性能指标。

(2) 确定影响因素。全面剖析影响系统性能指标的各类因素,得到系统方案涉及的所有可能的影响因素。

(3) 确定因素水平。依据仿真实验的研究范围以及规定的精度要求,得到各个因素的水平数及其最值。

(4) 确定正交表。依据因素的数量和因素水平的数量,可以对仿真实验设计和选取相应的正交表。

(5) 分析实验结果。依据相应的正交表开展具体的实验工作,对实验数据进行必要的统计分析,寻找最优方案的具体参数值。

(6) 验证系统方案。依据最优方案的具体参数值,进一步判断和验证系统方案的各类性能指标值。

4. 均匀实验法

均匀实验法是一种仅在实验范围内均匀散布的实验设计方法。运用该方法的主要工具是均匀设计表,如表 7-5 所示。

表 7-5 显示了 4 因素 7 次水平的均匀设计表 $U_7(7^4)^*$。其中,U 代表均匀设计表;下标 7 代表应当完成 7 次实验;括号里面的 7 代表每一个因素都存在 7 个水平;上标 4 代表此表总计有 4 列。

均匀设计表的特点主要包括以下几个方面:

(1) 对于某一个因素的任何一个水平,只做 1 次实验。

(2) 通常情况下,任意两列构建的实验方案不是等价的。所以,为了明确均匀设计表是怎样使用的,需要通过一张额外的使用表进行说明。例如,$U_9(9^6)$ 的使用表如表 7-6 所示。

表 7-5 均匀设计表 $U_7(7^4)^*$

实验次数	列 号			
	1	2	3	4
1	1	2	3	6
2	2	4	6	5
3	3	6	2	4
4	4	1	5	3
5	5	3	1	2
6	6	5	4	1
7	7	7	7	7

表 7-6 $U_9(9^6)^*$ 的使用表

因素数	列 号			
2	1	3		
3	1	3	5	
4	1	2	3	5

由表 7-6 可知,如果系统方案存在 2 个因素,那么使用均匀设计表 $U_9(9^6)$ 中的第 1 列和第 3 列进行仿真实验;如果系统方案存在 3 个因素,那么使用均匀设计表 $U_9(9^6)$ 中的第 1 列、第 3 列和第 5 列进行仿真实验;如果系统方案存在 4 个因素,那么使用均匀设计表 $U_9(9^6)$ 中的第 1 列、第 2 列、第 3 列和第 5 列进行仿真实验。

如果各个因素的水平数量增大,那么实验次数将随着各个因素的水平数量增大而同等增大。例如,如果水平数量由 5 次增加到 6 次,那么实验次数 n 也由 5 次增加到 6 次。但是,在正交实验法中,如果水平数量由 5 次增加到 6 次,那么实验次数 n 由 25 次增加到 36 次。所以，均匀实验法比正交实验法使用更加方便。

均匀实验法的基本步骤可以分为：

（1）确定因素和因素水平。依据仿真实验的研究目标，对系统进行全面分析和判断，选取恰当的因素以及各个因素水平。

（2）确定均匀设计表和相应的使用表。首先判断和选取适合的均匀设计表；然后依据相应的使用表在均匀设计表中选择对应的列号；再将有关因素设置在这些列号上；最后按照规定的列号、实验次数和相应的因素水平开展仿真实验。

复习思考题

（1）两种系统设计方案的比较与多种系统设计方案的比较有哪些共同点和不同点？

（2）什么是对偶变量法？

（3）什么是公共随机数法？

（4）仿真实验设计方法有哪些？它们各自的优点和缺点是什么？

第 8 章 生产系统建模与 AnyLogic 仿真

8.1 AnyLogic 仿真软件介绍

AnyLogic 软件是一款应用广泛的,对离散、系统动力学、多智能体和混合系统建模和仿真的工具。AnyLogic 所有的建模技术都是以 UML-RT、Java 和微分方程为基础的,这些也是目前大多数用户所熟悉的先进技术。AnyLogic 的动态仿真具有独创的结构,用户可以通过模型的层次结构,以模块化的方式快速地构建复杂交互式动态仿真。AnyLogic 的动态仿真运用 Java 语言,因此可以通过 Internet 访问并在 Web 页上显示。它的应用领域包括:物流、供应链、制造生产业、行人交通仿真、行人疏散、城市规划建筑设计、Petri 网、城市发展及生态环境、经济学、业务流程、服务系统、应急管理、GIS 信息、公共政策、港口机场、疾病扩散等。

1. 打开欢迎页面

打开 AnyLogic 之后,首先看到的页面就是欢迎页面,如图 8-1 所示,该页面的目的是介绍这款软件。欢迎信息包括软件的总述、特点,引导用户完成一些简单任务的例子。

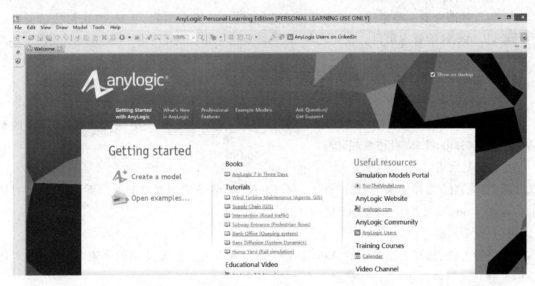

图 8-1 AnyLogic 欢迎页面

2. 关闭欢迎页面

单击编辑器标签栏 Welcome 上的关闭按钮("×")。

3. 项目视图

在项目视图中,访问当前工作空间中所有打开的 AnyLogic 项目,如图 8-2 所示。工作空间树能够在模型之间方便地浏览。各个模型按照层次进行组织,因此它们以树状结构呈现:模型本身为最顶层,活动对象和 Java 类在第二层,活动对象的组成元素构成了第二层的分支等。

默认情况下，项目视图打开后将显示在整个 AnyLogic 窗口的最左面。在主菜单中选择"View | Project View"。模型中的所有元素将显示在工作空间树中，而且对于模型的修改将会即时在这里体现。

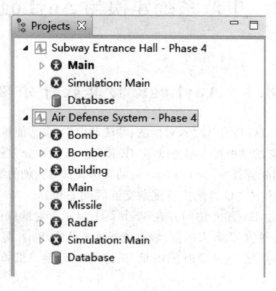

图 8-2　项目视图示意图

4．使用项目树

在项目视图中有一些常用的基本操作，可以借助这些操作删除、复制、剪切和粘贴项目中的元素，从而更好地管理项目。在此之前，首先需要选中相应的元素。

（1）选中元素

这时属性视图中将显示所选元素的相应属性。

（2）删除元素

有三种方法：选择主菜单中的"Edit | Delete"；或者右击想要删除的元素，在弹出的对话框中选择"Delete"；或者按"Del"键。

（3）复制元素

有三种方法：选择主菜单中的"Edit | Copy"；或者右击想要复制的元素，在弹出的对话框中选择"Copy"；或者按"Ctrl＋C"键。

（4）剪切元素

有三种方法：选择主菜单中的"Edit | Cut"；或者右击想要剪切的元素，在弹出的对话框中选择"Cut"；或者按"Ctrl＋X"键。

（5）粘贴元素

① 选中所希望要复制到的父项元素。例如，可以将一个活动对象类复制到一个模型中。

② 粘贴元素有三种方法：选择主菜单中的"Edit | Paste"；或者右击想要复制到的父项元素，在弹出的对话框中选择"Paste"；或者按"Ctrl＋V"键。

5．面板视图

面板视图（ Palette View）是为了方便建立模型，默认情况下，该视图将悬浮在窗口的右侧，如图 8-3 所示。面板视图由任务相关的包含各种绘图元素的模板所组成。所谓绘图元素是指在建模过程中需要多次重复使用的模板上的几何图形。

（1）打开面板视图中的绘图元素

双击视图中相应模板的标签即可。可以自行定制面板中绘图元素的显示方式。默认情况下，它们以小图标的方式显示，也可以设置它们以大图标或者列表的形式显示。

（2）改变面板中绘图元素的显示方式

双击面板视图标题栏上的 按钮，在弹出的菜单中选择相应的选项：Small Icons、Large Icons 和 List。

（3）使用面板添加元素

在图形化编辑器中建立模型时，需要经常使用面板视图。一般情况下，所有元素都是通过一系列相同的操作添加到模型中的。但是，对于不同的元素，添加的方法略有不同。根据绘制方式的不同，可以将所有元素分成四类：图标型、区域型、曲线型和折线型。

① 图标型元素

图标型元素主要有： Parameter， Flow Aux Variable， Stock， Event， Dynamic Event， Plain Variable， Collection Variable， Function， Table Function， Port， Final State， Branch， History， Pixel， Text， Group。

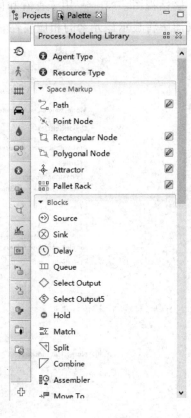

图 8-3　面板视图

在面板视图中选择需要的元素，并在图形化编辑器中合适位置单击鼠标，则可以添加图标型元素。

② 区域型元素

区域型元素主要有： State， Rectangle， Rounded Rectangle， Oval， Image， Button， Check Box， Edit Box， Radio Buttons， Slider。

在面板视图中选择需要的元素，并在图形化编辑器中合适位置单击鼠标，或者将需要的元素拖拽到图形化编辑器中的合适位置，则可以添加区域型元素。

③ 曲线型元素

曲线型元素主要有： Line， Arc。

在面板视图中选择需要的元素，并在图形化编辑器中的合适位置单击鼠标，作为曲线的起始点，在图形化编辑器中再次单击鼠标，作为曲线的终止点，则可以添加曲线型元素。

④ 折线型元素

折线型元素主要有： Connector， Statechart Entry， Transition， Initial State， Polyline， Curve。

在面板视图中选择需要的元素，并在图形化编辑器中合适的位置单击鼠标设置折线的拐点，双击鼠标设置折线的终止点，则可以添加折线型元素。

6. 属性视图

属性视图|Properties 用于查看和修改当前选中的模型元素的属性。当选中了某个元素,属性视图中将显示该元素的相应属性,如图 8-4 所示。

图 8-4　属性视图示意图

属性视图的每个页面中都包含了一些编辑控件,用于查看和修改属性,如文本编辑框、复选框、按钮等。属性视图中页面的数量以及其中的内容,随着所选中元素的不同而不同。在主菜单中选择"View | Properties",则可以显示/关闭属性视图。

7. 问题视图

AnyLogic 支持在任意位置检查类型、参数和图表的语法。在 AnyLogic 的工作空间中建立模型时,AnyLogic 能够发现一些问题或错误。在代码生成与编译过程中发现的错误将显示在 AnyLogic 的问题视图中。例如,当试图保存含有语法错误的 Java 类文件时,这些错误将出现在问题视图中。对于每一项错误,问题视图中给出了相应的描述和其所在位置,如图 8-5 所示。

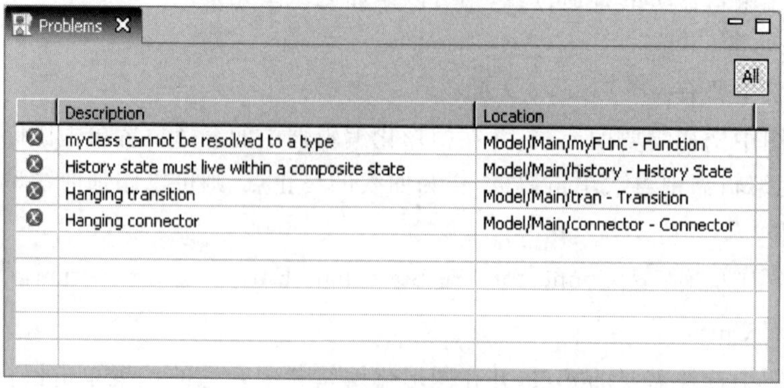

图 8-5　问题视图示意图

在主菜单中选择"View | Problems",则可以显示/关闭问题视图。问题视图的第一列中用一个图标表示该项条目的类型。单击条目能够在编辑器中打开相应的文件,并且出现错误的行将会被高亮显示。如果双击用于表示问题、错误或者警告的图标,相应的文件将会在编辑器中打开并自动定位到相应的代码行。例如,对于一个绘图错误,相应的图将被打开,并且无效的几何图形将会被高亮显示。

在问题视图中双击需要打开的错误条目。通常情况下,AnyLogic 并不一定能够对每个错误进行准确定位。例如,如果使用了一个 Java 无法识别的标志符,它可能是一个未声明的变量、参数等,在这种情况下,AnyLogic 将打开一个.java 文件,并将光标定位到错误出现的位置,该文件是以只读方式打开,需要自己找出错误出现的真正位置。AnyLogic 允许在问题视图中创建过滤器,从而只显示用户感兴趣的警告和错误。

8. 检索视图

检索视图用于显示查询结果。检索视图的显示内容如图 8-6 所示。

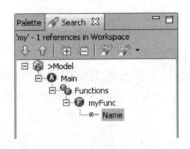

图 8-6　检索视图示意图

在主菜单中选择"View | Search",则可以显示/关闭检索视图。检索结果以树形结构自顶向下组织,该树结构中包含了所有检索到的与检索表达式相匹配的模型元素。例如,检索结果中包含了一些模型元素,这些模型元素中的某个属性值与检索表达式相匹配。可以通过在检索树双击某个属性定位到该属性。包含与检索表达式相匹配的字符串的元素将在工作空间中被选中,并且该字符串将在被打开的属性窗口中高亮显示。

9. 控制台视图

控制台视图中显示了模型执行的输出结果,也允许输入必要的控制参数。控制台能够显示三种类型的文本:一是标准输出;二是标准错误;三是标准输入。每种类型用不同的颜色加以区分。

10. 图形化编辑器

每个活动对象类都有自己相对应的图形化编辑器,可以在图形化编辑器中定义每个活动对象的结构,如图 8-7 所示。主要包括以下几个方面:一是定义活动对象类的接口;二是使用几何图形与调节控件定义活动对象的界面与图标,图形化编辑器将几何图形的属性与活动对象的数据以及嵌入对象联系在一起;三是定义行为元素,如事件状态图等;四是定义嵌入对象以及它们之间的相互关系。

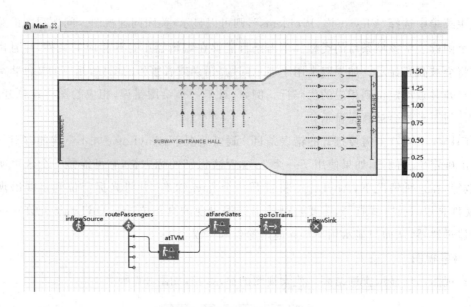

图 8-7 图形化编辑器示意图

(1) 打开活动对象的图形化编辑器

在项目视图中右击活动对象后,在弹出的菜单中选择"Open with | Graphical Editor"或者在项目视图中直接双击活动对象。图形化编辑器中有一个坐标系。默认情况下,坐标原点(0,0)位于编辑器的左上角。

(2) 选中几何图形

可以在图形化编辑器中选中任意的几何图形,选中之后,属性视图中将显示相应的属性信息。在图形化编辑器中单击该图形,则可以选中几何图形。按住鼠标不放,用一个矩形框将需要选中的几何图形框在里面,则可以选中多个几何图形。按住"Shift"键后单击鼠标,则可以添加或者删除选中的几何图形。在主菜单中选择"Edit | Select All",或者按下"Ctrl+A"键,则可以选中图形化编辑器中的所有几何图形。

(3) 复制、剪切和粘贴几何图形

选择主菜单中的"Edit | Copy",或者右击选中的几何图形后在弹出的菜单中选择"Copy",或者按下"Ctrl+C"键,则可以**复制选中的几何图形到剪贴板**。选择主菜单中的"Edit | Cut",或者右击选中的几何图形后在弹出的菜单中选择"Cut",或者按下"Ctrl+X"键,则可以**剪切选中的几何图形**。选择主菜单中的"Edit | Copy",然后在图形编辑器中的空白位置右击鼠标后,在弹出的菜单中选择"Paste",或者按下"Ctrl+V"键,把粘贴上的几何图形移动到合适的位置,则完成粘贴剪贴板中的内容。

(4) 移动与缩放图形化编辑器

为了更好地看到图形化编辑器中的某一部分内容,可以移动、缩放图形化编辑器,也可以使关心的内容居中。在图形化编辑器中按下鼠标右键不放,拖动鼠标,则可以移动图形化编辑器。AnyLogic 还可以根据需要对图形化编辑器进行缩放,在 AnyLogic 的缩放工具栏中设置缩放比例,如图 8-8 所示。还可以在缩放工具栏中单击"Zoom In"按钮进行放大,在缩放工具栏中单击"Zoom Out"按钮进行缩小,或者单击 100% 中的箭头,然后在弹出的下拉列

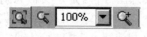

图 8-8 缩放工具栏示意图

表中选择合适的缩放比例,完成缩放到一定的比例。

(5) 图形化编辑器中的栅格

在图形化编辑器中可以使用栅格。栅格的作用是使得所建立的模型看起来更加美观。每个栅格的大小为 10×10 个像素,因此,启用栅格后,在移动或者调整几何图形的大小时,几何图形的相应属性(如坐标、宽度、高度等)只能是某些离散的数值,即单元栅格大小的整数倍。这个特性在有些情况下十分有用,例如,可以绘制多个尺寸完全一样的几何图形,或者把两个几何图形放置在精确相对的位置上。默认情况下,栅格是启用的,并且可见。但是,如果不需要将绘制的几何图形对齐到栅格,也可以禁用此功能。

单击工具栏上的"Enable/Disable Grid"按钮,则可以启用/禁用栅格。如果启用了栅格功能,该按钮将处于按下的状态。如果栅格的存在带来不便,可以随时隐藏栅格。隐藏栅格后,并不影响对齐到栅格的功能。也就是说,只要启动了栅格功能,即使不显示栅格,所有几何图形仍然能够自动对齐到栅格。

单击工具栏上的"Show/Hide Grid"按钮,则可以显示/隐藏栅格。如果显示了栅格,该按钮将处于按下的状态。

11. 使用工具栏

工具栏中的按钮可以快速实现各种常用命令。当鼠标停留在工具栏中的按钮上时,该按钮的名称将会弹出。

文件菜单(File)包含了 AnyLogic 的基本操作命令:New Model(创建一个新模型);Open(打开存在的模型);Save(保存对于选中模型的所有修改);Save As(将当前选中的模型另存为其他名字);Save All(保存当前工作空间中所有打开的模型);Close(关闭当前选中的模型);Close All(关闭当前工作空间中打开的所有模型);Exit(退出 AnyLogic)。

编辑菜单(Edit)包含了在编辑模型时常用的命令:Undo(撤销上一步操作);Redo(重复上一步操作);Cut(剪切当前选中的元素);Copy(复制当前选中的元素);Paste(粘贴剪切板中的内容);Delete(删除当前选中的元素);Select All(选中当前编辑器中的所有元素);Search/Replace(在工作空间中查找包含指定字符串的元素,如果有必要的话将其替换成其他字符串)。

视图菜单(View)中包含了用于操作当前 AnyLogic 工作空间中已打开的视图的命令:Projects(打开/关闭项目视图);Properties(打开/关闭属性视图);Problems(打开/关闭问题视图);Palette(打开/关闭面板视图);Search(打开/关闭检索视图)。

模型菜单(Model)中包含了操作模型时需要用到的命令:Build(构建当前选中的模型);Build All(构建工作空间中所有打开的模型);Run(运行下拉列表中选中的试验);Stop(停止当前正在运行的模型);Team(包含了使用 CVS 进行小组协同开发的相关命令);Share(将选中的模型添加到 CVS 中);Update(把 CVS 中的模型下载到本地,更新本地模型);Commit(把本地模型上传到 CVS 中,更新 CVS 中的模型);Search(根据指定的字符串在工作空间中进行查找)。

帮助菜单(Help)包含了打开帮助信息的相关命令和打开 AnyLogic 激活向导的命令:AnyLogic Help(打开 AnyLogic 的帮助窗口);Welcome(打开 AnyLogic 的欢迎页面);About AnyLogic(查看 AnyLogic 的信息,如版本号等)。

12. 使用代码提示功能

AnyLogic 支持代码提示功能,有了这项功能,在输入函数、变量以及参数的时候就不用输入它们的全名了,从而大大减轻了代码输入的工作量。可以使用代码提示向导输入变量名或者函数名。

代码提示向导看起来就像一个下拉列表,其中包含了变量、参数和函数名称,并且按照字母顺序排列,只需从这个列表中选择想输入的名字,它就会被自动插入代码中。

把光标移动到将要插入名称的位置;同时按下"Ctrl+Space",代码提示向导将会弹出,其中列出了模型中的所有变量和函数;移动滑块,找到想插入的名称,或者输入名称的前几个字母,直到该名称位于代码提示向导列表中的最顶部;单击想要插入的名称。代码提示向导将会在弹出的文本框中显示该名称对应对象的细节描述;双击该名称即可将需要的代码插入到表达式中。代码提示向导如图 8-9 所示。

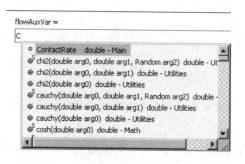

图 8-9 代码提示向导示意图

13. 文本检索

AnyLogic 支持在工作台内进行文本检索。单击工具栏中的 按钮,打开检索窗口,如图 8-10 所示。

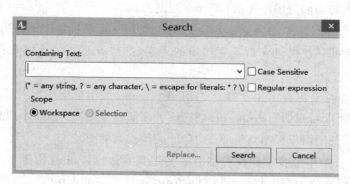

图 8-10 检索窗口示意图

(1) 在"Containing Text"文本编辑框中输入想要检索的字符串。在下拉菜单中,可以选择最近执行过的检索,或者对其进行调整。在检索窗口中输入字符串表达式时,还可以使用通配符:

"*":代替任意长度的字符串,包括空字符串。

"?":代替一个字符。

"\":转意字符,如果在检索表达式中本身包含了星号、问号或者反斜线,需要在这些字符前输入一个转意字符,以表示这些字符不作为通配符使用。

(2) 如果在检索时需要区分大小写,可以选中"Case Sensitive"选项。

(3) 如果在检索时需要指定模式面,可以选中"Regular Expression"选项。模式面用于限制值的词汇空间(表示值的字符串所组成的集合),从而限制了值空间。模式的值称为正则表达式。关于模式语法的更多信息,可以参照 java.util.regex.Pattern 类的相关文档。

(4) 使用"Scope"单选按钮指定检索范围。这个范围可以是整个工作空间("Workspace"选项),也可以是当前选中的模型元素("Selection"选项)。如果选中了"Selection"选项,则AnyLogic 将会在当前选中元素的所有分支中进行检索。

(5) 单击"Search"按钮,检索完成后,检索结果将会出现在检索视图中。

8.2 雷达防空系统模型仿真

本节将建立一个简单的雷达防空系统模型。在这个模型中(轰炸机、雷达、导弹、炸弹和建筑物)中的所有类型的智能体都存在并在连续的 3D 空间中相互作用。需要使用各种运动和空间传感技术。

轰炸机被派去摧毁某一地区的地面设施。飞机携带炸弹,为了成功完成任务,飞机需要向大楼投下炸弹。完成任务后,轰炸机使用更高的高度路线返回基地。轰炸机的速度是每小时 600 千米。

这些建筑受到防空系统的保护,防空系统由两个装有地空导弹的雷达组成。一台雷达最多可同时引导两枚导弹。一旦轰炸机进入雷达覆盖区域,即雷达周围 1 千米半径的半球,就会发射导弹。导弹的速度是 900 千米/小时。导弹一旦接近飞机 100 米就会爆炸。如果导弹在击中飞机之前离开雷达覆盖区域,它会摧毁自身。

模型开发包括四个阶段,每个阶段结束时都有一个准备运行的模型。

第一阶段:创建资产

在第一阶段,将创建一个新的模型,并用将要遭受轰炸的建筑填充它。

创建新模型

① 单击"New"(新建)工具栏按钮。将显示"New Model"(新建模型)对话框。

② 定义新模型的参数:

- 在"Model name"中指定模型的名称,输入 Air Defense System。
- 如有必要,通过单击"Browse"(浏览)按钮并选择所需文件夹来设置新模型的位置。
- 将"Model time units"(模型时间单位)设置为 seconds(秒)。

③ 单击"Finish"(完成)创建新模型。

接下来将创建一个代表 10 个设施的新智能体群。

创建新的智能体群

① 将 Agent 智能体元素从智能体面板拖到 Main(主关系)图上。将显示"New agent"(新建智能体)对话框。

② 单击"Population of agents",将进入"New agent"向导的下一步,如图 8-11 所示。在"Step2. Create new agent type or use existing?"对话框中选择"I want to create a new agent type"选项。

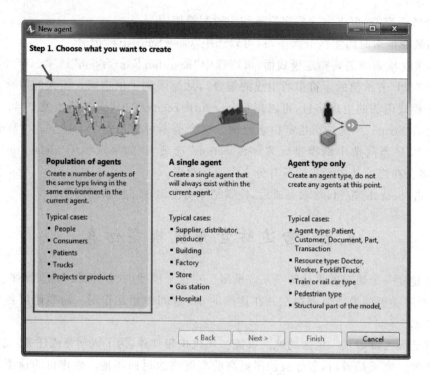

图 8-11 "New agent"对话框一

③ 在"Agent type name"字段中键入 Building。在"Agent population name"中将自动填充 buildings。单击"Next"继续执行步骤 4,如图 8-12 所示。

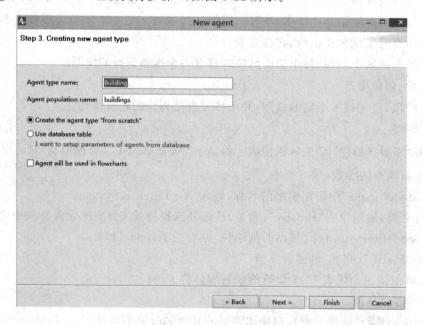

图 8-12 "New agent"对话框二

④ 将"Choose animation"参数设置为"3D",然后在"Buildings"区域中选择 House 动画形状。单击"Next"继续执行步骤 5,如图 8-13 所示。

第 8 章　生产系统建模与 AnyLogic 仿真

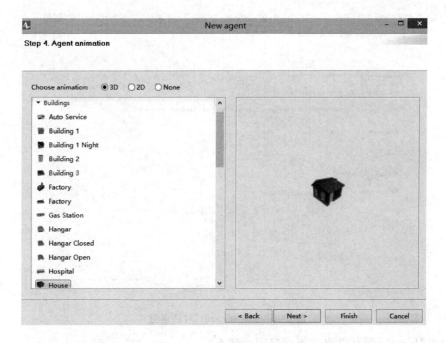

图 8-13　"New agent"对话框三

⑤ 不设置任何智能体参数，可以单击"Next"继续执行步骤 6。

⑥ 将"Create population with"参数设置为 10。单击"Next"继续执行步骤 7，如图 8-14 所示。

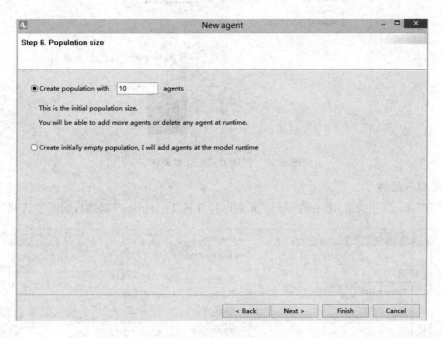

图 8-14　"New agent"对话框四

⑦ 将"Space type"（空间类型）参数设置为"Continuous"（连续），然后选择"Apply random layout"（应用随机布局）选项，如图 8-15 所示。

· 147 ·

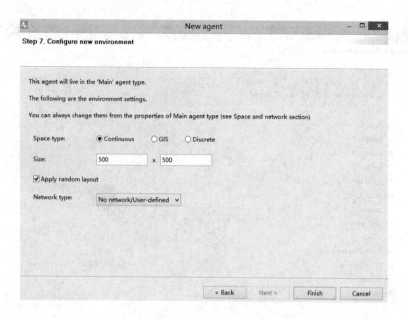

图 8-15 "New agent"对话框五

⑧ 单击"Finish"保存更改并创建自定义填充。

至此创建了一组智能体，并为它们定义了动画形状，如图 8-16 所示。

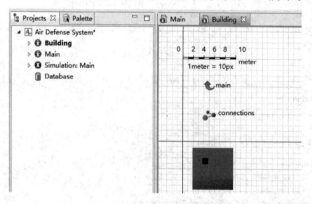

图 8-16 创建 Building 智能体

调整模型的比例

① 单击"Main"（主关系）图上的"Scale"元素以打开其"Properties"（属性），如图 8-17 所示。

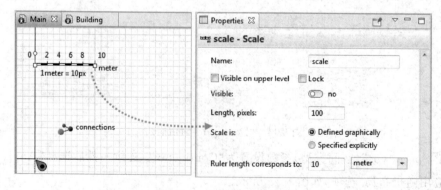

图 8-17 打开 Scale 属性

② 将"Ruler length corresponds to parameter to"(参数对应的标尺长度)设置为 100。尺子上的刻度会改变，如图 8-18 所示。修改了模型的比例，结果建筑物的大小形状发生了改变。

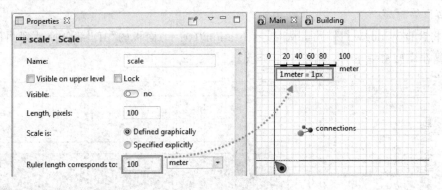

图 8-18　设置"Scale"属性

至此已经完成了智能体的总体设置，现在可以第一次运行模型来观察模型的行为。

运行模型

① 单击"Run ▶"(运行)工具栏按钮。将显示模型的演示窗口，如图 8-19 所示。

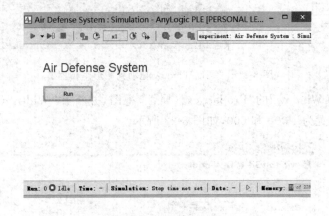

图 8-19　模型的演示窗口

② 单击"Run"启动模型。将看到 10 个建筑形状随机分布在 500×500 像素的空间，这是默认设置的空间大小，不需要改变它，因为将要定制设施的位置，如图 8-20 所示。

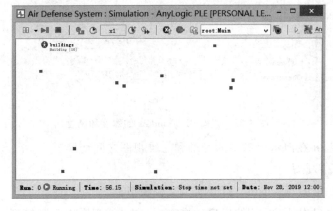

图 8-20　启动模型窗口

现在将为模型创建三维动画。首先需要在"Main"中添加"3D Window"(3D 窗口)。三维窗口扮演三维动画的占位符角色,它定义了展示图上运行时将显示三维动画的区域。

添加三维窗口

① 将"3D Window ⬛"元素从"Presentation"(演示)面板的"3D"部分拖动到图形编辑器,将窗放置在模型窗框下方,如图 8-21 所示。

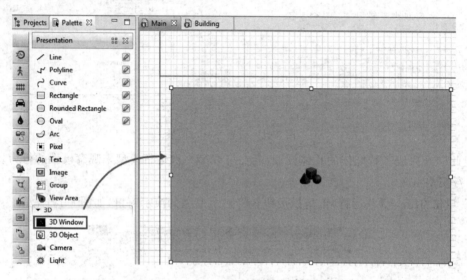

图 8-21 将 3D Window 拖动到图形编辑器

② 导航到"3D Window"的"Properties"(属性)视图,并将其"Width"(宽度)和"Height"(高度)参数分别设置为 1 000 和 600,如图 8-22 所示。

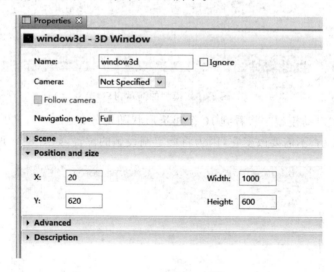

图 8-22 修改 3D Window 的宽度和高度

现在运行模型,并在演示窗口中的二维和三维视图之间切换。

比较二维和三维视图

① 单击工具栏中的"▶ Run",打开演示文稿窗口。

② 单击演示窗口中的"Run"按钮启动模型,将在二维视图中观察模型,如图 8-23 所示。

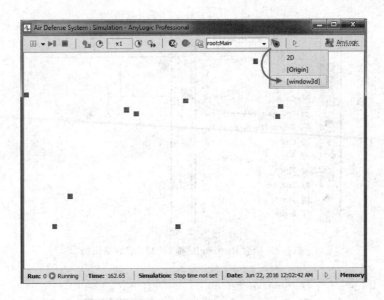

图 8-23　2D Window 示意图

③ 单击"![] Navigate to view area"工具栏按钮,并从下拉列表中选择"[window3d]",视图模式将更改为 3D,如图 8-24 所示。

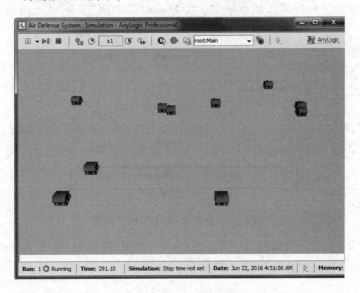

图 8-24　3D Window 示意图

绘制曲面

① 将一个"Rectangle"(矩形)从"Presentation"面板拖到"Main"的编辑器上,将其左上角放在(0,0)处,如图 8-25 所示。

② 导航到矩形"Properties"(属性)的"Position and size"(位置和大小)区域,并相应地将其"Width"(宽度)和"Height"(高度)参数设置为 1 000 和 600,因此区域大小为 1 000 米×600 米,如图 8-26 所示。

③ 将"Z"和"Z-Height"参数相应地设置为 −1 和 1,如图 8-27 所示。

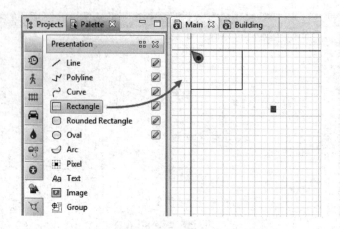

图 8-25 将"Rectangle"拖到"Main"的编辑器

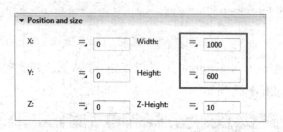

图 8-26 设置 Rectangle 的宽度和高度

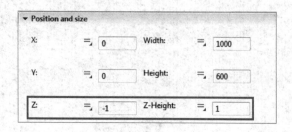

图 8-27 设置 Rectangle 的 Z 高度

④ 在矩形"Properties"(属性)的"Appearance"(外观)区域中,将"Line color"(线颜色)选项设置为"No color"(无颜色),如图 8-28 所示。

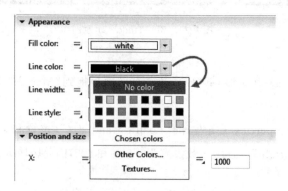

图 8-28 设置 Rectangle 的线颜色

⑤ 定义矩形区域的纹理。单击"Fill color"(填充颜色)控件并选择"Textures"(纹理)以打开包含可用纹理的对话框,如图 8-29 所示。

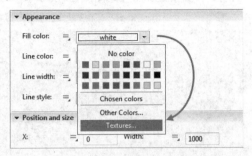

图 8-29 设置 Rectangle 的填充颜色

⑥ 单击"Earth"(大地)纹理将其设置为矩形形状的填充颜色,如图 8-30 所示。

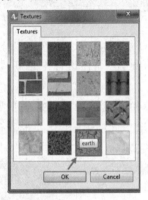

图 8-30 设置 Rectangle 填充大地纹理

⑦ 单击"OK"关闭对话框。矩形将改变它的外观。

下面运行模型,并在二维和三维模式下观察新布局。

观察新布局

① 单击工具栏中的"Run ▶",打开演示文稿窗口。

② 单击演示窗口中的"Run"按钮启动模型,在二维视图中观察模型,有新的布局,但看不到任何建筑物,如图 8-31 所示。

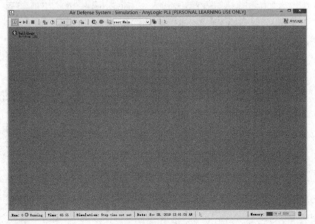

图 8-31 二维视图

③ 通过单击工具栏按钮" Navigate to view area"切换到三维模式,从下拉列表中选择"[window3d]",可以在三维视图中观察建筑物,如图 8-32 所示。

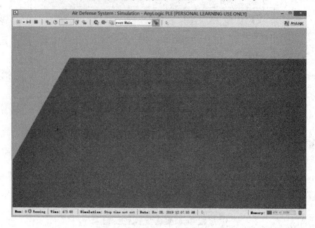

图 8-32　三维视图

为了使建筑物在二维视图中可见,必须在设计中重新排列形状。

重新排列形状

右击矩形形状以打开其关联菜单。然后单击"Order"(顺序)菜单项,并从顺序列表中选择"Send to Back"子项,如图 8-33 所示。此时,二维建筑形状将可见,如图 8-34 所示。

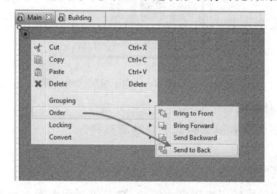

图 8-33　重新排列矩形顺序的过程

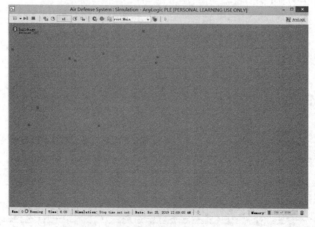

图 8-34　重新排列矩形顺序的二维视图

至此，模型在二维和三维视图中都具有正确的可视化效果。运行模型检查是否一切正常。接下来，锁定 Rectangle（矩形）形状并添加 Camera（照相机）。

锁定矩形形状

在"Properties"（属性）视图中，选择"Lock"（锁定）选项以锁定形状。防止在处理关系图上的其他元素时偶尔选择矩形，如图 8-35 所示。

图 8-35　锁定形状视图

添加照相机

① 将"Camera"（照相机）元素从"Palette"（面板）|"Presentation"（演示）的"3D"部分拖到图形编辑器上。可以在图形编辑器中看到相机图标。

② 将照像机对准建筑物。运行模型并将照相机位置调整到所需位置。保存该位置，使照像机始终位于设定位置。

调整照像机位置

① 运行模型并切换到 3D 模式。

② 右击 3D 模型展示打开弹出菜单。导航到"Camera"菜单项并选择"Camera"子项，可以切换到照相机视图。

③ 运行并观察模型，定位照相机以获得最佳图片。

④ 完成上述步骤后，在 3D 模型展示上右击，然后单击"Copy camera's location"（复制照相机位置）。

现在可以停止模拟，已经设置好照相机并复制了它的位置，现在需要应用新照相机位置。

应用新照相机位置

① 单击"Camera"元素以打开其"Properties"视图。

② 单击"Properties"视图中的" Paste coordinates from clipboard"（从剪贴板粘贴坐标）按钮。旋转参数将改变。

下一步将建立一个保护区，其中的建筑物将被放置。该地区将进一步装备防空系统，以消除对设施的空袭。

划定保护区

① 双击"Palette"（面板）中"Process Modeling Library"（流程建模库）的"Polygonal Node"（多边形节点）元素以激活绘图模式，如图 8-36 所示。

图 8-36　打开"Polygonal Node"绘图

② 单击矩形顶部开始绘制保护区域。

③ 双击最后一个节点完成绘图,如图 8-37 所示。

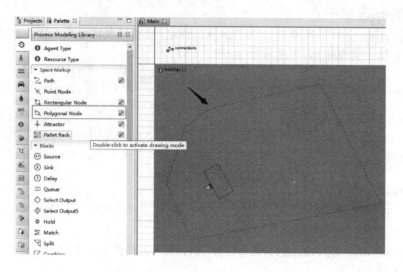

图 8-37　绘制保护区域

④ 导航到元素的"Properties",将其命名为 protectedArea,并将其 Visible 参数设置为 no,如图 8-38 所示。

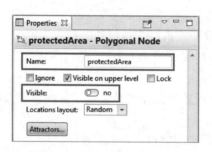

图 8-38　设置 Polygonal Node 的属性

至此,已经建立了一个新的区域,现在需要在它的边界内找到相关设施。

重新安置设施

① 单击"Main"视图上的"buildings",打开"Properties"视图。

② 导航到"Initial location"部分,并将"Place agent(s)"(位置智能体)参数设置为"in the node"。"Node"(节点)参数将显示在下面。

③ 单击"Node"(节点)参数默认"None"值,然后从可用节点的下拉列表中选择"protectedArea",如图 8-39 所示。

④ 打开"Main"的属性并导航到"Space and network"部分。

⑤ 将"Layout type"(布局类型)设置为"User-defined"(用户定义),如图 8-40 所示。

最后,可以运行模型,建筑物将位于多边形节点定义的区域内,如图 8-41 所示。至此,完成了防空系统的第 1 阶段,接下来进入第 2 阶段。

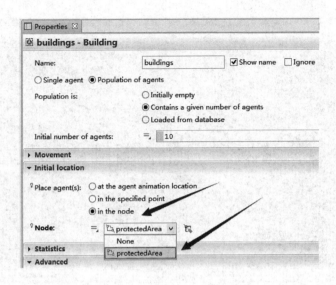

图 8-39 设置 Buildings 的属性

图 8-40 设置 Main 的属性

第二阶段：增加轰炸机

在上一阶段创建了一个新模型，增添了设施，为设施定义了动画形状，添加了三维视图和照相机来观察运行模型，最后添加了保护区。

在此阶段，将在模型中添加轰炸机，定义它们的行为和任务。下面从创建新的轰炸机开始。

创建新的智能体类型

① 将"Agent ✈"从"Agent"面板拖到"Main"关系图上。将其放置在模型动画左侧的"Buildings"入口附近。

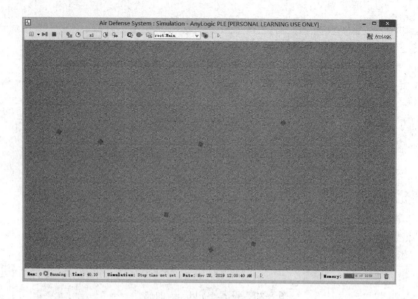

图 8-41 运行模型

② 单击"Population of agents",进入到下一步,在"Step2. Create new agent type,or use existing?"对话框中选择"I want to create a new agent type",单击"Next"。

③ 在 Agent 向导第三步"Step3. Creating new agent type"的"Agent type name"(智能体类型名称)字段中输入"Bomber",单击"Next",如图 8-42 所示。

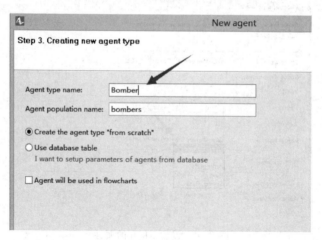

图 8-42 设置 New agent 模型

④ 选择"Military"(军事)区的"Bomber"(轰炸机)动画形状。单击"Next",如图 8-43 所示。

⑤ 定义参数:
- 单击"<add new...>"创建参数。
- 在"Parameter"字段中键入"target"。
- 将"Type"(类型)设置为"Other"(其他),紧接着旁边将显示其他下拉列表。
- 从参数类型的附加下拉列表中选择"Building"(这将是轰炸机任务中的目标建筑物),单击"Next",如图 8-44 所示。

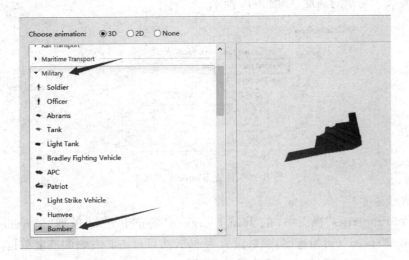

图 8-43 设置 New agent 模型

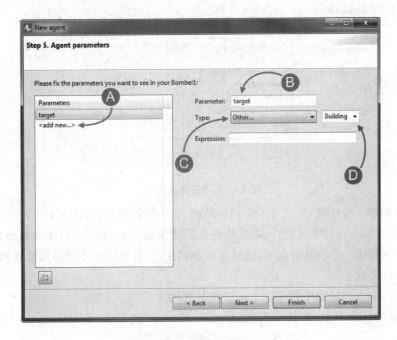

图 8-44 定义参数

⑥ 在"Step 6. Population size"选择"Create initially empty population, I will add agents at the model runtime"选项。

⑦ 最后,单击"完成"。

现在将确定轰炸机初始位置的坐标。

定义初始位置

① 单击"bombers"元素打开其属性,如图 8-45 所示。

② 导航到元素"Properties"(属性)的"Initial location"(初始位置)部分,将其"Place agent(s)"参数设置

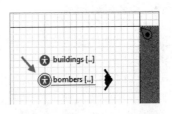

图 8-45 单击"bombers"元素

为"in the specified point"（在指定点中）以手动指定外观点，然后在"Z"坐标字段中键入 100 以指定轰炸机将飞入场景的高度，如图 8-46 所示。

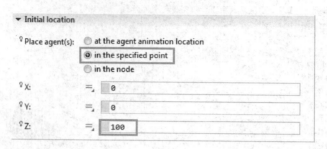

图 8-46　设置 bombers 的属性

定义飞机的速度

在同一个"Properties"视图中，在"Initial location"的正上方，导航到"Movement"（移动）部分，将"Initial speed"（初始速度）参数设置为 800，然后单击其右侧的速度单位下拉菜单并选择"kilometers per hour"（每小时千米数），如图 8-47 所示。

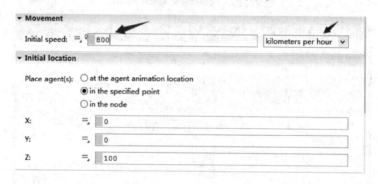

图 8-47　设置移动速度

至此已经创建了轰炸机，并定义了它们的动画、初始位置和目标，接下来运用"Statechart"（状态图）创建它们行为。一旦完成创建，轰炸机将朝向建筑物（由" target"目标参数设置）。进一步定义轰炸机逐渐到达一个较低的高度，然后返回到初始点，并在模型中删除这些初始点。

创建行为定义状态图

① 双击"Projects"视图中的 Bomber 以打开其图表。

② 切换到"Agent"面板以使用其 Statechart 部分，如图 8-48 所示。

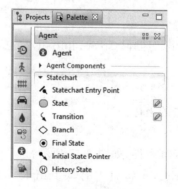

图 8-48　打开状态图

③ 将"⚡ Statechart Entry Point"拖到 Bomber 的图形编辑器中,如图 8-49 所示。

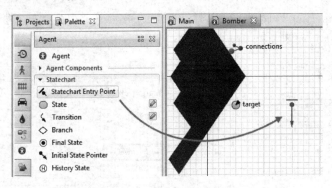

图 8-49　引入状态图

④ 双击"⚪ State"元素以激活绘图模式,并在先前绘制的状态图入口点下方绘制一个状态矩形。将其命名为"To Target",并将其向上拖动到状态图入口点,直到看到指示两个元素可以连接的绿点为止,如图 8-50 所示。

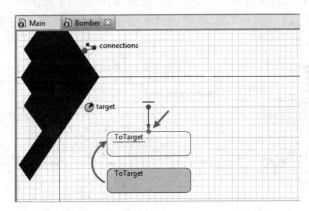

图 8-50　引入 State 元素

注意:也可以简单地单击 State 元素并将其从面板直接拖动到位于 Bomber 图上的 Statechart Entry Point 元素。如果需要,可以稍后调整绘制的元素大小。

⑤ 修改"ToTarget state"的"Properties"视图中的"Entry action"字段。输入以下代码"moveTo(target.getX( ),target.getY( ),80);"以定义轰炸机位置的坐标。通过指定代码,我们将定义不同于"Initial location"(初始位置)中指定的高度。它将使轰炸机在前往目标(buildings)的途中到达一个较低的高度,如图 8-51 所示。

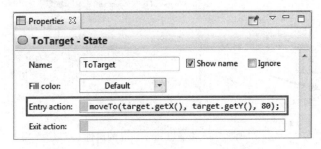

图 8-51　定义轰炸机位置的坐标

⑥ 将"⚡Transition"(转换)元素拖动到 Bomber 图表上的 ToTarget 元素并连接它们。然后导航到其"Properties"(属性)视图并将"Triggered by"(触发者-)参数设置为"Agent arrival"(智能体到达),如图 8-52 所示。

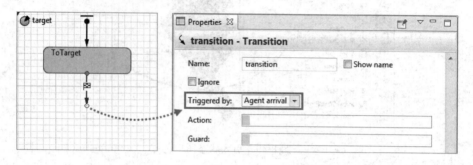

图 8-52 设置 Transition 的属性

⑦ 现在将另一个"⚪State"元素拖到智能体关系图中,并将其连接到 Transition(转换)元素,命名为"Away"。然后导航到"Properties"视图并在"Entry action"(进入动作)字段中键入以下代码"moveTo(0,0,100);",这将使轰炸机在到达目标后回到先前的高度,如图 8-53 所示。

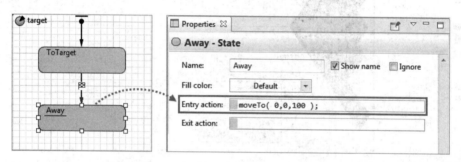

图 8-53 设置 State 的属性

⑧ 将另一个"⚡Transition"(转换)元素拖到 agent 关系图中,并将其连接到 Away 元素。然后导航到其"Properties"并将"Triggered by"参数设置为"Agent arrival"。

状态图图表上的两个 Transition 元素必须相同,如图 8-54 所示。

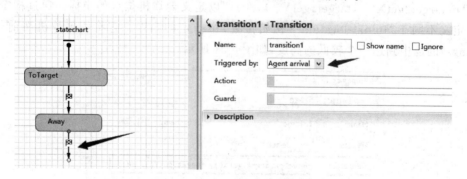

图 8-54 设置 Transition 的属性

⑨ 最后将"● Final state"(最终状态)元素拖到智能体关系图中,并将其连接到第二个 Transition 元素。然后导航到它的"Properties"视图,并在"Action"字段中键入以下代码"main.remove_bombers(this);",这表示删除轰炸机,至此完成此状态图的所有步骤,如图 8-55 所示。

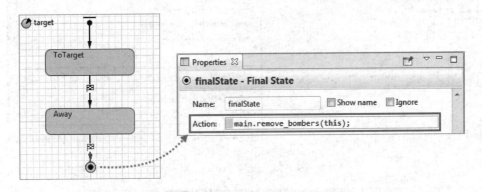

图 8-55　设置 Final state 的属性

至此已经完成了行为定义状态图,可以在两种状态的"On enter"字段中调用 moveTo()函数来启动 Agent 的移动。从一种状态到另一种状态的"Transition"(转换)是由"Agent arrival"(智能体到达)触发的。这种模式在基于 Agent 的模型中非常常见。

下一步是创建任务分配。将在 Event 元素的帮助下完成它。

项目任务分配

① 切换到顶层 Agent 的 Main(主图)。

② 将"⚡ Event"元素从"Agent"面板拖到"Main"中,并将其放在 agents populations 旁边。

③ 导航到其"Properties"并执行以下更改:

- 将其命名为"startMission"。
- 将"Mode"参数设置为"Cyclic"(循环)。
- 将"Reccurence time"参数的时间单位设置为 seconds(秒),并在参数字段中键入"uniform(5,12)"。
- 在"Action"区内输入"add_bombers(buildings.random( ));"。

周期性事件是定期寻找一座没有被轰炸的建筑。在"Agent population"中使用迭代两次:在外环中,以 buildings(建筑)进行迭代,在内环中,以 bombers(轰炸机)进行迭代。如果找一个建筑,将创建一个新的 bomber agent,并将该建筑分配给 bomber 作为目标(只要 bomber agent 有一个 building 类型的参数 target,AnyLogic 就用该参数生成一个构造函数),如图 8-56 所示。

至此可以运行模型,现场观察轰炸机的飞行情况,如图 8-57 所示。轰炸机将指向目标建筑,进行"瞬间掉头",然后返回坐标(0,0)。轰炸机使用直线轨迹——这是由于 moveTo(x,y,z)方法假设的。接下来将进一步绘制返回路线的三维"逃逸轨迹",并设置轰炸机在返回途中遵循该轨迹。将要运用另一个版本的方法:即 moveTo(main.exitNode)。

现在创建轰炸机的逃生路线,以避免被导弹击中。

仿真实践篇

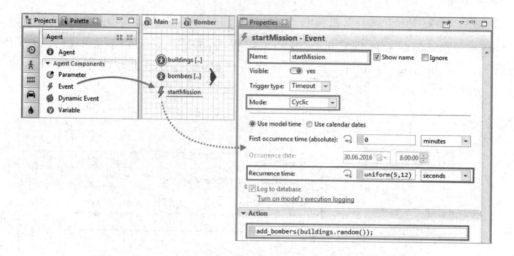

图 8-56　设置 Event 元素

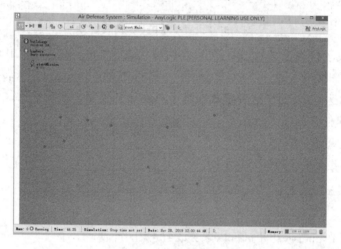

图 8-57　运行模型

绘制 3D 逃生路线

① 打开"Space Markup"（空间标记）面板，双击"Path"元素，激活编辑模式，在"Main"中绘制路径，如图 8-58 所示。

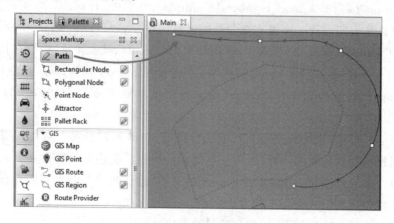

图 8-58　绘制逃生路线

· 164 ·

② 导航到其"Properties"并将路径命名为"escapeRoute"。

③ 将"Position"(位置)段的 Z 参数设置为 100(这将是多段线的基准 Z 坐标),如图 8-59 所示。

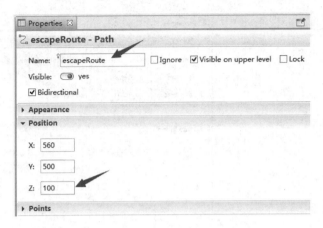

图 8-59　设置逃生路线参数

④ 打开"Path(路径)Properties"的"Points"(点)部分,并修改点的各个 Z 坐标,如图 8-60 所示。这是让路径的初始部分与轰炸机的攻击高度大致相同。

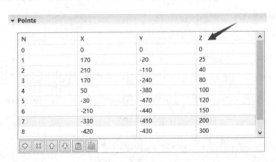

图 8-60　设置 Z 坐标参数

⑤ 将" Point Node"(点节点)从"Space Markup"(空间标记)面板添加到"path"(路径)的末尾,确保该节点连接到路径。将其命名为"exitNode"。将其"Position and size"(位置和大小)部分的"Z"参数设置为"340",如图 8-61 所示。

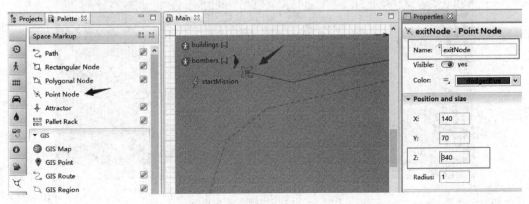

图 8-61　设置 Point Node 属性

⑥ 打开 Bomber agent 的图表，单击"Away"状态导航到它的"properties"，并将"Entry action"（入口动作）更改为"moveTo(main. exitNode);"（备注：需要将 main 放在 exitNode 之前，这是因为该图形不在 Bomber agent 里面，而是在 Main 里面），如图 8-62 所示。

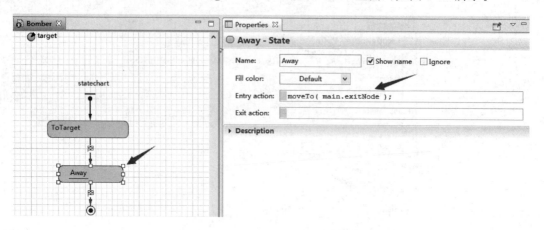

图 8-62　更改 Away 状态参数

运行模型，查看轰炸机如何使用设置的路径返回基地，如图 8-63 所示。escapeRoute 在运行时是可见的，现在将"escapeRoute"和"exitNode"两个变量的"Visible"（可见参数）设置为"no"，就可以将它们隐藏起来。

运行时隐藏 escapeRoute

① 单击"escapeRoute"将其选中。

② 导航到其"Properties"视图，然后单击"Visible"参数的"切换"按钮，将可视化状态切换到"no"。以同样的方式隐藏 exitNode，运行模型，exitNode 和 escapeRoute 将在运行时不可见，如图 8-64 所示。

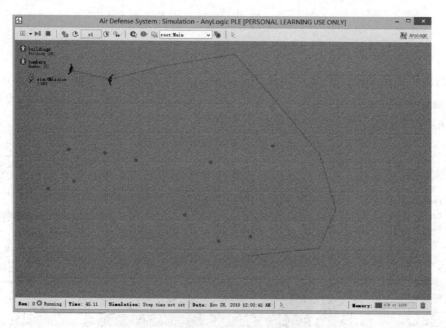

图 8-63　运行可视化路径模型

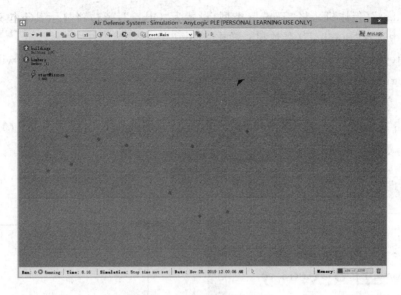

图 8-64　运行隐藏路径模型

第三阶段：添加炸弹

在前二个阶段中，创建了一个新模型，其中包括设施、轰炸机、轰炸机的行为及其任务、指定的动画形状、三维视图、相机和保护区。

在第三阶段，将在模型中添加炸弹，并如何用它们摧毁设施。为此，必须在轰炸机和目标建筑之间建立互动。我们将使用炸弹作为另一种类型的 agent，在接近攻击距离时，轰炸机将向目标建筑投下一枚炸弹，一旦炸弹到达目标建筑，目标建筑将被 Destroyed（摧毁），并且其状态将发生改变。

尽管轰炸机携带了炸弹，但炸弹 agent 不会位于轰炸机 agent 的内部，而是直接位于 Main agent 内部，即与 bombers（轰炸机）和 buildings（建筑物）处于同一层级。运用此模型架构，在同一空间放置炸弹会更容易。

让我们从创建 Bomb agent 类型开始，并将其与建筑物进行交互编程。

创建炸弹智能体

① 将" Agent"元素从"Agent"面板拖到"Main"关系图上。将其放置在模型动画左侧的 bombers（轰炸机）旁边。

② 单击"Population of agents"，进入到下一步。在"Step2. Create new agent type, or use existing?"对话框中选择"I want to create a new agent type"，单击"Next"。

③ 在 Agent 向导第三步的"Agent type name"（智能体类型名称）字段中输入"Bomb"，单击"Next"。

④ 选择"Military"（军事）区的" Bomb "（炸弹）动画形状，单击"Next"。

⑤ 创建两个参数：

- 单击"＜add new...＞"创建参数。
- 在"Parameter"（参数）字段中键入"target"。
- 将"Type"（类型）设置为"Other"，旁边将显示其下拉列表，从下拉列表中选择"Building"（建筑）（这将是轰炸机任务中的目标建筑）。
- 以同样的方式创建参数，即单击"＜add new...＞"，在"Parameter"（参数）字段中键入

"bomber"(轰炸机),将"Type"(类型)设置为"Other",旁边将显示其下拉列表,从下拉列表中选择"Bomber"(轰炸机),单击"Next"。

⑥ 在"Step 6. Population Size"中选择 Create initially empty population,I will add agents at the model runtime 选项。

⑦ 最后,单击"Finish"(完成)。

通过双击"Main"图上的" bombs"来观察其内部两个新创建的参数" bomber"和" target",如图 8-65 所示。

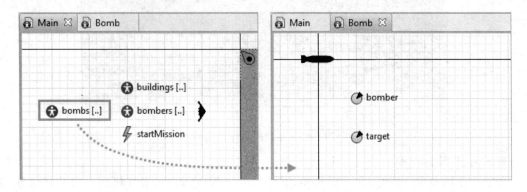

图 8-65 观察新创建的两个参数

现在需要调整动画形状的比例,使其完全适合环境。

调整动画形状的比例

① 单击先前打开的"Bomb"图中的"bomb 黑色 3D"动画形状,打开其"Properties"视图。

② 将"Additional scale"(附加比例)参数设置为"300%"。

动画形状将在 Bomb 图上调整大小,如图 8-66 所示。

现在我们将通过状态图使炸弹和目标建筑相互作用。炸弹一击中目标建筑就会发送"You are destroyed"(你被摧毁了)的信息,然后立即自毁。

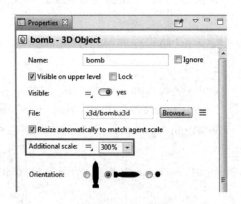

图 8-66 调整动画形状的比例

开始在当前所在的 Bomb 图中创建状态图。

在炸弹和建筑之间创造互动

① 切换到 Agent 面板以使用其 Statechart(状态图)部分,如图 8-67 所示。

第 8 章　生产系统建模与 AnyLogic 仿真

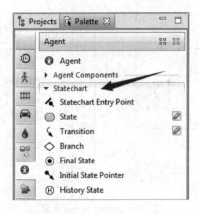

图 8-67　使用状态图

② 将"⚑ Statechart Entry Point"元素拖到 Bomb 智能体的图形编辑器中，如图 8-68 所示。

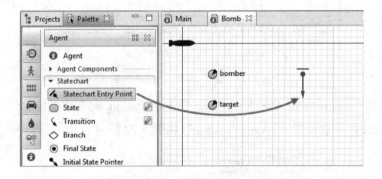

图 8-68　使用 Statechart Entry Point 元素

③ 修改 Statechart Entry Point 元素"Properties"中的"Action"参数，键入代码"setXYZ(bomber.getX( ), bomber.getY( ), bomber.getZ( ));"，如图 8-69 所示。

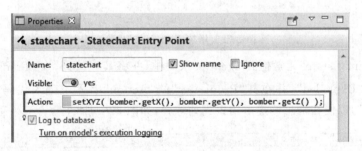

图 8-69　修改 Statechart Entry Point 属性

④ 现在单击并将 State 元素从 Agent 面板的 Statechart 中拖到 Bomb 图上先前绘制的 Statechart Entry Point 元素。当出现绿点时，松开鼠标按钮，它表明这两个元素将被连接起来，并命名为 Falling（坠落），如图 8-70 所示。

⑤ 在元素"Properties"的"Entry action"参数中键入代码"moveTo(target.getX( ), target.getY( ), target.getZ( ));"，如图 8-71 所示。

· 169 ·

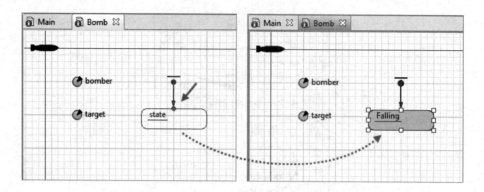

图 8-70 使用 State 元素

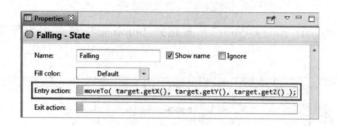

图 8-71 修改 Entry action 参数

⑥ 现在拖动"Transition"元素到 Bomb 图上的 Falling 元素并连接它们,导航到其属性并将"Triggered by"参数设置为"Agent arrival",如图 8-72 所示。

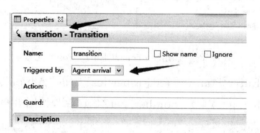

图 8-72 增加 Transition 元素

⑦ 将"Final state"元素拖到 agent 关系图中,并将其连接到"Transition"元素。将其"Name"改为"Exploded",并在其"Properties"的"Action"字段中键入代码"main.remove_bombs(this);",以便在消息传递后销毁当前炸弹,如图 8-73 所示。

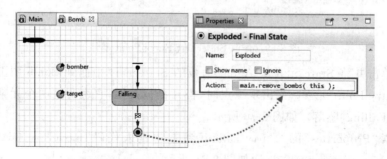

图 8-73 增加 Final state 元素

至此已经完成了状态图,唯一遗漏的部分是轰炸机投下炸弹的决定。下面将设置在到达目标 building(建筑)正上方的位置时投下炸弹(此过程将在状态 ToTarget 和 Away 之间的 transition 中产生)。

定义投弹

① 单击"Main"选项卡切换到顶级 agent 关系图。我们将从"Main"进一步导航到"bombers agent"图,如图 8-74 所示。

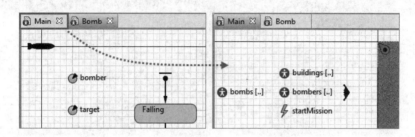

图 8-74 导航到"Main"的 bombers

② 双击"bombers"打开其图表。

③ 单击"Transition"元素以打开其属性,并修改"Action"字段,输入代码"main.add_bombs(target,this);",如图 8-75 所示。

注意:在创建一个新的炸弹时,轰炸机将自身和目标建筑传递给炸弹,从而构造了函数参数。

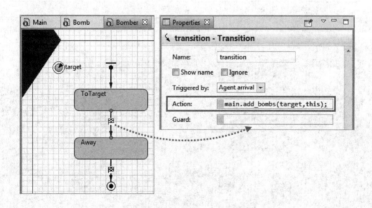

图 8-75 修改 Transition 元素的属性

现在运行模型,并观察炸弹被投掷到建筑物上,如图 8-76 所示。

此时所见的炸弹是不自然地缓慢下落,这是因为炸弹的初始速度设置为默认的 10 米/秒。

确定炸弹的速度

① 单击"Main"图表上的"bombs population"导航到其"Properties"。

② 将"Movement"(移动)部分的"Initial speed"(初始速度)参数设置为 900,然后单击其右侧的速度单位下拉菜单并选择"kilometers per hour"(千米/小时),如图 8-77 所示。

运行模型,将看到炸弹在 3D 视图模式下下落得更快,如图 8-78 所示。

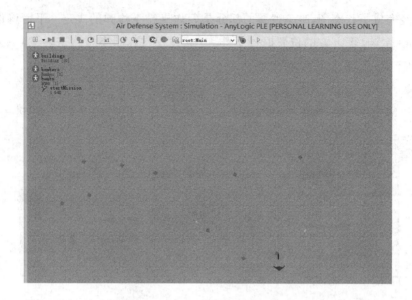

图 8-76 运行炸弹投掷建筑物视图

图 8-77 设置炸弹速度

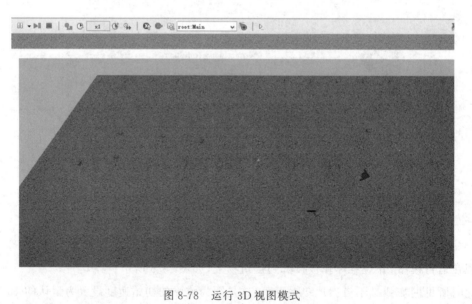

图 8-78 运行 3D 视图模式

下一步是显示炸弹击中建筑物的结果,即实施建筑物对于炸弹爆炸的反应。被击中的状态将通过炸弹内的信息传送到大楼。

把炸弹的信息传送到建筑物

① 双击"Main"上的 bombs,打开其视图。

② 单击打开的"Bomb"图上的 Transition 元素,并在其属性的"Action"字段中键入代码

"Type deliver("You are destroyed", target);", 如图 8-79 所示。

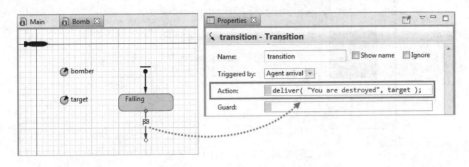

图 8-79　修改 Transition 元素的属性

我们使用的是 deliver()方法，它是立即传递消息（在同一事件中），而不是使用 send()方法，后者在单独的事件中传递消息，这是因为一旦传递信息的 agent 消失，send()方法发送的消息将被丢弃。

现在添加一个 Boolean（布尔值），标志建筑物被炸弹击中时将会被破坏。

修改建筑物 agent

① 双击"Main"菜单上的 Buildings，导航到 Building 的属性。

② 单击" Variable"（变量）元素并将其从"Agent palette"的"Agent Components"拖到关系图上，并将其命名为"destroyed"。

导航到其"Properties"视图并执行以下修改：

- 将"Type"（类型）参数设置为"boolean"（布尔值）。
- 在"Initial value"初始值字段中键入"false"，如图 8-80 所示。

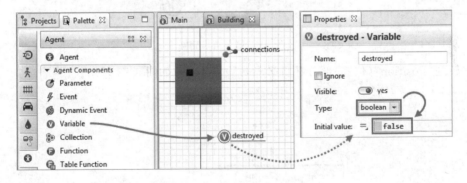

图 8-80　增加 Variable 元素

③ 单击此关系图上的"connections"（连接）元素以打开其 properties，并在"Communication"（通信）部分的"On message received"（收到消息时）字段中键入代码"destroyed=true;"，如图 8-81 所示。此时并没有分析消息的内容，因为炸弹是建筑物目前唯一的消息来源。

④ 导航到" 3D Objects"选项板，并将 Miscellaneous 的" Fire"对象拖到 Building 图中。弹出消息将显示"3D Object's size will change automatically to match with the agent's scale"（3D 对象的大小将自动更改以与 Agent 的比例匹配）。单击"Yes"。

⑤ 导航到 fire 对象的"properties"视图并执行以下更改：

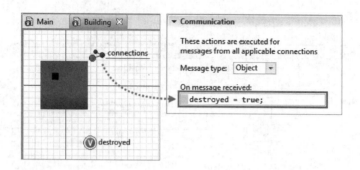

图 8-81 增加 Variable 元素

- 单击"Visible"(可见)参数右侧的图标，切换到"代码"字段，然后在其中键入 destroyed。一旦建筑物被炸毁，它就会使火在周围出现。
- 将"Additional scale"(附加比例)参数设置为 800%。
- 将"Orientation"(方向)参数设置为 vertical(垂直)。

最后，属性的配置应该如图 8-82 所示。

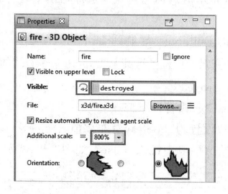

图 8-82 增加 fire 对象

⑥ 转到"Position"(位置)部分并将 Z 参数设置为 70，如图 8-83 所示。

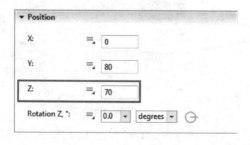

图 8-83 设置 Z 参数

运行模型以观察建筑物在被击中时是否着火，如图 8-84 所示。

此时注意到，尽管所有的建筑都被第一次的轰炸机袭击摧毁了，但是新的轰炸机还是被派往了目标地区。这是因为无论目标区域建筑物的状态如何，任务分配都已经完成了。现在需要将它完善。

图 8-84 运行模型

修改任务分配

① 导航到"Main"菜单并单击"startMission"事件以打开其"Properties"视图。

② 在"Action"部分的框中键入以下代码(如图 8-85 所示):

```
boolean chosen = false;
do
{
    //find undestroyed building
    Building bldg = randomWhere(buildings, b -> b.destroyed == false);
    boolean assigned = false;
    //look up if bomber is handling it already
    for (Bomber bomber : bombers)
    {
        if (bomber.target == bldg)
        {
            assigned = true;
            break;
        }
    }
    //if not - send a bomber
    if(! assigned)
    {
        add_bombers(bldg);
        chosen = true;
    }
}
while(! chosen);
```

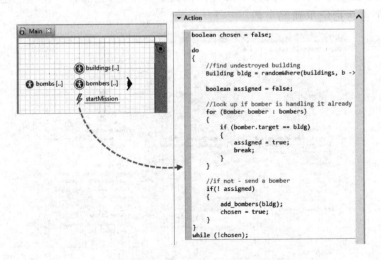

图 8-85　修改 startMission 事件的代码

运行模型,轰炸机被派去轰炸仍然完好的建筑物设施(如图 8-86 所示)。至此已经完成了防空系统的第三阶段。

图 8-86　运行模型

第四阶段:增设防空系统

在前几个阶段中,我们创建了一个新模型,在其中填充了设施、轰炸机,定义了飞机的行为及其任务,指定了动画形状,添加了三维视图、相机保护区,向模型中添加了炸弹并学习了如何用它们摧毁设施。

在这个阶段,我们将把雷达和雷达制导导弹作为 Agents 添加到我们的模型中。雷达将每秒扫描其覆盖范围内的空气。一旦它探测到一架轰炸机并能够引导另一枚导弹发射。导弹将采取类似于炸弹的行动,与轰炸机交战,并在接近轰炸机 100 米时爆炸。

另一种方法是分析计算轰炸机接近目标投掷炸弹,进入雷达覆盖区或导弹追赶轰炸机的确切时间。对于给定的线性或分段线性轨迹和轰炸机的恒定速度,这是一个中高等复杂水平的数学任务,由此得到的模型更加精确,仿真也更加有效。但是,下面我们选择的方法(重新计算每个时间步上的几何条件)更简单,不需要分析技能,也更具备一般性,无论移动类型如何,它都能进行计算,现在开始建立防御系统。

创建第一个雷达

① 将" Agent"元素从"Agent"面板拖到"Main"关系图上。将其放置在模型动画左侧的"bombers"群下面。

② 在弹出的"New agent"对话框的"Step 1. Choose what you want to create"中选择"A single agent",如图 8-87 所示。因为不需要存在大量的雷达,我们将在模型中创建两个单独的雷达,并为每个雷达指定单独的参数。

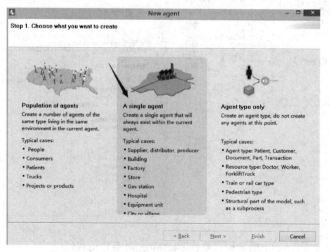

图 8-87　新建一个 Agent 元素

③ 在弹出的"New agent"对话框的"Step 2. Create new agent type, or use existing"中选择"I want to create a new agent type",单击"Next"。然后,在"Step3. Creating new agent type"中的"Agent type name"字段中输入"Radar",在"Agent name"字段中指定"radar1",单击"Next"。

④ 然后在"Step 4. Agent animation"选择 3D 中的"Military"(军区)的" Patriot"(爱国者)动画造型。单击"Next",如图 8-88 所示。

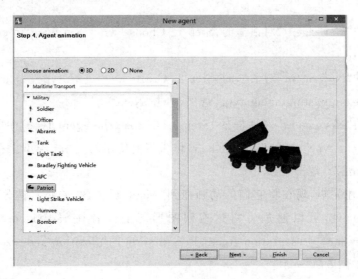

图 8-88　新增 Patriot 动画

⑤ 创建" range"(范围)参数:
- 单击"＜add new...＞"创建一个新参数。
- 在"Parameter"(参数)字段中键入"range"(范围)。
- 将"Type"(类型)设置为"double",并在"Expression"(表达式)字段中指定 1 000(1 000 像素等于 1 千米)。
- 单击"Next",如图 8-89 所示。

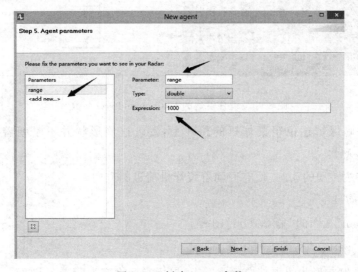

图 8-89　创建 range 参数

- 取消选中"Apply random layout"(应用随机布局)复选框(如果选中)。
- 单击"Finish"。

第一个雷达创建完毕,下面继续创建第二个雷达。

创建第二个雷达

① 将" Agent"元素从"Agent"面板拖到"Main"关系图上。把它放在 radar1 Agent 的下面。

② 在弹出的"New agent"对话框的"Step 1. Choose what you want to create"中选择"A single agent"。

③ 在弹出的"New agent"对话框的"Step 2. Create new agent type, or use existing"中选择"I want to use an existing agent type"选项,单击"Next"。

④ 在弹出的"New agent"对话框的"Step 3. Choose the agent type"中的"You will use the following agent type"选择"Radar"(雷达)作为将要使用的 agent 类型。在"Agent name"字段中输入"radar2"。单击"Finish"。

至此雷达构建完毕,现在将它们的动画拖到"Main"保护区,并将它们分别放置在(520,100)和(300,250)处,可以通过将雷达拖到图形图上或者在 radar1_presentation-Agent Presentation 和 radar2_presentation-Agent Presentation 的"Position and size"部分中指定雷达放置的位置,如图 8-90 所示。

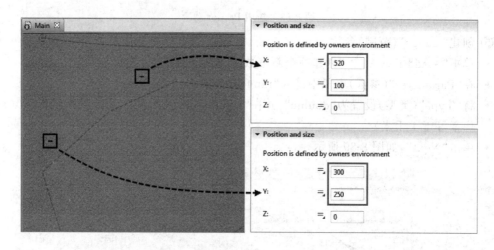

图 8-90　设置雷达的 Position and size 参数

运行模型并确保雷达位于轰炸机的路线上,发现这些形状并不是朝着轰炸机的方向,如图 8-91 所示。

下面设置雷达转动的动画,使它们朝着轰炸机前进的方向。

调整雷达方向

① 双击"Main"视图的" radar1"图表。

② 单击" patriot"动画进行选择。

③ 将鼠标悬停在形状的顶部白色圆圈上,鼠标光标将变为 旋转图标。

图 8-91 运行模型

④ 单击并按住鼠标按钮,顺时针拖动,使其旋转 180 度,则雷达头朝相反方向,如图 8-92 所示。

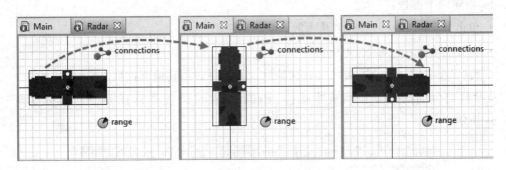

图 8-92 调整雷达方向

下面构建 missiles(导弹)的"population of agents"。它类似于从发射到爆炸的寿命有限的 bomb(炸弹)。它包含两个参数:一是雷达 type(类型)的 radar(雷达)参数;二是轰炸机 type(类型)的 target(目标)参数。导弹将周期性地调整其弹道以捕捉移动的目标。

创建导弹 agent 类型

① 将" Agent"元素从"Agent"面板拖到"Main"关系图上,把它放在两个雷达群的左边。

② 单击"Step1. Choose what you want to create"中的"Population of agents"。然后进入下一步"Step2. Create new agent type, or use existing?",选择"I want to create a new agent type",单击"Next"。

③ 在"Step3. Creating new agent type"中的"Agent type name"字段中输入"Missile",单击"Next"。

④ 在"Step4. Agent animation"中的"Choose animation"选项中选择 3D,然后选择 Military 中的" Bomb"(炸弹)动画形状。单击"Next",如图 8-93 所示。

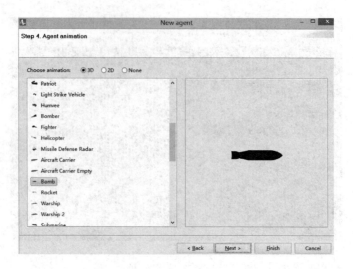

图 8-93 新建 Bomb 动画

⑤ 在"Step5. Agent parameters"中的"Please fix the parameters you want to see in your Missile"创建两个参数：

- 单击"＜add new...＞"创建参数。
- 在"Parameter"(参数)中输入"radar"。
- 将"Type"(类型)设置为"Other"(其他)(旁边将显示其他下拉列表)。

从参数类型的附加下拉列表中选择"Radar"(这将是轰炸机任务中的目标建筑)，如图 8-94 所示。

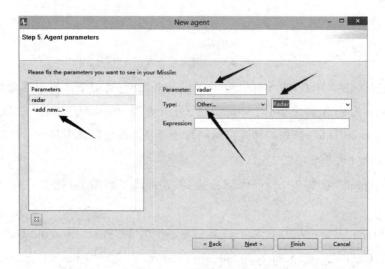

图 8-94 设置导弹参数

- 以同样的方式创建 Bomber(轰炸机)类型的参数"target"(目标)，如图 8-95 所示。
- 单击"Next"。

⑥ 在"Step6. Population size"中选择"Create initially empty population，I will add agents at the model runtime"选项。

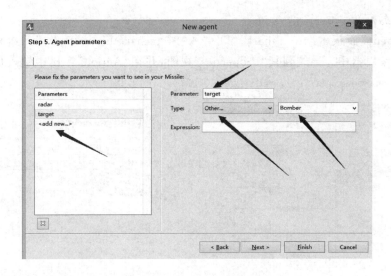

图 8-95　设置导弹参数

⑦ 最后,单击"Finish"。

至此创建了新的 Population,现在定义这个种群中 Agent 的某些参数。

设置导弹速度

① 单击"Main"图表上的"Missile"种群以打开其"Properties"(属性)。

② 导航到"Movement"部分并将"Initial speed"(初始速度)参数设置为 900。确保速度以"kilometers per hour(千米/小时)"表示,如图 8-96 所示。

图 8-96　设置导弹速度

现在打开"Missile agent"图,调整其动画比例并定义 Agent 的行为。

调整动画形状的比例

① 双击"Missile"种群元素,打开"Missile agent"图。

② 单击"➡ missile"的动画形状以打开其"Properties"视图。

③ 将"Additional scale"(附加比例)参数设置为 400%。它将使 missile 在 3D 模型仿真过程中可视化,便于观察,如图 8-97 所示。

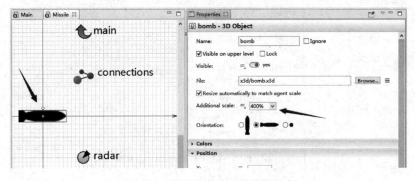

图 8-97　调整导弹动画形状的比例

定义导弹的行为

① 将"Agent"面板的"Statechart"中的" Statechart Entry Point"元素拖到"Missile agent"的图形编辑器中。导航到其"Properties"视图,并在"Action"字段中键入代码"setXYZ(radar.getX( ), radar.getY( ), radar.getZ( ));",如图 8-98 所示。

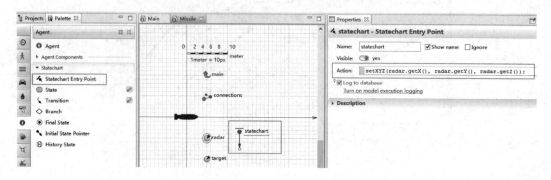

图 8-98　定义导弹的行为

② 现在单击并将"State"元素从"Agent"面板拖动到"Missile"图上,并连接到"Statechart Entry Point"元素,取名为"Flying"。在"Entry action"字段中键入代码"moveTo(target.getX( ), target.getY( ), target.getZ( ));",如图 8-99 所示。

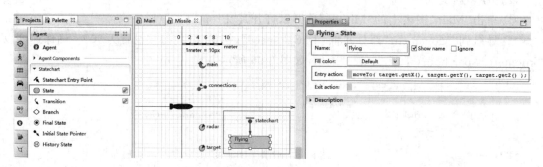

图 8-99　设置 State 元素

③ 现在将"Agent"面板中"Statechart"的" Transition"元素拖到图中,并将其连接到"Flying"状态,将其命名为"Adjust",并将其"Timeout"(超时)参数设置为 0.01 minutes(分钟),如图 8-100 所示。

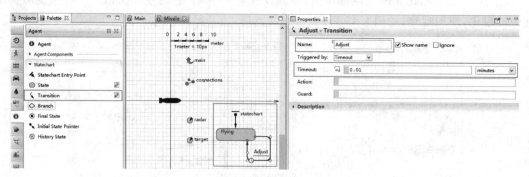

图 8-100　设置 Adjust Transition 元素

讨论导弹弹道调整是有意义的,"Adjust transition"每 0.01 分钟执行一次。它没有动作,但它使导弹状态重新进入"Flying"状态。因此,"Flying"状态的"entry action"(进入动作)也每 0.01 分钟执行一次,使导弹朝向轰炸机当前位置。

这种导航方式不是理想的,但它会给出一个很好的导弹曲线轨迹,每 0.01 分钟还将重新评估"AtTarget transition"的条件,对于"OutOfRange transition"也是如此,它负责检查导弹是否离开雷达覆盖区域,并且不再能够被引导。

④ 现在将"Agent"面板中"Statechart"的"Transition"元素拖动到"Missile"图上的"Flying"状态元素并连接它们,将其命名为"AtTarget",并导航到其"properties"执行以下更改:

- 将"Triggered by"参数设置为"Condition"。
- 在"Condition"字段中键入代码"distanceTo(target)＜100",以指定导弹爆炸时与轰炸机的距离。
- 在"Action"字段中键入代码:"deliver("You are destroyed", target);",以指定导弹将传送给轰炸机的信息,如图 8-101 所示。

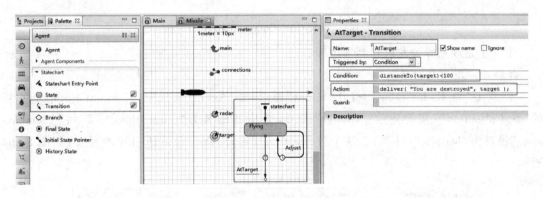

图 8-101　设置 AtTarget Transition 元素

⑤ 将"Final state"元素拖到状态图中,并将其连接到 AtTarget 元素。将其命名为"Exploded",并在其属性的"Action"字段中键入代码"main.remove_missiles(this);",它表示在信息传递后摧毁当前的导弹,如图 8-102 所示。

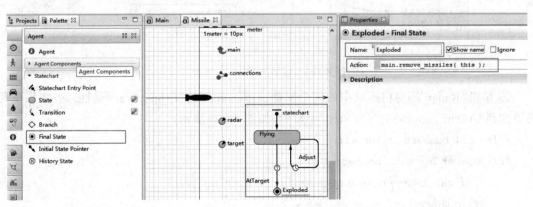

图 8-102　设置 Final state 元素

⑥ 现在拖动另一个"Transition"元素到"Flying"状态元素,将其命名为"OutOfRange",并导航到其属性执行以下更改:

- 将"Triggered by"参数设置为"Condition"。
- 在"Condition"字段中键入代码"distanceTo(radar)＞radar.range",它表示指定导弹爆炸时与轰炸机的距离,如图 8-103 所示。

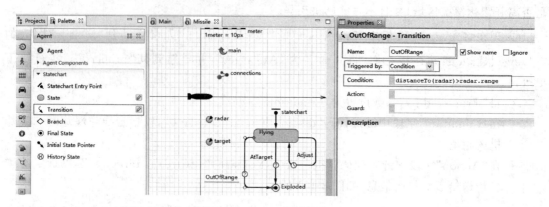

图 8-103　设置 OutOfRange Transition 元素

下一步是规划导弹发射和制导过程。

计划导弹发射和制导

① 双击" Radar agent",打开"Radar"图形,将"Agent"面板中的"Agent Components"的" Collection"(集合)拖入"Radar"图形,并将其命名为"guidedmissiles",将"Elements class"设置为"Missile"(导弹)。这个"collection"(集合)将包含雷达引导的导弹,如图 8-104 所示。

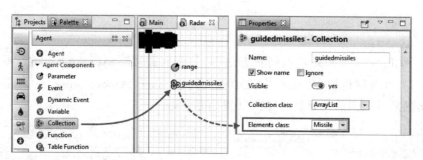

图 8-104　设置 Collection 元素

② 单击"Radar"图空白区域中的某个位置,打开 agent 的"Properties"(属性),并将以下代码添加到"Agent actions"的"On step"字段中(如图 8-105 所示):

```
//for all bombers in the air
for( Bomber b : main.bombers ){
    //if can't have more engagements, do nothing
    if( guidedmissiles.size( )>= 2 )
        break;
    //if within engagement range
```

```
    //already engaged by another missile?
  if( distanceTo( b ) < range ) {
    boolean engaged = false;
    for( Missile m: main.missiles ) {
      if( m.target == b ) {
        engaged = true;
        break;
      }
    }
    if( engaged )
      continue; //proceed to the next bomber
    //engage( create a new missile )
    Missile m = main.add_missiles( this, b );
    guidedmissiles.add( m ); //register guided missile
  }
```

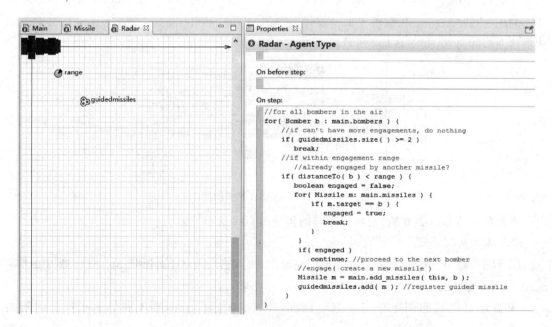

图 8-105　在 On step 中添加代码

雷达在模型中遍历所有轰炸机,如果发现没有被导弹追踪的轰炸机,就会发射新的导弹,区域扫描将在每个时间步上执行,这由最高层 agent 的"Properties"视图进行定义。

启用步骤

导航到"Main"关系图的"properties",然后在"Space and network"(空间和网络)部分中选择"Enable steps"(启用步骤)选项。默认情况下,保留设置1秒。参数设置如图 8-106 所示。

现在需要让雷达知道导弹到达飞机并爆炸,以便雷达可以发射和引导另一枚导弹。

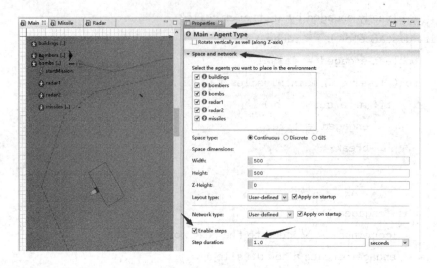

图 8-106　设置 Enable steps 的参数

调整导弹性能

导航到"Main"图，双击"　 missiles"打开"agent"图。向"Exploded"状态图元素"Properties"的"Action"参数再增加一行代码"radar.guidedmissiles.remove(this);"，它表示从雷达上移除自己，如图 8-107 所示。

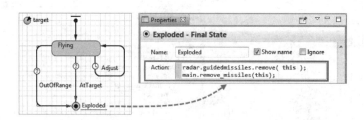

图 8-107　设置 Exploded 状态图的参数

下面将 bomber(轰炸机)对导弹爆炸的反应进行设置。

修改轰炸机状态图

① 双击"　 Bomber"，弹出"Bomber"编辑图，再双击"Agent"面板"Statechart"图中的"　 State"元素，将其激活为绘图模式。

② 在绘制的状态图上单击并拖动鼠标，将 ToTarget、transition 和 Away 包含到新的 State 元素中，如图 8-108 所示。

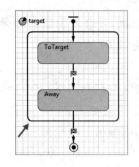

③ 现在将"　 Transition"元素拖到图中，并将其连接到先前绘制的"State"元素。导航到其"Properties"并作如下设置：
- 将"Triggered by"(触发方式)参数设置为"Message"(消息)。
- 将"Message type"(消息类型)参数设置为"Object"(对象)。
- 将"Fire transition"(开火转换)参数设置为"On particular message"(通过特别消息)。
- 在"Message"栏中输入""You are destroyed""，它表示您已被摧毁。

图 8-108　新增 State 元素

- 在"Action"栏中输入"main.remove_bombers(this);",它表示去除轰炸机,如图 8-109 所示。

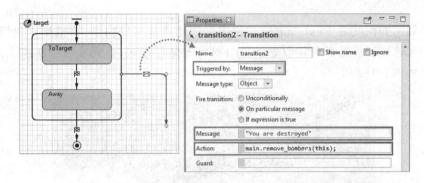

图 8-109　设置 Transition 元素的参数

④ 最后将"● Final state"元素添加到"agent"关系图中,并将其连接到先前添加的" Transition"元素,如图 8-110 所示。

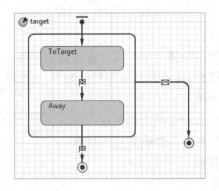

图 8-110　增加 Final state 元素

运行模型,可以看到一枚导弹在到达攻击距离时爆炸,一旦飞向它们的导弹爆炸,轰炸机就会消失,如图 8-111 所示。至此完成防空系统的建模与仿真。

图 8-111　运行模型

8.3 工作间模型仿真

本节将展示如何使用 AnyLogic 过程建模库创建离散事件模型,该模型将模拟小型工作间的制造和运输过程。运送到接收站的原材料将被储存起来,直到在数控机床上进行加工。工作间模型如图 8-112 所示。

图 8-112 工作间模型

该模型主要分为五个阶段:
- 第一阶段:创建一个简单的模型来模拟货盘到达工作间和在装运码头的储存。
- 第二阶段:增加叉车模型,将托盘存储在托盘架中,然后将其移动到生产区域。
- 第三阶段:添加三维动画。
- 第四阶段:增加卡车运送托盘到工作车间。
- 第五阶段:对加工原材料的数控机床进行建模。

下面开始第一阶段模型构建。

第一阶段:创建简单模型

该模型将模拟货盘到达工作间、货盘在装运码头的存储以及货盘到达叉车区域。

(1) 创建新模型。在"New Model"(新建模型)向导中,设置"Model name"(模型名称)为"Job Shop",设置"Model time units:"(模型时间单位)为"minutes"(分钟)。

(2) 打开" Presentation"(演示文稿)面板。面板有几个可用于绘制模型动画的形状,包括矩形、直线、椭圆、多段线和曲线。

(3) 在" Presentation"面板上,选择" Image"(图像)形状,然后将其拖到"Main"图表上。可以使用 Image 形状将多种图形格式的图像(包括 PNG、JPEG、GIF 和 BMP)添加到演示文稿中,如图 8-113 所示。

(4) 在弹出的"Properties"对话框中,单击" Add image",选择要显示形状的图像文件。

(5) 浏览到以下位置,然后选择"layout.png"图像,如图 8-114 所示。
AnyLogic 文件夹/resources/AnyLogic in 3 days/Job Shop
AnyLogic 将原始大小的图像添加到 Main 关系图中,也可以更改图像的宽度或长度,如果扭曲了图像的比例,可以打开"Properties"视图并单击"Reset to original size"(重置为原始大小)来还原图像的原始大小。

(6) 在图形编辑器中选择图像,打开"Properties"视图,选中"Lock"(锁定)复选框以锁定图像,如图 8-115 所示。

第 8 章 生产系统建模与 AnyLogic 仿真

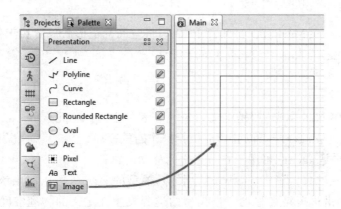

图 8-113 将"Image"放入"Main"图表

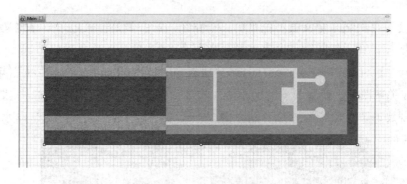

图 8-114 layout.png 图像

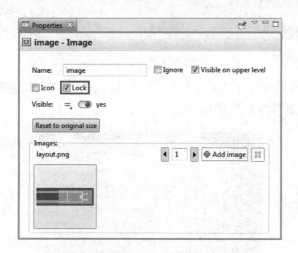

图 8-115 Lock 图像

锁定形状
- 锁定形状之后可以确保它不会响应鼠标单击,并且无法在图形编辑器中选择它。当在表示工厂或医院等设施的布局上绘制形状时,这非常有用。
- 如果需要解锁形状,请在图形编辑器中右击,然后从菜单中选择"Unlock All Shapes"(解锁所有形状)。

空间标记元素

下一步使用"Space Markup"(空间标记)面板将空间标记形状放置在工作间布局的顶部。面板包括 Path(路径)元素、三个 Node（节点)元素、Attractor(吸引子)元素和 Pallet Rack(托盘架)形状。

创建网络

Paths(路径)和 Nodes(节点)是定义 agents 位置的空间标记元素：
- Node(节点)是 agents 可以驻留或执行操作的位置。
- Path(路径)是 agents 可用于在节点之间移动的路径。

节点和路径一起构成了一个 network(网络)，模型的 agents 可以使用该网络在其起始节点和目标节点之间沿最短路径移动。当模型的进程发生在定义的物理空间中并且具有移动 agents 和资源时，通常会创建一个网络。假设网段具有无限的容量，并且 agents 之间不相互干扰。

下面创建一个网络来定义模型托盘的移动路径。第一步是使用矩形节点定义作业车间布局上的特定区域。在工作间入口上方绘制矩形节点，表示模型的托盘接收站。

(7) 打开" Space Markup"(空间标记)面板，并将" Rectangular Node"(矩形节点)元素拖到 Main 关系图上。调整节点的大小。节点如图 8-116 所示。

(8) 将创建的节点命名为 receivingDock。

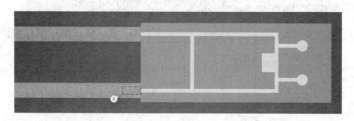

图 8-116　绘制矩形节点 receivingDock

(9) 当叉车闲置或 agents 不需要叉车时，使用另一个矩形节点绘制停放叉车的位置，如图 8-117 所示，将此节点命名为 forkliftParking。

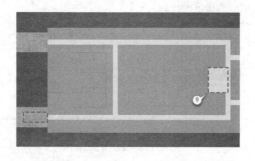

图 8-117　绘制矩形节点 forkliftParking

接下来绘制模型中叉车的运动路径。

(10) 按照以下步骤绘制一条移动路径，引导模型中的叉车：

① 在"Space Markup"(空间标记)选项板中，双击" Path"元素以激活其绘图模式。

② 通过单击 receivingDock 边框，单击路径的转折点，单击 forkliftParking 边框绘制路

径,如图 8-118 所示。如果已成功连接节点,那么每次选择路径时,路径的连接点将显示青色高亮状态。

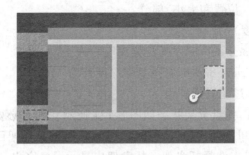

图 8-118 绘制移动路径

默认情况下,路径是双向的。但是,可以通过清除"Bidirectional"(双向)属性,定义移动方向,将沿选定路径的移动限制为一个方向。通过选择路径,查看图形编辑器中显示的方向箭头,可以查看给定路径的方向。

(11) 通过将"Pallet Rack"(托盘货架)元素从"Space Markup"(空间标记)面板拖到布局,并将其 aisle(过道)放置在 path(路径)上,定义模型的 warehouse storage(仓库存储)。正确放置的托盘货架将显示绿色突出,表明其已连接到网络,如图 8-119 所示。

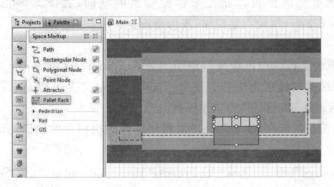

图 8-119 设置托盘货架

"Pallet Rack"(托盘货架)空间标记元素以图形方式表示托盘货架,这在仓库和存储区域中经常看到,其有三种可选配置,如图 8-120 所示。

(a) 1个货架1个过道　　　(b) 1个货架2个过道　　　(c) 2个货架1个过道

图 8-120 托盘货架配置形式

在模型运行期间,"Pallet Rack"(托盘货架)元素管理存储在通道一侧可用的单层或多层单元中的 agents 智能体。

(12) 在托盘货架的"Properties"(属性)区域中,执行以下操作:

① 设置"Type"(类型)为"Two racks, one aisle"(两个货架,一个通道)。

② 设置"Number of cells(单元格数)"为 10。
③ 设置"Level height(水平高度)"为 10。
在"Position and size"(位置和大小)部分：
① 设置"Length(长度)"为 160。
② 设置"Left pallet rack depth(左托盘架深度)"为 14。
③ 设置"Right pallet rack depth(右托盘架深度)"为 14。
④ 设置"Aisle width(过道宽度)"为 11。

(13) 完成上述修改后，托盘货架状态如图 8-121 所示。如有必要，移动托盘货架，使其中心通道位于路径上。通过单击两次以选择托盘货架，确保托盘货架已连接到网络。第一次单击选择整个网络，第二次单击选择托盘架。托盘架应显示绿色突出，表明其已连接到网络。

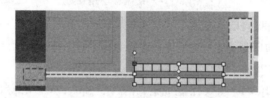

图 8-121 修改托盘货架属性

在布局上绘制重要的位置和路径来标记模型的空间，接下来，将运用 AnyLogic 的 "Process Modeling Library"(流程建模库)来构建流程。

流程建模库

AnyLogic 的流程建模库中的块允许使用 agents、resources(资源)和 processes(流程)的组合来创建真实系统的以流程为中心的模型。流程可以定义为包括 queues、delays、resource utilization(队列、延迟和资源利用)的操作序列。

模型的流程由流程图定义，流程图是由流程建模库的块构造的图形化流程表示。下面将创建流程图。

(14) 将" Source"(源)元素从" Process Modeling Library"(流程建模库)面板拖到 "Main"图形上，并将其命名为 sourcePallets，如图 8-122 所示。"Source"(源)通常作为流程的起点，模型将使用它来生成托盘。

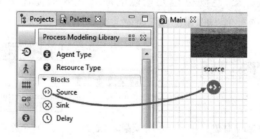

图 8-122 修改托盘货架属性

(15) 在 sourcePallets 的"Properties"(属性)区域，执行以下操作以确保模型的托盘每 5 分钟到达一次，并显示在 receivingDock 节点中。
① 在"Arrival defined by"区域中，单击"Interarrial time"。
② 在"Interarrial time"框中键入 5，然后从右侧的列表中选择"minutes"，使得托盘每 5 分

钟到达一次。

③ 在"Location of arrival"(到达位置)区域中,单击列表中的"Network / GIS node"(网络/GIS 节点)。

④ 在"Node"(节点)区域中,单击列表中的"receivingDock",如图 8-123 所示。

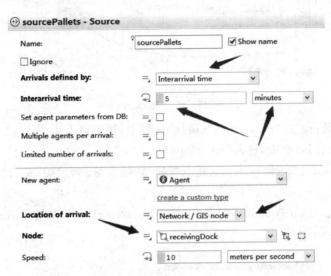

图 8-123　修改 sourcePallets 属性

如何从块参数中引用模型元素

块的参数提供了两种选择图形元素的方法:

- 可以从显示在参数旁边的可用和有效元素列表中选择图形元素,如图 8-124 所示。

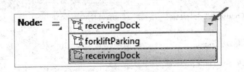

图 8-124　列表中选择图形元素

- 也可以通过单击显示在列表旁边的 selection(选择)按钮来选择图形元素。如果单击选择按钮,那么它会将选择限制为通过在图形编辑器中单击可以选择的可用有效元素,如图 8-125 所示。

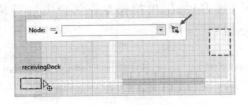

图 8-125　选择按钮选择图形元素

通过添加其他"Process Modeling Library"(流程建模库)块继续构建流程图:

(16) 将"RackStore"(货架存储)块从流程建模库面板拖到"Main"关系图上,并将其放置在"sourcePallets"块附近,以便它们自动连接,如图 8-126 所示。"rackStore"块将托盘放入给定的托盘货架单元中。

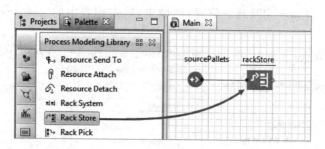

图 8-126　增加 RackStore 块

(17) 在"RackStore"的"Properties"(属性)区域中，执行以下操作：

① 在"Name"(名称)框中，键入"storeRawMaterial"。

② 在"Pallet rack / Rack system"(托盘货架/货架系统)列表中，单击"palletRack"(托盘轨道)。

③ 在"Agent location (queue)"列表中，单击"receivingDock"以指定 Agent 等待存储的位置，如图 8-127 所示。

图 8-127　修改 RackStore 块的属性

(18) 添加"Delay"(延迟)块以模拟托盘在货架上的等待方式，并将该块命名为"rawMaterialInStorage"，如图 8-128 所示。

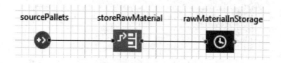

图 8-128　增加 Delay 块

注意到 AnyLogic 会自动将块的右端口连接到下一个块的左端口。每个流程建模库块都有一个左输入端口和一个右输出端口，应该只将输入端口连接到输出端口。

(19) 在"rawMaterialInStorage"块的"Properties"(属性)区域中，执行以下操作：

① 在"Delay time"(延迟时间)框中,键入"triangular(15, 20, 30)",然后从列表中选择"minutes"(分钟)。

② 选择"Maximum capacity"(最大容量)复选框,以确保 Agents 在等待从存储中被拾取时不会被卡住,如图 8-129 所示。

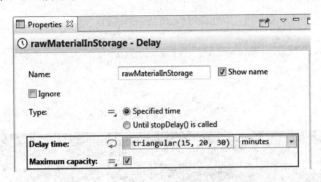

图 8-129　修改 rawMaterialInStorage 块的属性

(20) 添加一个" RackPick"(货架拣货)块,将其连接到流程图,然后命名为"pickRawMaterial",如图 8-130 所示。RackPick 从托盘货架中取出托盘,然后将其移动到指定的目的地。

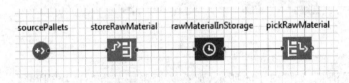

图 8-130　增加 RackPick 块

(21) 在"pickRawMaterial"块的"Properties"区域中,执行以下操作:

① 在"Pallet rack / Rack system"(托盘货架/货架系统)列表中,单击"palletRack"以选择托盘货架向 Agents 提供托盘。

② 在"Node"列表中,单击"forkliftParking"以指定 Agents 应将叉车停放在何处,如图 8-131 所示。

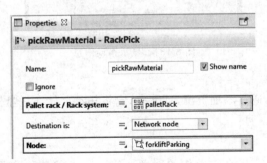

图 8-131　修改 pickRawMaterial 块的属性

(22) 增加一个" Sink",它通常表示流程图的终点,如图 8-132 所示。

(23) 至此完成了简单模型的构建,可以运行模型并观察作业车间的情况,如图 8-133 所示。

图 8-132 增加一个 Sink

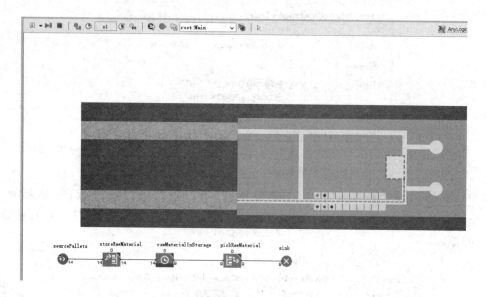

图 8-133 运行模型

如果出现错误消息,如图 8-134 所示,那么必须将托盘货架连接到网络。应该在图形编辑器中选择托盘架并移动它,直到托盘货架的通道显示绿色高亮,这表明它已经连接到网络,然后重新运行模型。

图 8-134 显示错误信息

第二阶段:添加资源

下面继续开发模型,通过添加资源,即叉车,它将托盘存储在托盘架上,然后将其移动到生产区域。

Resources(资源)

资源是 agents 用来执行给定操作的对象。agents 必须获取资源,执行操作,然后释放资源。

资源的示例包括:
- 医院模型的医生、护士、设备和轮椅;
- 供应链模型的车辆和集装箱;

- 仓库模型的叉车和工人。

资源有三种类型:静态资源、移动资源和portable(便携式)资源。
- 静态资源绑定到特定位置,无法移动或被移动。
- 移动资源可以独立移动。
- 便携式资源可以通过agents或移动资源来移动。

在AnyLogic中,流程建模库的"ResourcePool"块定义了每个资源集或池。资源单元可以有单独的属性,每个资源都有一个图形,可以在其中添加元素,如statecharts(状态图)、parameters(参数)和functions(函数)。

本模型的资源是forklift trucks(叉车),它将托盘从卸货区移动到托盘架,然后将托盘从货架运送到生产区。

(1) 在"Process Modeling Library"(流程建模库)面板上,将"ResourcePool"块拖到"Main"图表上,不必将块连接到流程图,如图8-135所示。

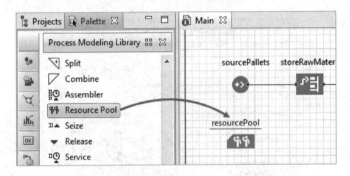

图8-135　增加"ResourcePool"块

(2) 将ResourcePool块命名为:"forklifts",如图8-136所示。

图8-136　给"ResourcePool"块命名

(3) 在"forklifts"(叉车)块的"Properties"(属性)区域中,单击"create a custom type"(创建自定义类型)按钮。这样就创建了一种新的资源类型。

(4) 在"New agent"向导中:

① 在"Agent type name"框中,键入"ForkliftTruck"。
② 单击"Next"(下一步),如图8-137所示。
③ 进入下一页"Step2. Agent animation",在向导左侧的列表中,展开"Warehouses and Container Terminals"(仓库和集装箱码头)区域,然后单击"Fork Lift Truck"(叉车)三维动画图,如图8-138所示。

图 8-137 创建"New agent"

图 8-138 选择叉车三维动画

④ 单击"Finish"。

(5) 单击"Main"选项卡打开 Main 关系图。将看到在"ResourcePool"块的"New resource unit"(新资源单元)参数中选择了"ForkliftTruck"资源类型,如图 8-139 所示。

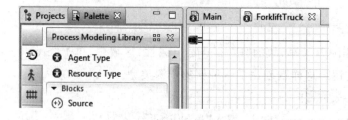

图 8-139 打开 Main 关系图

(6) 修改 forklifts 资源类型的其他参数:

① 打开 forklifts 资源的"Properties"(属性),在"Capacity"(容量)框中,键入"5"以设置模型中的叉车数量。

② 在"Speed"（速度）框中，键入"1"并从右侧的列表中选择"meters per second"（米/秒）。

③ 在"Home location（nodes）"（主位置（节点））区域中，单击加号按钮，显示模型节点列表，然后选择"forkliftParking"节点，如图 8-140 所示。

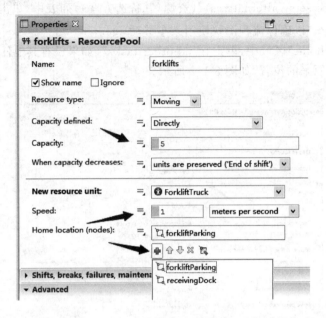

图 8-140　设置叉车参数

至此已经定义了资源，但需要确保在模拟过程中模型的流程图块使用这些资源。

（7）在"storeRawMaterial"块的"Properties"（属性）区域中，执行以下操作：

① 单击箭头展开 Resources（资源）区域。

② 选中"Use resources to move"（使用资源移动）复选框。

③ 在"Resource sets（alternatives）"资源集（备选方案）列表中，单击加号按钮，然后单击模型资源列表中的"forklifts"（叉车），以确保流程图块使用所选资源（在本例中是叉车）移动 agents。

④ 在"Return home"区域中，选择"if no other tasks"（如果没有其他任务），以确保叉车在完成任务后返回其原来的位置，如图 8-141 所示。

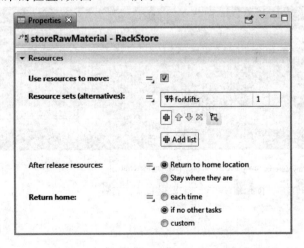

图 8-141　设置"storeRawMaterial"块的属性

(8) 在"pickRawMaterial"块的"Properties"(属性)区域中,执行以下操作:
① 单击箭头展开"Resources"(资源)区域。
② 选中"Use resources to move"(使用资源移动)复选框。
③ 在"Resource sets (alternatives)"(资源集(备选方案))列表中,单击 加号按钮,然后单击"forklifts"(叉车)以确保流程图块使用叉车移动 agent。
④ 在"Return home"区域中,单击"if no other tasks"(如果没有其他任务),以确保叉车在完成任务后返回其原来的位置,如图 8-142 所示。

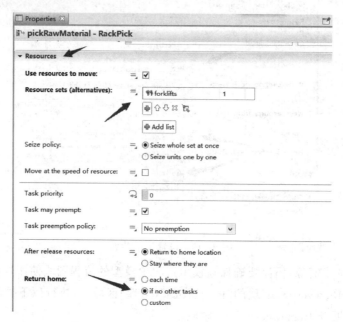

图 8-142　设置 pickRawMaterial 块的属性

如果模型中的资源移动 agent,RackStore(或 rackspick)块将捕获它们,将其带到 agent 位置,attaches(附加)到 agent,并将 agent 移动到 cell(单元),然后释放资源。

(9) 运行模型。如图 8-143 所示,可以看到叉车捡起货盘并把它们放在货盘架上,在短暂的延迟之后,它们将货盘移到叉车停车场,货盘将消失。

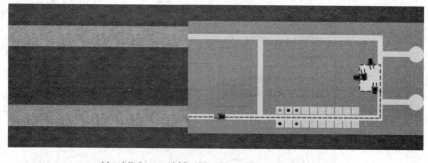

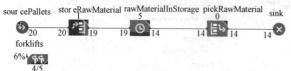

图 8-143　运行模型

第三阶段:创建三维动画

引入摄影机对象

AnyLogic 的 camera(相机)对象允许定义在 3D Window(3D 窗口)中显示的视图。本质上来说,相机对象可以"shoots"(拍摄)看到的图片,也可以创建多个摄影机对象,以显示同一个三维场景的不同区域,或从不同的角度显示单个对象。如果使用多个摄影机对象,那么可以在运行时轻松地从一个视图切换到另一个视图。

(1) 在" Presentation"(演示)面板上,将" Camera"(相机)对象拖到"Main"图表上,使其面向工作车间布局。

(2) 将" 3D Window"(3D 窗口)元素拖到"Main"图表上,然后将其放置在流程图的下方,如图 8-144 所示。

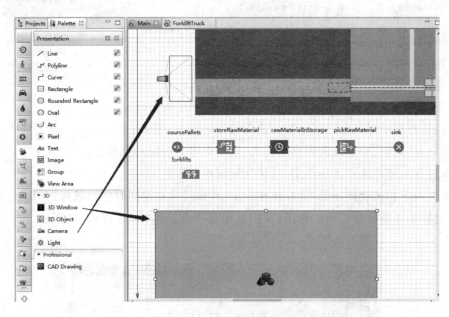

图 8-144 增加相机和 3D 窗口

三维窗口

除可以选择向模型中添加多个相机外,还可以添加多个三维窗口,每个窗口从不同的角度显示相同的三维场景。

(3) 让相机拍摄三维窗口的图片,在 3D Window(三维窗口)的"Properties"区域中,单击"Camera"列表中的"camera"。

(4) 从"Navigation type"(导航类型)列表中选择"Limited to Z above 0"(Z 限制在 0 以上)选项,以防止相机在地板下拍摄照片,如图 8-145 所示。

(5) 运行模型。

创建三维窗口时,AnyLogic 会添加一个视图区域,在运行模型时可以导航到三维视图。若要切换到此三维视图,请单击工具栏中的" Navigate to view area …"(导航到视图区域…)按钮,然后单击"[window3d]",视图区域将三维窗口扩展到模型窗口的全尺寸,如图 8-146 所示。

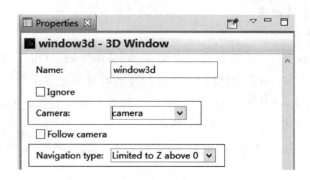

图 8-145 修改 3D 窗口属性

图 8-146 显示三维视图

(6) 在运行模型时执行以下一项或多项操作进行 3D 导航：

① 要向左、向右、向前或向后移动相机,请沿选定方向拖动鼠标。

② 要将相机移近或移远场景中心,请旋转鼠标滚轮。

③ 要相对于相机旋转场景,请在按住"Alt"键和鼠标左键同时拖动鼠标。

(7) 选择要在运行时显示的视图,在三维场景中右击鼠标,然后单击"Copy the camera's location"(复制相机位置),如图 8-147 所示。

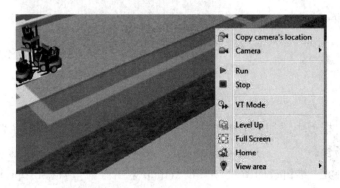

图 8-147 复制三维视图

(8) 关闭模型窗口。

(9) 在相机的"Properties"(属性)区域中,通过单击"Paste coordinates from clipboard" (从剪贴板粘贴坐标)应用上一步中选择的相机位置,如图 8-148 所示。

注意:如果找不到相机,可以使用 Projects tree(项目树)。它将在 Main agent's Presentation 分支下显示相机,如图 8-149 所示。

(10) 运行模型,从新相机位置查看三维视图,然后关闭模型窗口。

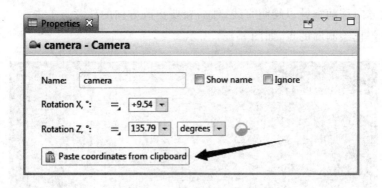

图 8-148　从剪贴板粘贴坐标

图 8-149　显示相机坐标位置

（11）展开" Space Markup"（空间标记）面板的"Pedestrian"（行人）区域，然后双击" Wall"（墙）元素的图标以启用墙绘制模式，如图 8-150 所示。

图 8-150　启用墙绘制模式

（12）在工作车间布局的工作区域周围绘制墙时，执行以下操作：
① 单击图形编辑器中要开始绘制墙的位置。

② 沿任意方向移动指针以绘制直线,然后在要更改方向的任意点单击。
③ 双击要停止绘制墙的点,如图 8-151 所示。

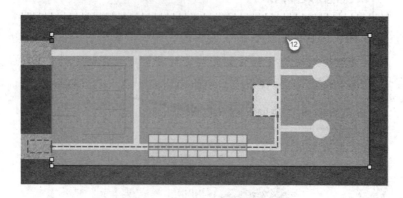

图 8-151　绘制墙

(13) 执行以下操作以修改墙的填充颜色和纹理:
① 在墙的"Properties"(属性)区域中,展开"Appearance"(外观)区域。
② 在"Color"(颜色)菜单中,单击"Other colors"(其他颜色)。
③ 在"Colors"(颜色)对话框中,从 Standard(标准)或 Spectrum(光谱)中选择要应用于墙的颜色。

也可以设置透明度级别(使用"Colors"(颜色)对话框中的"Transparency"(透明度)滑块)或使用纹理自定义墙(单击"Colors"(颜色)菜单中的"Textures…"(纹理…)项)。在本节中,将使用墙来装饰模型。

(14) 转到墙的"Position and size"(位置和大小)部分,将"Z-Height"(Z 高度)更改为 40。

AnyLogic 会自动将形状的高度设置为 20 像素,以确保其在三维视图中具有一定的体积,现在将其高度增加到 40 像素,如图 8-152 所示。

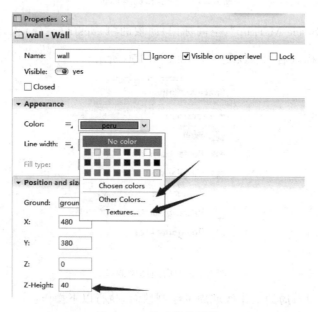

图 8-152　修改墙的属性

（15）在出口之间画另一面墙，然后改变第二面墙的属性设置以匹配第一面墙，如图 8-153 所示。

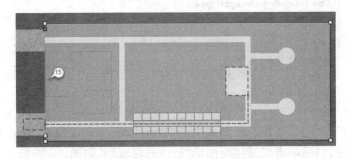

图 8-153　绘制第二个墙

（16）运行模型并观看三维动画。将看到模型的动画使用圆柱体形状来表示托盘，如图 8-154 所示。下面通过创建一个 agent 类型来纠正这个问题，该 agent 类型定义了托盘的自定义动画。

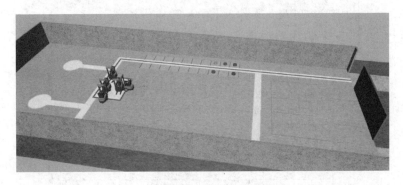

图 8-154　运行模型

（17）在"sourcePallets"块的"Properties"（属性）区域的"New agent"列表下，单击"create a custom type"（创建自定义类型）链接，如图 8-155 所示。

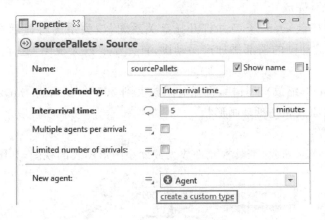

图 8-155　修改 sourcePallets 块的属性

（18）在"New agent"向导中，执行以下操作：
① 在"Agent type name"字段中，键入"Pallet"。
② 单击"Next"，如图 8-156 所示。

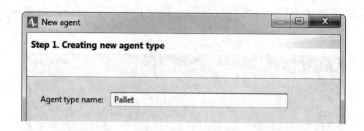

图 8-156 修改 New agent

③ 在向导的下一页上,展开左侧列表中的"Warehouses and Container Terminals"(仓库和集装箱码头)部分,然后单击三维动画图形"Pallet"(托盘),如图 8-157 所示。

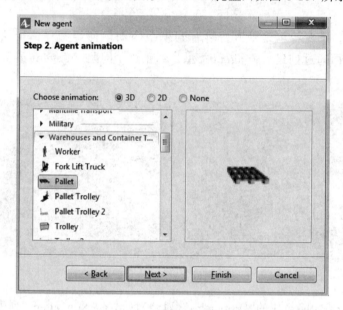

图 8-157 修改 Pallet 的三维动画图形

④ 单击"Finish"(完成)。

AnyLogic 创建托盘 agent 类型并打开托盘关系图,该关系图将显示在向导中选择的动画。下一步将在托盘动画的顶部添加产品动画,首先需要放大视图,这样可以更仔细地查看托盘。

(19) 使用"Zoom"(缩放)工具栏,将托盘图放大到 500%,然后将 canvas(画布)向右和向下移动,以查看轴的原点和托盘动画形状。

放大或缩小视图

AnyLogic 的 Zoom(缩放)工具栏允许放大或缩小图形图表的视图,如图 8-158 所示。

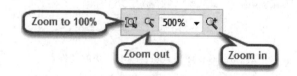

图 8-158 缩放工具栏

(20)执行以下操作,开始在托盘动画顶部添加产品动画。

① 在"🗔 3D Objects"(三维对象)选项板上,展开"Boxes"(长方体)区域。

② 将"Box 1 Closed"对象拖到"Pallet"(托盘)的左上角,如图 8-159 所示。

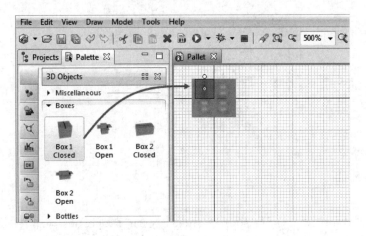

图 8-159　添加产品动画

(21)与托盘相比,这个盒子显得太大了,将盒子的"Additional Scale"改成"75％",如图 8-160所示。

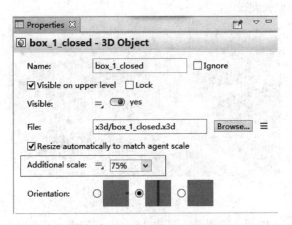

图 8-160　缩小盒子的比例

(22)在盒子的"Properties"(属性)区域中,展开"Position"(位置)区域,然后将盒子的"Z"坐标更改为"2"。即把盒子放在托盘上之后,每个盒子的高度约为 2 像素,如图 8-161 所示。

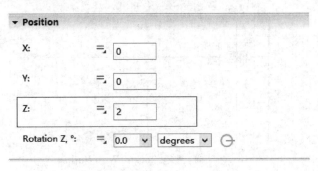

图 8-161　修改盒子的 Z 坐标

(23) 通过复制第一个盒子三次来添加三个盒子。即用鼠标选中盒子,然后在拖动盒子时按住"CTRL"键。现在托盘上有四个封闭的盒子,可以通过单击工具栏的" Zoom to 100%"按钮将缩放级别更改回100%,如图8-162所示。

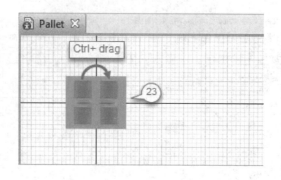

图 8-162　复制盒子

(24) 返回"Main"图。打开"sourcePallets"块的"Properties"(属性)区域,可以看到"Pallets"被选为"New agent",此块将生成托盘类型的 agent。

(25) 运行模型。可以看到托盘形状已经取代了多色的圆柱体。但是,如果放大三维场景,可以看到叉车没有运输托盘,如图8-163所示。下面通过移动模型的托盘动画来纠正此问题,该动画允许叉车拾取托盘。

图 8-163　运行模型

(26) 在"Projects"(项目)视图中,双击" ForkliftTruck"以打开其关系图,然后将"forkliftWithWorker"图向右移动一个单元格。动画形状现在位于正确的位置,模型的托盘与叉车的叉对齐,如图8-164所示。

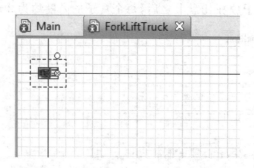

图 8-164　向右移动 forkliftWithWorker

(27)返回"Main"图,打开"palletRack"(托盘架)的"Properties"(属性)区域,在"Number of levels"(层数)框中,键入"2",如图 8-165 所示。提示:第一次单击将选择网络,第二次单击将选择网络元素。

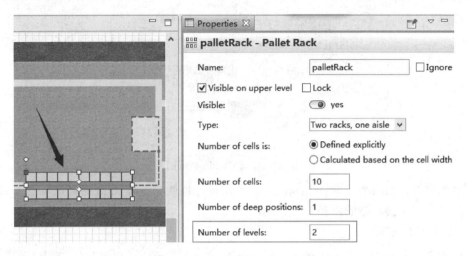

图 8-165　修改 palletRack 的属性

(28)在"storeRawMaterial"流程图块的"Properties"(属性)区域中,将"Elevation time per level"参数设置为"30 秒"。

(29)在"pickRawMaterial"块的"Properties"(属性)区域中,将"Drop time per level"参数设置为"30 秒"。

(30)运行模型,将会看到一个两层的托盘架,如图 8-166 所示。

图 8-166　运行模型

第四阶段:卡车运输托盘模型

接下来添加将托盘运送到工作车间的卡车,首先创建一个 agent 类型来表示它们。

(1)在" Process Modeling Library"(流程建模库)面板上,将" Agent Type"元素拖到 Main 关系图上。

(2)在" New agent"向导中,执行以下操作:

① 在"Agent type"框中,键入"Truck"。

② 单击"下一步"。

③ 在向导的下一页上，展开左侧列表中的"Road Transport"（道路运输）部分，然后单击 3D 动画图形" Truck"（卡车）。

④ 单击"Finish"，如图 8-167 所示。

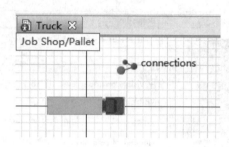

图 8-167　新建 3D Truck

在网络中再添加两个元素：一是节点；二是路径。也就是卡车将出现在该节点上，以及它将沿着该节点到达接收站的路径。

（3）打开"Main"图。

（4）在"Space Markup"（空间标记）选项板下，单击" Point Node"（点节点）元素并将其拖到"driveway entry"（车道路口），如图 8-168 所示。

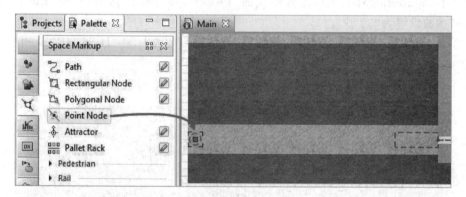

图 8-168　新建 Point Node

（5）节点命名为"exitNode"。

（6）绘制一个连接 exitNode 节点到 receivingDock 的 Path（路径），如图 8-169 所示。确保所有空间标记元素都连接到一个网络。

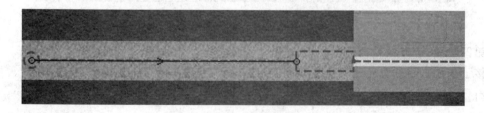

图 8-169　新建 Path

（7）按照以下顺序连接"Process Modeling Library"（过程建模库）块，创建另一个过程流程图以定义卡车移动逻辑，如图 8-170 所示。

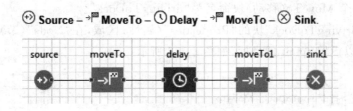

图 8-170　新建卡车移动流程图

- ⊕ Source(源)块产生一辆 truck(卡车)。
- 第一个 MoveTo 块将卡车开到工作间入口。MoveTo 流程图块将 agents 移动到网络中的新位置。如果资源附加到 agent,它们将随之移动。Delay(延迟)块模拟托盘卸载。
- 第二个 MoveTo 块将卡车开走。
- ⊗ Sink 块将卡车从模型中移除。

(8) 将"⊕ Source"(源)块命名为"sourceDeliveryTrucks"。

(9) 在"sourceDeliveryTrucks"块的"Properties"(属性)区域中,执行以下操作以使自定义卡车类型的新 agent 以每小时特定速度到达 driveway entry(车道路口)一次:

① 在"Arrival defined by"列表中,单击"Interarrial time"(间隔时间)。

② 在"Interarrival time"(间隔时间)框中,键入"1",然后从右侧的列表中选择"hours"(小时)。

③ 在"New agent"列表中,单击"Truck"(卡车)。

④ 在"Location of arrival"(到达位置)列表中,单击"Network/GIS node"(网络/GIS 节点)。

⑤ 在"Node"(节点)列表中,单击"exitNode"。

⑥ 在"Speed"(速度)框中,键入"40",然后从右侧的列表中选择"kilometers per hour"(公里/小时),如图 8-171 所示。

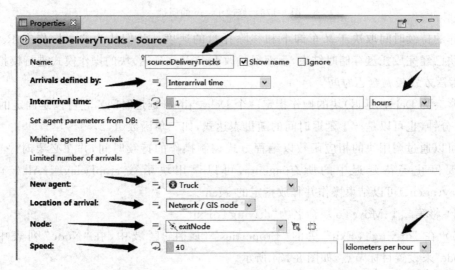

图 8-171　修改 Source 的属性

（10）将第一个 MoveTo（移动）块命名为"drivingToDock"。

（11）打开"drivingToDock"块的"Properties"（属性）区域，在"Node"（节点）列表中，单击"receivingDock"以设置 agent 的目标，如图 8-172 所示。

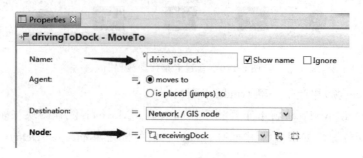

图 8-172　修改 MoveTo 的属性

（12）将"Delay"（延迟）块重命名为"unloading"。

（13）在"unloading"块的"Properties"（属性）区域中，执行以下操作：

① 在"Type"（类型）区域中，单击"Until stopDelay( ) is called"（直到调用 stopDelay( )）。

② 在"Agent location"列表中，单击"receivingDock"，如图 8-173 所示。

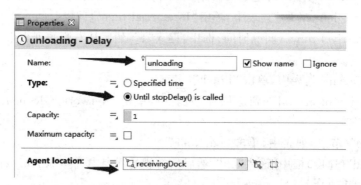

图 8-173　修改 Delay 的属性

操作的持续时间取决于叉车卸下和移除托盘的速度。我们认为这个操作在 RackStore（货架）块已经完成托盘存储时结束，下面通过改变 Delay（延迟）块的操作模式进行模拟。

以编程方式控制延迟时间

通常会为 Delay（延迟）块的操作指定一个 Delay time（延迟时间），它可以是固定的持续时间，如 5 分钟，也可以是产生延迟时间的随机表达式，如三角函数(1,2,6)。

还可以通过调用块的相应函数以编程方式控制操作的持续时间，并在必要时停止延迟。如果需要停止等待延迟中的所有 agents，可以调用块函数 stopDelayForAll( )。函数 stopDelay(agent)可以结束操作并释放指定的 agent。

（14）将第二个 MoveTo 块命名为"drivingToExit"。

（15）在"drivingToExit"块的"Properties"（属性）区域中，在"Node"列表中，单击"exitNode"来设置目标节点，如图 8-174 所示。

模型的两个 Source 块生成两种 agent 类型：一是每小时显示的卡车；二是每 5 分钟生成的托盘。我们希望在卡车卸载时显示托盘，因此将更改生成托盘的 Source（源）块的到达

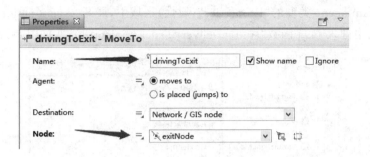

图 8-174　修改 MoveTo 的属性

模式。

控制 agent 生成

通过将 Arrivals defined by parameter（由参数定义的块到达）设置为 Calls of inject( ) function（inject( )函数的调用），可以让 Source（源）块以设置的间隔生成 agent。通过调用块的函数 inject(int n)，可以在运行模型时控制 agent 的创建。

此函数在调用时生成给定数量的 agent，可以使用函数参数设置块生成的 agent 数量，如 sourcePallets.inject(12)。

(16) 打开"sourcePallets"块的"Properties"（属性）区域，在"Arrivals defined by"列表中，单击"Calls of inject( )function"，如图 8-175 所示。

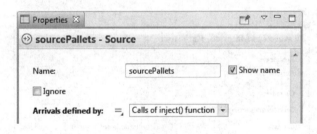

图 8-175　修改 Source 的属性

(17) 当卡车进入 unloading（卸货）区时，执行以下操作使 sourcePallets 块生成托盘：

① 在"unloading"（卸载）块的"Properties"（属性）区域中，展开"Actions"区域。

② 在"On enter"框中键入"sourcePallets.inject(16);"，此 Java 函数将确保模型在卡车每次开始卸货时生成 16 个托盘，如图 8-176 所示。

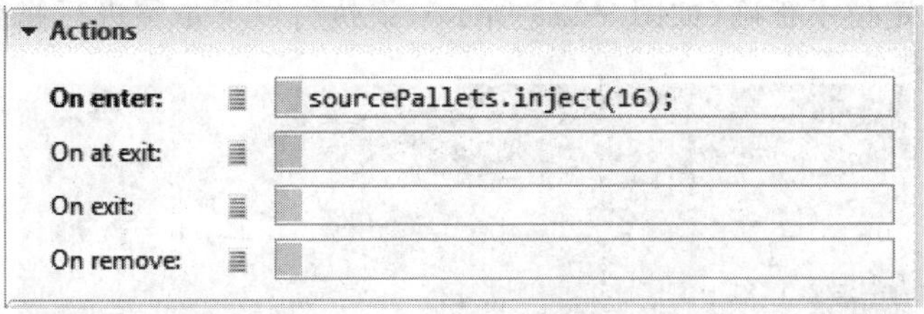

图 8-176　修改 unloading 块的属性

既然已经在模型中添加了卡车，那么在启动模型时就显示第一个送货卡车，这样就不必等待一个小时的模型时间。

(18)在 Main agent 类型的"Properties"(属性)区域中,展开"Agent actions"部分,然后在"On startup"框中键入 Java 函数"sourceDeliveryTrucks.inject(1);",如图 8-177 所示。

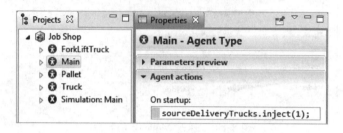

图 8-177　修改 Main 的属性

模型启动代码

在构造、连接和初始化模型块之后,模型的 Startup code(启动代码)在模型初始化的最后阶段执行,这是一个额外的初始化和启动 agent 活动(比如:事件)的地方。

(19)在"storeRawMaterial"块的"Properties"(属性)区域中,展开"Actions",并在"On exit"框中键入以下内容:

if(self.queueSize( ) == 0)

unloading.stopDelayForAll( );

其中,self 是用来从 storeRawMaterial 块自身操作引用它的快捷方式,如图 8-178 所示。

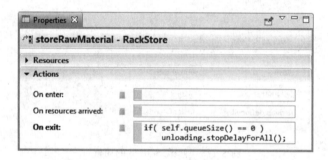

图 8-178　修改 RackStore 的属性

如果在存储队列中没有托盘,则 unloading(卸载)块的延迟时间结束(换句话说,stopDelayForAll( )被调用了),卡车离开卸载块,进入下一个流程图块 drivingToExit。

(20)运行模型。

(21)如果卡车定位不正确(如图 8-179 所示),请执行以下步骤进行修复。

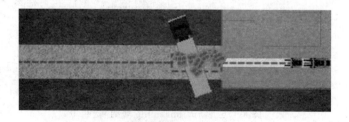

图 8-179　卡车定位图

① 在 Projects tree（项目树）中，双击"🚚 Truck"以打开其关系图，并查看 Truck 动画图。

② 在图形编辑器中，选择卡车形状，然后使用圆形控制柄旋转卡车，或在卡车的"Properties"（属性）中的"Position"（位置）区域的"Rotation Z, °"将卡车旋转到-180 度，如图 8-180 所示。

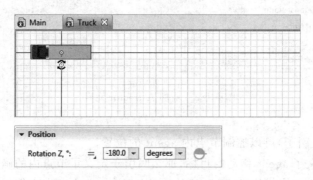

图 8-180 旋转卡车位置

尽管更改了卡车图形的位置，但是还需要更改 AnyLogic 的默认设置，以确保程序不会再次旋转它。

（22）执行以下操作以更改 AnyLogic 的默认设置：

① 在"Projects"区域中，单击"🚚 Truck"。

② 在 Truck-Agent type 的"Properties"（属性）区域中，单击展开"Movement"区域。

③ 清除"Rotate animation towards movement"（向移动方向旋转动画）复选框，如图 8-181 所示。

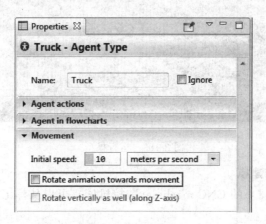

图 8-181 修改 Truck 的属性

（23）打开"Main"图表。

（24）要确保托盘在 receivingDock 网络节点中正确定位，请打开"🔲 Space Markup"面板，然后将"🎯 Attractor"拖到 receivingDock 中，让它面向入口，如图 8-182 所示。

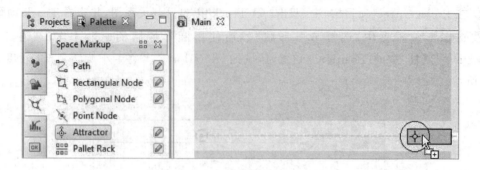

图 8-182　增加 Attractor 元素

节点吸引子

"Attractors"(吸引子)可以控制节点内 agent 的位置。

- 如果节点定义了 agent 移动的目标,那么吸引子定义了节点内的确切目标点。
- 如果节点定义了等待位置,那么吸引子定义了 agent 在节点内等待的确切点。

当 agent 在节点内等待时,吸引子还定义 agent 动画的方向。这里使用吸引子来实现这个特殊的目的。可以通过将吸引子单独拖到 Main 关系图上来添加吸引子,但如果吸引子形成 regular structure(规则结构),则应使用"special wizard"(特殊向导)同时添加多个吸引子。向导提供了几种不同的创建模式以及清除所有吸引子的选项,可以通过单击节点"Properties" (属性)区域中的"Attractors"(吸引子)按钮来显示它。

(25) 运行模型,观察卡车的行为,如图 8-183 所示。

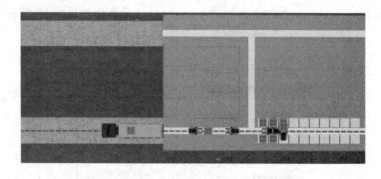

图 8-183　运行模型

第五阶段:数控机床建模

下面将模拟加工原材料的 CNC machine(数控机床),可以从标记空间和使用点节点定义数控机床位置开始。

(1) 在" Space Markup"(空间标记)面板上,将" Point Node"元素拖到 job shop 布局上,并将其命名为"nodeCNC1"。

(2) 复制此节点,并在指定位置标记第二台数控机床。AnyLogic 将第二个节点命名为 "nodeCNC2",如图 8-184 所示。

下面需要创建路径将这两个节点连接到网络中,叉车需要通过该路径到达数控机床。

(3) 在" Space Markup"面板上,单击" Path"元素并绘制路径,如图 8-185 所示。若要将路径连接到 Point Node(点节点),请单击该点节点的中心。

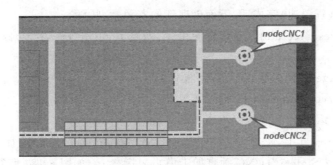

图 8-184 增加两台数控机床

注意:确保绘制的路径将 nodeCNC1 和 nodeCNC2 连接到网络。通过单击两次选择路径,可以测试路径的连接。如果路径已连接到网络,则在其端点周围将显示青色高光。

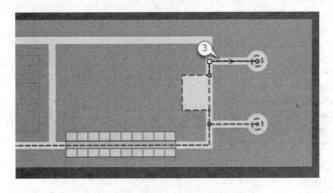

图 8-185 绘制路径

一台数控机床是一个资源单元,下面通过创建资源类型并使用 ResourcePool 块定义 resource pool(资源池),从而将其添加到模型中。

(4) 在" Process Modeling Library"(流程建模库)面板上,单击" ResourcePool"块并将其拖到 Main 关系图上。

(5) 在"ResourcePool"块的"Properties"(属性)区域中,执行以下操作:

① 在"Name"框中,键入"cnc"。

② 在"Resource type"列表中,单击"Static"(静态)以反映这是静态资源,如图 8-186 所示。

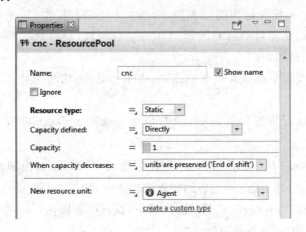

图 8-186 绘制 ResourcePool 块

resource pool(资源池)完成后,下面创建新的资源类型。

(6) 在"New resource unit"(新建资源单元)列表下,单击"create a custom type"(创建自定义类型)链接。

(7) 在"New agent"向导中,执行以下操作:

① 在"Agent type name"框中,键入"CNC"。

② 单击"下一步"。

③ 在向导的下一页上,展开最后一部分(CNC Machines),然后选择" CNC Vertical Machining Center 2 State 1"(CNC 垂直加工中心 2 状态 1),如图 8-187 所示。

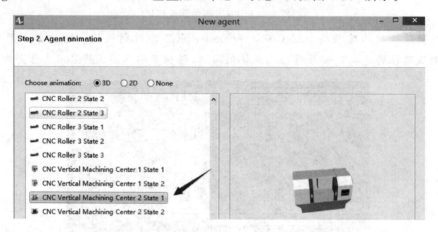

图 8-187 创建自定义资源类型

④ 单击"Finish"(完成)。

(8) 关闭新的 CNC 类型图,并返回 Main 图。

(9) 在"cnc ResourcePool"块的"Properties"(属性)区域中,执行以下操作,将模型的两台 CNC 机器放置在由点节点 nodeCNC1 和 nodeCNC2 定义的位置。

① 在"Capacity defined"(容量定义)列表中,单击"By home location"(按主位置),"By home location"选项将资源数设置为等于为此 resource pool 设置的主位置节点数。

② 单击 加号按钮,然后将 nodeCNC1 和 nodeCNC2 添加到"Home location(nodes)"(主位置(节点))列表中。添加节点后,列表应如图 8-188 所示。

下面修改模型定义托盘行为的流程图,添加一个 Seize(抓取)块来抓取数控机床,Delay(延迟)块将模拟 CNC 机器对原材料的处理,Release(释放)块将释放 CNC 机器,以便它可以处理下一个托盘的原材料。

注意:模型的流程图中已经有一个 pickRawMaterial 块,它模拟将托盘运送到数控机床的移动资源(即叉车)。

(10) 在定义托盘行为的流程图中,向右拖动 pickRawMaterial 和 sink 块,为新块留出空间。

(11) 在" Process Modeling Library"(流程建模库)面板上,拖动 Seize(抓取)块,并将其插入 rawMaterialinStorage 块之后的托盘流程图中,如图 8-189 所示。

(12) 在 Seize 块的"Properties"(属性)区域中,执行以下操作:

① 在"Name"框中,键入"seizeCNC"。

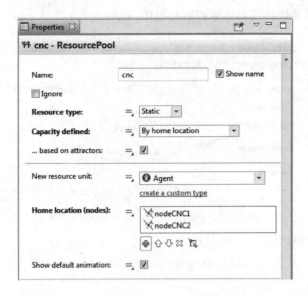

图 8-188　修改 cnc ResourcePool 块的属性

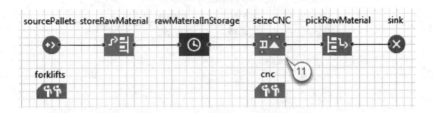

图 8-189　增加 Seize 块

② 在"Resource sets"（资源集）选项下，单击"加号"按钮，然后单击" cnc"，如图 8-190 所示。完成该步骤可确保 Seize 块将从 cnc 资源池中抓取一个资源。

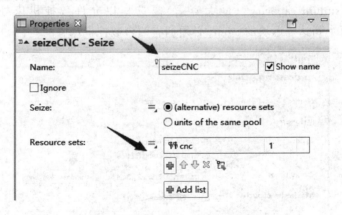

图 8-190　修改 Seize 块的属性

（13）在 pickRawMaterial 流程图块的"Properties"（属性）区域中，执行以下操作：

① 在"Destination is"（目标是）列表中，单击"Seized resource unit"。

② 在"Resource"列表中，单击" cnc"，如图 8-191 所示。

这个模块将模拟如何将托盘运输到数控机床,而不是叉车的停车区。

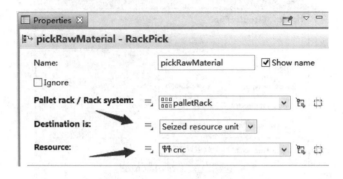

图 8-191　修改 pickRawMaterial 块的属性

(14) 下面模拟数控机床加工原材料:

添加" Ⓓ Delay"(延迟)块,将其放置在"pickRawMaterial"之后,并命名为"processing",如图 8-192 所示。

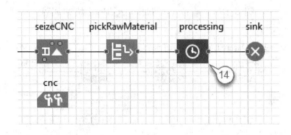

图 8-192　添加 Delay 块

(15) 在 Delay(延迟)块的"Properties"(属性)区域中,执行以下操作:

① 在"Delay time"(延迟时间)框中,键入"triangular(2,3,4)",然后从右侧列表中选择"minutes"(分钟)。

② 选择"Maximum capacity"(最大容量)复选框以允许数控机床处理多个托盘,如图 8-193 所示。每个到达延迟块的 agent 必须拥有两台数控机床中的一台。

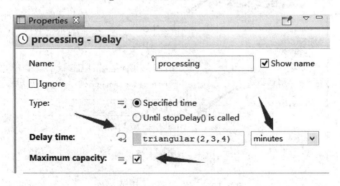

图 8-193　修改 Delay 块的属性

(16) 在" Process Modeling Library"(流程建模库)面板上,将" ▼ Release"(释放)块拖到托盘的流程图上,并将其放在 processing 块之后。

(17) 将此 Release 块命名为"releaseCNC",如图 8-194 所示。

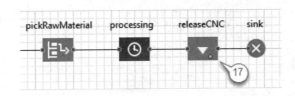

图 8-194 添加 Release 块

运行该模型,可以看到模拟流程,与此同时,三维动画将在数控机床的中间绘制一个托盘。当数控机床、正在工作的托盘和动画位置都使用相同的点节点时,就会发生这种情况,如图 8-195 所示。要解决这个问题,需要将数控机床移到右边,然后旋转它使其面向托盘。

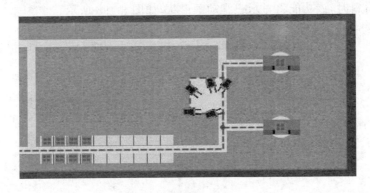

图 8-195 运行模型

(18) 在"Projects"(项目)视图中,双击"⊕ CNC"以打开其图表。

(19) 将动画向右移动,并使用圆形手柄或将图形的"Rotation"(旋转)属性设置为"90"度,以此旋转数控机床,如图 8-196 所示。

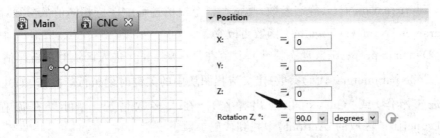

图 8-196 旋转 CNC 90 度

下面使用两个相似的三维动画形状来制作数控机床的动画:一个表示闲置机床;另一个表示加工原材料时的机床。可以为每个形状的 Visible 属性定义动态值,这将允许模型使用 CNC 机床的状态来确定模型在运行时将显示的形状。

(20) 执行以下操作以更改 CNC 动画形状的 visibility(可见性)设置:

① 选择 CNC 动画形状。

② 将鼠标悬停在 Visible 旁边的 ╪ 图标上,然后单击弹出的"Dynamic value"(动态值),如图 8-197 所示。该图标 ╪ 将变为动态属性图标 ↻,并显示一个框,可以在其中定义值的动态表达式。可以使用该框输入返回 true or false(真值或假值)的 Java 表达式。

• 221 •

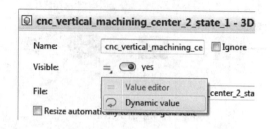

图 8-197　修改 CNC 动画 Visible 值

③ 在框中输入"isBusy( )"。此标准函数在 AnyLogic 资源繁忙时返回 true，也就是当数控机床加工原材料时，该功能将显示三维动画形状，如图 8-198 所示。

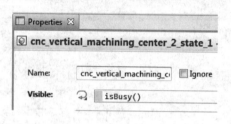

图 8-198　框中输入 isBusy( )

动态特性

当为属性的动态值定义表达式时，模型将在运行时对每个动画帧上的表达式重新求值，然后将结果值用作属性的当前值，为形状的位置、高度、宽度或颜色提供动态值。如果不输入动态值，则特性将在整个仿真过程中保留默认的静态值。

流程图块可以有：

- ＝ Static parameters（静态参数）是指在整个模拟过程中保持相同值的参数，除非 set_parameterName(new value) 函数更改它。
- ↻ Dynamic properties（动态特性），其值在每次新 agent 进入区块时重新评估。
- ▤ Code parameters（代码参数）定义流程图块中的关键时刻执行的操作，如"On enter"（进入操作）或"On exit"（退出操作）。在大多数情况下，可以在流程图块的"Properties"区域的"Actions"中找到代码参数。
- 参数图标处的小三角形，显示可以单击该图标并在 static value editor（静态值编辑器）和 value's dynamically reevaluated expression（数值的动态重新计算表达式）之间切换。

(21) 执行以下操作，添加一个仅在数控机床不加工原材料时才可见的动画形状。

① 打开" ▣ 3D Objects"（三维对象）面板，该面板已准备好使用三维对象。

② 展开" ▼ CNC Machines"区域，将" ▣ CNC Vertical Machining Center 2 State 2"（CNC 立式加工中心 2 状态 2）拖到 CNC 图表上。

③ 将其旋转并直接放置在第一个 CNC 动画的顶部。

④ 在"Visible"框中，切换到" ↻ dynamic value"（动态值）编辑器，并键入"isIdle( )"，作为形状 Visible 属性的动态表达式，如图 8-199 所示。

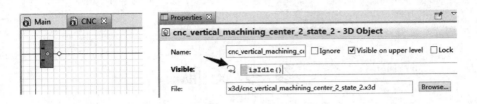

图 8-199 添加一个三维动画

(22) 展开"3D Objects"(三维对象)面板的"People"(人员)部分,然后将"Worker"(工人)的形状拖到 CNC 图表上,如图 8-200 所示。

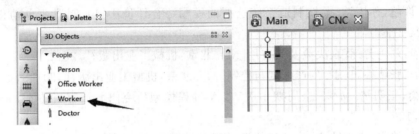

图 8-200 添加三维 Worker

(23) 运行模型并观察过程,如图 8-201 所示。

可以看到叉车如何将托盘运送到数控机床进行加工,还可以看到数控机床根据其状态更改三维形状。

图 8-201 运行模型

至此已经完成了一个简单的模型在一个小的车间里模拟制造和运输过程。本节阐述了如何使用从流程建模库块构造的流程图来定义流程逻辑,下一步可以将带有成品零件的托盘移动到装运码头的另一个存储区域,并进行优化调度,感兴趣的读者可以尝试构建仿真模型。

复习思考题

(1) AnyLogic 仿真软件的主要功能有哪些?
(2) 简述 AnyLogic 仿真软件建模与仿真的主要过程。

参考文献

[1] 周泓,邓修权,高德华.生产系统建模与仿真[M].北京:机械工业出版社,2016.
[2] 苏春.制造系统建模与仿真[M].北京:机械工业出版社,2008.
[3] 苏春,黄卫,王海燕.数字化设计与制造[M].北京:机械工业出版社,2009.
[4] 苏春,许超,孙庆鸿.柔性制造系统选型的模糊综合评价法[J].制造业自动化,2001,23(5):24-27.
[5] 邱菀华,刘美芳.管理决策及其应用[M].北京:机械工业出版社,2012.
[6] 吴爱华,张绪柱,王平.生产计划与控制[M].北京:机械工业出版社,2013.
[7] 王景会,张明清.M&S全周期中VV&A过程模型研究[J].计算机仿真,2007,24(5):54-57,126.
[8] 魏华梁,单家元,李钟武.建模与仿真过程及模型VV&A[J].计算机仿真,2001,18(1):7-10.
[9] 刘飞,张晓东,杨丹.制造系统工程[M].北京:国防工业出版社,2000.
[10] 齐欢,王小平.系统建模与仿真[M].北京:清华大学出版社,2004.
[11] 李培根.制造系统性能分析建模——理论与方法[M].武汉:华中理工大学出版社,1998.
[12] 张晓萍.物流系统仿真原理与应用[M].北京:中国物资出版社,2005.
[13] 张晓萍,颜永年.现代生产物流及仿真[M].北京:清华大学出版社,1998.
[14] 邓子琼,李小宁.柔性制造系统的建模与仿真[M].北京:国防工业出版社,1993.
[15] 冯允成,杜端甫,梁叔平.系统仿真及其应用[M].北京:机械工业出版社,1992.
[16] 冯允成,邹志红,周泓.离散系统仿真[M].北京:机械工业出版社,1998.
[17] 孙小明.生产系统建模与仿真[M].上海:上海交通大学出版社,2006.
[18] 崔俊芝.计算机辅助工程的现在及未来[J].计算机辅助设计与制造,2000(6):23-26.
[19] 吴启迪,严隽薇,张浩.柔性制造自动化的原理与实践[M].北京:清华大学出版社,1997.
[20] 肖田元,张燕云,陈加栋.系统仿真导论[M].北京:清华大学出版社,2000.
[21] 郑大钟,赵千川.离散事件动态系统[M].北京:清华大学出版社,2001.
[22] 袁崇义.Petri网原理[M].北京:电子工业出版社,1998.
[23] 林闯.随机Petri网和系统性能评价[M].北京:清华大学出版社,2000.
[24] 江志斌.Petri网及其在制造系统建模与控制中的应用[M].北京:机械工业出版社,2004.
[25] 钱颂迪,胡运权,顾基发,等.运筹学[M].北京:清华大学出版社,1990.
[26] 蒋式勤,吴启迪,乔非.有色、计时Petri网在柔性制造系统作业调度仿真中的应用[J].组合机床与自动化加工技术,1993(5):40-42.
[27] 茆诗松.概率论与数理统计[M].北京:中国统计出版社,2000.

[28] 盛骤,谢式千,潘承毅.概率论与数理统计[M].2版.北京:高等教育出版社,1989.
[29] 肖化昆.系统仿真中任意概率分布的伪随机数研究[J].计算机工程与设计,2005(1):168-171.
[30] 张传林,林立东.伪随机数发生器及其应用[J].数值计算与计算机应用,2002(3):188-208.
[31] 肖刚,李天柁.系统可靠性分析中的蒙特卡罗方法[M].北京:科学出版社,2003.
[32] 王其藩.高级系统动力学[M].北京:清华大学出版社,1995.
[33] 胡玉奎.系统动力学:战略与策略实验室[M].杭州:浙江人民出版社,1988.
[34] 马士华,徐荣秋.供应链管理[M].北京:机械工业出版社,2000.
[35] 顾启泰.离散事件系统建模与仿真[M].北京:清华大学出版社,1999.
[36] 王子才,张冰,杨明.仿真系统的校核、验证和验收(VV&A):现状与未来[J].系统仿真学报,1999,11(5):321-325.
[37] 郭齐胜,董志明,单家元,等.系统仿真[M].北京:国防工业出版社,2006.
[38] 郭齐胜,杨秀月,王杏林,等.系统建模[M].北京:国防工业出版社,2006.
[39] BanksJ,等.离散事件系统仿真[M].肖田元,范文慧,译.北京:机械工业出版社,2007.
[40] Law A M. Simulation Modeling and Analysis[M].4th ed,影印版.北京:清华大学出版社,2009.
[41] Wooldridge M. 多 Agent 系统引论[M]. 石纯一，等译. 北京：电子工业出版社，2003.
[42] 白思俊,等.系统工程[M].北京:电子工业出版社,2006.
[43] 方开泰.均匀试验设计的理论、方法和应用——历史回顾[J].数理统计与管理,2005,23(3):69-80.
[44] 方美琪,张树人.复杂系统建模与仿真[M].北京:中国人民大学出版社,2005.
[45] 胡斌,周明.管理系统模拟[M].北京:清华大学出版社,2008.
[46] 贾仁耀,刘湘伟.建模与仿真的校核与验证技术综述[J].计算机仿真,2007,24(4):49-52.
[47] 隽志才,孙宝凤.物流系统仿真[M].北京:电子工业出版社,2007.
[48] 李云峰.仿真系统 VV&A 的研究与发展[J].武汉大学学报(工学版),2004,37(4):101-104.
[49] 廖瑛,邓方林,梁加红,等.系统建模与仿真的校核、验证与确认(VV&A)技术[M].长沙:国防科技大学出版社,2006.
[50] 刘藻珍,魏华梁.系统仿真[M].北京:北京理工大学出版社,1998.
[51] 彭扬,吴承健.物流系统建模与仿真[M].杭州:浙江大学出版社,2009.
[52] 王红卫.建模与仿真[M].北京:科学出版社,2002.
[53] 王维平,等.离散事件系统建模与仿真[M].2版,北京:科学出版社,2007.
[54] 王永利,朱小冬,张柳.离散事件系统模拟[M].北京:北京航空航天大学出版社,2003.
[55] 卫强,陈国青.管理系统模拟[M].北京:高等教育出版社,2008.
[56] 徐晓飞,许映秋,谈英姿.基于多智能体的企业生产运作系统仿真与实现[J].系统仿真技术,2009,5(2):116-121.
[57] 宣慧玉,高宝俊.管理与社会经济系统仿真[M].武汉:武汉大学出版社,2002.

参考文献

[58] 宣慧玉,张发.复杂系统仿真及应用[M].北京:清华大学出版社,2008.

[59] 张青山,越忠华.生产系统的演变及其演变规律[J].系统工程,2001,19(2):25-28.

[60] 张晓华.系统建模与仿真[M].北京:清华大学出版社,2006.